VALUATION
SEM MISTÉRIO

ANDRÉ S. ALBERNAZ | Sócio-Fundador da Mineiro Invest

VALUATION SEM MISTÉRIO

APRENDA SOBRE AVALIAÇÃO DE EMPRESAS E VÁ DO ZERO AO AVANÇADO

ALTA BOOKS
GRUPO EDITORIAL
Rio de Janeiro, 2023

Valuation Sem Mistério

Copyright © 2023 da Starlin Alta Editora e Consultoria Eireli.
ISBN: 978-85-508-1765-1

Impresso no Brasil – 1ª Edição, 2023 – Edição revisada conforme o Acordo Ortográfico da Língua Portuguesa de 2009.

Todos os direitos estão reservados e protegidos por Lei. Nenhuma parte deste livro, sem autorização prévia por escrito da editora, poderá ser reproduzida ou transmitida. A violação dos Direitos Autorais é crime estabelecido na Lei nº 9.610/98 e com punição de acordo com o artigo 184 do Código Penal.

A editora não se responsabiliza pelo conteúdo da obra, formulada exclusivamente pelo(s) autor(es).

Marcas Registradas: Todos os termos mencionados e reconhecidos como Marca Registrada e/ou Comercial são de responsabilidade de seus proprietários. A editora informa não estar associada a nenhum produto e/ou fornecedor apresentado no livro.

Erratas e arquivos de apoio: No site da editora relatamos, com a devida correção, qualquer erro encontrado em nossos livros, bem como disponibilizamos arquivos de apoio se aplicáveis à obra em questão.

Acesse o site www.altabooks.com.br e procure pelo título do livro desejado para ter acesso às erratas, aos arquivos de apoio e/ou a outros conteúdos aplicáveis à obra.

Suporte Técnico: A obra é comercializada na forma em que está, sem direito a suporte técnico ou orientação pessoal/exclusiva ao leitor.

A editora não se responsabiliza pela manutenção, atualização e idioma dos sites referidos pelos autores nesta obra.

Dados Internacionais de Catalogação na Publicação (CIP) de acordo com ISBD

A331v   Albernaz, André S.
Valuation Sem Mistério: Aprenda sobre avaliação de empresas e vá do zero ao avançado / André S. Albernaz. - Rio de Janeiro : Alta Books, 2023.
352 p. ; 16cm x 23cm.

Inclui índice.
ISBN: 978-85-508-1765-1

1. Administração de empresas. 2. Valuation. 3. Avaliação. I. Título.

2023-1318
CDD 658
CDU 65

Elaborado por Vagner Rodolfo da Silva - CRB-8/9410

Índice para catálogo sistemático:
1. Administração de empresas 658
2. Administração de empresas 65

Produção Editorial
Grupo Editorial Alta Books

Diretor Editorial
Anderson Vieira
anderson.vieira@altabooks.com.br

Editor
José Ruggeri
j.ruggeri@altabooks.com.br

Gerência Comercial
Claudio Lima
claudio@altabooks.com.br

Gerência Marketing
Andréa Guatiello
andrea@altabooks.com.br

Coordenação Comercial
Thiago Biaggi

Coordenação de Eventos
Viviane Paiva
comercial@altabooks.com.br

Coordenação ADM/Finc.
Solange Souza

Coordenação Logística
Waldir Rodrigues

Gestão de Pessoas
Jairo Araújo

Direitos Autorais
Raquel Porto
rights@altabooks.com.br

Assistentes da Obra
Ana Clara Tambasco
Erick Brandão

Produtores Editoriais
Illysabelle Trajano
Maria de Lourdes Borges
Paulo Gomes
Thales Silva
Thiê Alves

Equipe Comercial
Adenir Gomes
Ana Claudia Lima
Andrea Riccelli
Daiana Costa
Everson Sete
Kaique Luiz
Luana Santos
Maira Conceição
Nathasha Sales
Pablo Frazão

Equipe Editorial
Andreza Moraes
Beatriz de Assis
Beatriz Frohe
Betânia Santos
Brenda Rodrigues

Caroline David
Elton Manhães
Gabriela Paiva
Gabriela Nataly
Henrique Waldez
Isabella Gibara
Karolayne Alves
Kelry Oliveira
Lorrahn Candido
Luana Maura
Marcelli Ferreira
Mariana Portugal
Marlon Souza
Matheus Mello
Milena Soares
Patricia Silvestre
Viviane Corrêa
Yasmin Sayonara

Marketing Editorial
Amanda Mucci
Ana Paula Ferreira
Beatriz Martins
Ellen Nascimento
Livia Carvalho
Guilherme Nunes
Thiago Brito

Atuaram na edição desta obra:

Revisão Gramatical
Smirna Cavalheiro
Thamiris Leiroza

Diagramação
Joyce Matos

Capa
Marcelli Ferreira

Editora afiliada à:

ALTA BOOKS
GRUPO EDITORIAL

Rua Viúva Cláudio, 291 – Bairro Industrial do Jacaré
CEP: 20.970-031 – Rio de Janeiro (RJ)
Tels.: (21) 3278-8069 / 3278-8419
www.altabooks.com.br – altabooks@altabooks.com.br
Ouvidoria: ouvidoria@altabooks.com.br

Agradecimentos

Gostaria de agradecer à minha família pelo apoio incondicional. Foram anos estudando para construir materiais de alto nível aos meus fiéis amigos e alunos.

Tenho a sorte de contar com pais tão bondosos e pacientes.

Também gostaria de agradecer muito ao pessoal da Mineiro Invest, que tem realizado um trabalho muito profissional. É uma turma que tenho grande sorte de ter comigo. Tamo junto, galera!

Agradeço demais aos meus amigos que me chamam para jogar um futebol de vez em quando, que mandam ocasionalmente alguns memes engraçados, e aos que, por questões de afinidade de assunto, curtem uma conversa descontraída sobre mercado financeiro.

Os dias certamente seriam muito mais difíceis se vocês não estivessem comigo.

Quero agradecer também a todos os alunos dos cursos da Mineiro. Fico extremamente honrado de poder contar com uma turma tão boa! São realmente pessoas incríveis que querem fazer a diferença no mercado, quando tantos outros vendem "sonhos e fantasias mirabolantes".

Vocês possuem visão diferenciada. Vocês são feras!

Agradeço também ao pessoal da Editora Alta Books pelo trabalho precioso e muito bem executado!

Sumário

Introdução viii

Capítulo 1: Valuation: A arte de descobrir o valor das coisas 2

Capítulo 2: Contabilidade: A história que os números contam 10

Capítulo 3: FRE: Conhecendo o negócio a fundo 52

Capítulo 4: FCD: O modelo consagrado 68

Capítulo 5: Taxa de desconto: Um toque de arte no Valuation 82

Capítulo 6: Reinvestimento: Empresa que não reinveste não cresce 132

Capítulo 7: Crescimento: Até que ponto um negócio pode chegar 160

Capítulo 8: Projetando o valor 226

Capítulo 9: Diferentes negócios diferentes avaliações 270

Capítulo 10: TIR: Taxa interna de retorno 306

Capítulo 11: Curiosidades e o mito da análise relativa 314

Conclusão 326

Referências bibliográficas 330

Índice 333

Introdução

É com enorme prazer que nós, da Mineiro Invest, trazemos a você este livro com foco em aprendizado sobre um assunto fundamental para o investidor em ações individuais: **Valuation**.

Valuation (neste caso) nada mais é que a arte de avaliar empresas.

Pode-se dizer, sim, que é uma arte, porque boa parte dessa avaliação requer "**criatividade** com bom senso" do avaliador.

Valuation é um tema cercado de mitos e histórias de grande sucesso, em que avaliações de empresas realizadas ao tempo certo pelos investidores lhes trouxeram lucros extraordinários.

Não são raros os casos de grandes investidores que se apoiam em **Valuation**, e quando se trata de encontrar ações individuais com excelente potencial de valorização, ele é indispensável.

Já adianto que a estratégia de **Valuation** não serve para todos os investidores. Isso ocorre porque é uma estratégia que requer, de quem a utiliza, mais tempo e disposição para análise dos potenciais investimentos. E não são todos aqueles que dispõem de tempo e disposição para aprender um assunto um tanto quanto mais exigente.

Valuation é uma arte que faz mais sentido para aqueles que:

1. possuem mais afinidade com matérias como contabilidade, economia e matemática financeira;

2. gostam de estudar e estar sempre conhecendo coisas novas;

3. não têm "desprezo" por números.

A matemática exigida para se fazer a avaliação de empresas não é "coisa de outro mundo". Na verdade, desse ponto de vista, a lógica é bastante simples. Ou seja, conhecendo algumas poucas funções da matemática já é possível fazer avaliações financeiras de empresas.

Já adianto a todos vocês que, junto com este material, virão **tabelas** já prontas, **desenvolvidas pela Mineiro Invest,** para utilização na avaliação de empresas. Essas tabelas serão fundamentais, já que possuem uma estrutura simples e que será totalmente explicada neste livro.

As tabelas (juntamente com os livros das maiores autoridades em **Valuation** do Brasil e do mundo) são inclusive a base deste livro, e se você se dispuser a aprender a utilizá-las estará anos-luz à frente de outros investidores que nem sequer se dispõem a conhecer melhor as empresas nas quais investem.

Eu desejo que você faça um excelente proveito deste material, fruto de muito **estudo e pesquisa.** Confesso que não encontrei material com tamanha união entre **conteúdo de alto nível, praticidade** e **didática** no Brasil.

Procuramos ser o mais transparentes possível, fazendo analogias e dando exemplos bem básicos para que qualquer pessoa que esteja **começando do zero** consiga aprender.

Sabemos que **Valuation** não é o tipo de matéria que se aprende do "dia para a noite" e que também não é algo "extremamente simples" como alguns tentam vender. Porém, acreditamos que com esforço (e a ajuda deste livro) você poderá se tornar um ótimo avaliador de empresas, ou, ainda, incrementará suas avaliações, caso já o faça.

Então, **MÃOS À OBRA**, pois temos bastante conteúdo de extraordinário valor para aprender!

"Preço é o que se paga, valor é o que se leva!"

Warren Buffett

1

Valuation: A arte de descobrir o valor das coisas

Você já se perguntou **por que** as coisas valem o **preço** que valem?

Desde o chocolate que você compra na rua até o preço bilionário que uma empresa paga para **adquirir** outra. Todo preço pago tem algum tipo de **justificativa**.

É claro que se você pagar mil reais num simples bombom de chocolate será difícil encontrar alguma justificativa plausível para isso, embora possamos atribuir este feito à insanidade ou a algum tipo de golpe (caso lhe tenham dito que dentro da embalagem há um bombom "banhado a ouro").

Qual o **real valor** das coisas?

Quando avaliamos um chocolate, ou o café que você toma pela manhã, há dois fatores principais operando em relação ao preço que você paga para consumir esses bens.

O **primeiro** deles se refere à **utilidade** dos bens. Compramos um chocolate para "adoçar as nossas vidas", nem que seja por um breve momento. E talvez tomemos um café bem cedo para ficarmos mais atentos durante o dia. Perceba que cada um desses bens gera um **valor subjetivo** para quem o consome.

Alguns **atribuem mais valor** ao café, outros ao chocolate. Alguns não atribuem valor a nenhum dos dois, pois não os consomem. Para quem tem alergia a café e a chocolate ("triste alma"), é bem provável que o valor dos bens seja "zero". Ou, ainda, que seja um preço mais baixo que aquele pelo qual pode revender os bens para outra pessoa, caso decida montar uma padaria, por exemplo.

O segundo fator se refere à **escassez** do produto. Ora, se chocolate e café fossem bens extremamente **raros** de ser encontrados, é praticamente certo que teriam um preço mais alto no mercado.

Pare e pense: Quantas pessoas amam café e chocolate? Muitas, não é verdade?

Imagine, então, que devido a alguma doença nos cafezais e pés de cacau acabasse se tornando difícil de encontrar essas iguarias. Uma série de pessoas "loucas" para tomar um cafezinho e comer um chocolate após o almoço com certeza pagariam mais caro por esse privilégio, caso se tornasse um privilégio de poucos.

Lei da oferta e demanda, meus caros. É basicamente assim que a **economia** funciona com relação aos produtos. Quanto mais desejado e/ou raro um produto, mais caro ele se torna.

Agora vamos expandir nossos horizontes! Vamos mergulhar de cabeça no nosso universo. O universo do mercado financeiro. Mais especificamente, vamos falar de ações de empresas.

> Qual é a utilidade de uma ação de empresa para seu investidor? Certamente não é a mesma utilidade do cafezinho ou a do chocolate. ☺

Quando compramos ações, nós queremos **retorno** do nosso **investimento**. Ou seja, resgatar mais dinheiro do que investimos.

Porém...

Como conseguir esse retorno? Aliás, o que define o preço que eu pago numa ação quando entro na plataforma de uma corretora e vejo "aquele monte de símbolos" com variados **preços**?

Não vamos colocar os "carros na frente dos bois". Na verdade, o preço que você vê ali na plataforma da corretora quer dizer muito pouco. Aquele **preço** revela "apenas" a **oferta e demanda dos investidores** pelas ações. Se há mais investidores comprando em maior quantidade, o preço tende a subir. Se há mais vendedores, o preço tende a cair.

Nada demais quanto a isso, certo?

Mas esse preço pelo qual as ações estão sendo negociadas é o "valor justo" das ações (o valor pelo qual elas deveriam ser negociadas)? Afinal, as ações têm um **valor justo** que reflete a real **utilidade** que elas possuem para o investidor?

Sim, as ações têm um **valor justo**. Na verdade, elas possuem mais que um valor justo, a depender da perspectiva do investidor. Porém, trataremos disso em outro momento.

Da mesma forma que você não pagaria em sã consciência mil reais por um simples "bombom da Garoto", existem algumas ações pelas quais você **não deveria pagar tão caro**. Faz sentido para você?

Agora talvez você esteja imaginando: "Ok, Mineiro, mas você já disse que a utilidade da ação é gerar retornos maiores para nós, investidores. Porém, como se dão estes retornos? Há alguma **medida** que avalia este **retorno**? **Algum número mágico?**"

Sim, meu caro. As ações representam **frações da empresa** na qual investimos. E cada ação dá direito a receber uma **fração dos LUCROS** desta empresa. Ou seja, a medida que utilizamos para avaliar o valor justo de uma empresa tem a ver com a capacidade de a empresa ser **lucrativa**.

Empresas que conseguem lucrar mais em suas atividades, em geral, valem muito mais! "E esse **lucro cai na nossa conta** quando investimos na ação?"

Nem sempre.

"Uai, mas se o lucro não cai em nossas contas necessariamente, por que cargas d'água ele é tão importante assim?"

É simples!

Em empresas que não pagam dividendos recorrentemente, ou seja, que não distribuem boa parte de seus lucros aos investidores, estamos "teoricamente" **comprando a ideia de que no futuro a empresa vai crescer** e se estabilizar a ponto de poder pagar dividendos fartos e de forma constante.

> "Então, no fim das contas, tudo o que interessa são os lucros distribuídos (mesmo que seja no futuro)?"

Teoricamente, sim, mas apenas teoricamente. Veja bem: Por qual motivo uma empresa não distribuiria seus lucros aos investidores? Em geral, para **reinvestir** em seus negócios e crescer ainda mais.

Sendo assim, os lucros são retidos e reinvestidos para que a empresa cresça e tenha lucros ainda maiores no futuro. Ou seja, os acionistas nem sempre querem que o dinheiro volte para seus bolsos. Isso porque, se a empresa está em franca expansão num negócio bastante lucrativo, é preferível que ela **reinvista** seu dinheiro nas suas atividades.

E essas atividades irão gerar ainda mais lucros que serão igualmente reinvestidos, causando um efeito **"bola de neve"** no capital. **É dinheiro gerando mais dinheiro!**

"Show de bola! Então as empresas que não estão distribuindo seus lucros estão reinvestindo seu dinheiro para se tornarem ainda **maiores** e gerarem mais lucros no futuro?"

Exato. O que toda empresa que está reinvestindo seu dinheiro quer (teoricamente) é chegar ao nível de **estabilidade**. Quando a empresa alcança este nível, ela está tão "grande" em seu segmento de atuação que não há muito mais para onde crescer.

Sendo assim, nesse período ela tende a crescer de maneira estável, e na maior parte das vezes **pode pagar excelentes dividendos** para aqueles investidores que acreditaram no seu potencial.

Isso é bastante comum em **setores** mais **maduros** de empresas. Nesses setores há maior **previsibilidade** dos lucros, algo que certamente ajuda as empresas a pagarem fartos dividendos.

> "Entendi! Então, no fim das contas, tudo o que existe nesse caso é uma promessa de que a empresa vai crescer e pagar os acionistas com a distribuição de seus lucros."

Isso mesmo.

Então podemos dizer que a **utilidade do investimento em ações** para os investidores é receber os **lucros** distribuídos.

Porém, no meio deste caminho, a ação de uma empresa que vem crescendo pode valorizar justamente porque as expectativas dos acionistas de que essa empresa cresça e gere lucros extraordinários no futuro aumentam significativamente. Podemos chamar a justificativa para essa expectativa de **narrativa**!

Esses acionistas empolgados com os resultados da companhia e com a história (narrativa) de um possível "enorme" crescimento compram mais ações (é o aumento da demanda) e o preço consequentemente sobe.

Se o preço sobe, eu, enquanto investidor, posso comprar a ação por um preço mais baixo, e **vendê-la por um preço mais alto**. Esse ganho nos investimentos em ações (de comprar por um preço e vender mais caro) é chamado de **ganho de capital**.

Mas...

Será que dá para ter **ganho de capital de forma recorrente**? Como encontrar uma ação que tenha grandes chances de valorizar?

É aí que entra a **arte do Valuation**, meus caros!

Por meio dessa arte você consegue descobrir quanto uma ação realmente vale, e o seu valor nada mais é que: "a capacidade de a empresa gerar caixa".

Uma simples frase, porém, poderosa.

Mas não chegue aqui pensando que é *tããããoo* simples assim descobrir essa capacidade.

Na verdade, há uma série de questões a se considerar. Dentre elas um importante fator. De tempos em tempos este caixa gerado (ainda nos aprofundaremos no que significa este "caixa") **vale mais ou menos**.

Isso porque existe um conceito chamado **custo de capital** ou "custo do dinheiro investido" como costumo dizer. Também vamos entender esse conceito!

Por enquanto, guarde que o valor justo de uma empresa é a sua capacidade de ser lucrativa para seus sócios. Uma ação é um pedaço de papel que diz o seguinte: "Olha, você tem direito a uma parte dos lucros."

E essa parte dos lucros no futuro vai definir o preço que você deveria pagar numa ação.

Então, nós fazemos **Valuation** — avaliamos o valor justo de uma empresa, sua capacidade de gerar caixa — para que possamos **comparar** o valor encontrado (valor justo), com aquele preço que você vê "estampado" das ações nas corretoras, o qual chamamos de preço de mercado.

Aquele **preço** das ações serve de base para compararmos com o valor justo.

Se o valor justo que você encontrou por meio do **Valuation** for consideravelmente superior àquele preço da ação, você tem uma excelente oportunidade em mãos. **É hora de comprar a ação!**

Perceba que com o **Valuation**, aquelas suas dúvidas "**será que vale a pena investir nessa ação agora?** Será que o preço tem boas chances de subir?" desaparecem.

Sim, estamos falando de uma **ferramenta poderosa** que diz quando e por que você deveria comprar uma ação. Mas como disse: não é para todos. Já que se exige certo tempo para avaliar uma empresa, e nem todos têm tempo, disposição ou interesse nisso.

Nesse caso há outras formas de se investir em ações e conquistar bons resultados (nós, da Mineiro Invest, temos cursos destas outras maneiras "mais fáceis" de se investir, que são baseadas em métodos simples e claros de análise fundamentalista e são excelentes — "*factor investing* baseado em valor").

Porém, utilizar **Valuation** na seleção de ações é, sem dúvida, a maneira de investir com maior potencial de retorno para os que o utilizam com inteligência.

E isso, meus amigos, é o que ensinarei para vocês neste livro!

Agora que você entendeu o que é **Valuation** (avaliação do valor justo de uma empresa) e por que este conceito é tão importante para que façamos investimentos inteligentes em ações, vamos aprender sobre o **combustível** da avaliação de empresas: **os números da Contabilidade**.

Venha com a gente nesta jornada!

2 Contabilidade: A história que os números contam

Primeiro de tudo

A base deste material são algumas tabelas imprescindíveis para a sua prática e aprendizado do **Valuation**!

Você pode consegui-las no seguinte link:

 https://drive.google.com/drive/folders/11Jr8jCQJOLrDOHvgNAT4QXEjUoPMeoXL?usp=sharin

Ou, ainda, pelo e-mail: supermineiroinvest@gmail.com

Dito isso, bora começar!

Afinal, o que é contabilidade?

Contabilidade é a ciência que estuda os eventos que afetam o **patrimônio** das entidades.

Todas as organizações com fins lucrativos, ou seja, as empresas, possuem um patrimônio. Esse patrimônio pode ser composto com maior variedade de **ativos** (veremos o que são ativos mais à frente).

A contabilidade é responsável por **mensurar** e **registrar** o valor desses ativos nos chamados livros contábeis. Nesses livros contábeis, que são uma espécie de relatório no qual estão contidos os "números das empresas", está o **"combustível do Valuation"**.

São esses os dados que tornarão possível descobrir quanto realmente vale uma empresa do ponto de vista do investidor! Mas... O que são esses dados contábeis exatamente?

Os dados contábeis são valores que refletem diversos **aspectos financeiros** da empresa. Vamos a um exemplo:

Suponhamos que uma companhia tenha comprado uma máquina que custou R$10 mil para utilizar na sua produção. O valor dessa máquina tem de ser registrado pelo setor de contabilidade da empresa, para mostrar que ela possui aquela máquina.

> "A principal função da contabilidade, no fim das contas, é ajudar a deixar tudo bem organizado?"

Sim, mas não se resume a isto! Por meio dos dados que a contabilidade fornece, como, por exemplo, o valor das dívidas que uma empresa possui, os gestores da companhia podem tomar **decisões** mais inteligentes.

Digamos que, por meio dos dados fornecidos pela contabilidade, apurou-se que a empresa está devendo muito dinheiro, e que, caso não tome providências, é bem provável que venha à falência ("tenha de fechar as portas").

A partir dessas informações, os gestores que tomam as decisões pela empresa podem implementar uma política de redução de custos e despesas, com a finalidade de tornar a empresa mais eficiente e, ao mesmo tempo, mais lucrativa.

Se isso vier de fato a ocorrer, a empresa terá maiores chances de se recuperar e conseguir pagar as dívidas para continuar suas atividades.

A contabilidade torna mais fácil a vida dos gestores, os quais têm de tomar muitas vezes decisões bastante difíceis. Mas de onde saem os dados contábeis que entram no processo de avaliação de empresas (o **Valuation**)? Precisamos de todos os dados contábeis para avaliar uma empresa?

Não, não precisamos de todos os dados contábeis. Há alguns principais que são encontrados em dois locais diferentes!

Eles são encontrados no **Balanço Patrimonial** e na **Demonstração de Resultados do Exercício**. Esses são os dois principais relatórios contábeis de uma empresa, e essenciais no processo de **Valuation** que veremos de forma aprofundada neste livro.

Vamos começar pelo Balanço Patrimonial.

2.1 Balanço Patrimonial: "A foto momentânea da empresa"

O **Balanço Patrimonial** é uma "foto" da situação patrimonial da empresa. Vou explicar!

Você em algum momento já separou as contas que tem de **pagar** no mês (como luz, internet, assinatura da Netflix etc.) do dinheiro que tem a **receber** (salário e comissões) e também daquela quantia que você tem de grana agora no banco?

Se você já tentou se organizar financeiramente montando uma tabela assim, com seus gastos futuros e o dinheiro que terá disponível para cobri-los, então já fez algo muito parecido com um **Balanço Patrimonial**.

O Balanço Patrimonial serve justamente para identificarmos qual é a situação atual patrimonial e financeira de uma empresa.

Temos registrado no Balanço os **bens** e **direitos** da empresa (ou seja, a sua **riqueza** disponível e também aquilo que a empresa terá direito a receber no futuro), e as suas **obrigações** (aquilo que a empresa terá de pagar no futuro).

Talvez, no seu caso, os bens de valor sejam a sua casa, o seu carro, o dinheiro que você tem na conta do banco, e os direitos seriam aquilo que outros estão devendo para você e têm de lhe pagar.

Já as obrigações seriam as contas que você tem que pagar, como a de internet, as assinaturas de canais de TV e Netflix, os gastos com água e energia elétrica etc.

Assim sendo, no Balanço Patrimonial temos **três principais grupos de contas:**

1. Ativos
2. Passivos
3. Patrimônio Líquido

Vamos entender o que são as contas do chamado ativo:

O **ativo** de uma empresa nada mais é que todos os seus **bens** e **direitos**. Ou seja, o ativo engloba o dinheiro que a empresa possui em caixa, o ativo imobilizado (imóveis, máquinas e equipamentos, estruturas físicas, veículos), as contas a receber (o direito que a empresa possui de receber dos clientes pelas vendas a prazo), os estoques de produtos, enfim, tudo o que constitui **riqueza** da companhia.

O que seria o passivo?

O **passivo** da empresa é a soma de todas as obrigações devidas pela companhia. Ou seja, são os custos incorridos e **ainda não pagos**, as dívidas com terceiros, bem como outros direitos que alguém possa deter contra a empresa. Por exemplo, se uma empresa compra matéria-prima para produzir seus produtos e não paga por ela imediatamente (não paga à vista), o valor que não foi pago vai para uma conta chamada "Fornecedores", **justamente no passivo.**

Em algum momento a empresa precisa "quitar" (pagar) suas obrigações com esses fornecedores de sua matéria-prima.

E o Patrimônio Líquido, do que se trata?

O **Patrimônio Líquido** (PL) é todo o dinheiro que os **acionistas/proprietários** investiram na empresa inicialmente (sempre que uma empresa inicia suas atividades, alguns sócios entram com um investimento inicial), **somado das retenções de lucro** (o dinheiro que a empresa lucra pode ser incorporado a reservas de lucros no PL) **e diminuído normalmente dos prejuízos acumulados** (caso a empresa tenha prejuízos acumulados de alguns anos, eles diminuem o valor do PL) **e ainda diminuído das ações em tesouraria** (aquelas que a companhia recomprou dela mesma), sendo este um assunto um pouco mais "avançado".

Agora vamos "amarrar" estes grupos de contas (ativo, passivo e PL) para que você entenda qual é a lógica por trás deles.

O passivo e o patrimônio líquido são origens de recursos, enquanto o ativo é a aplicação de recursos da empresa.

O que eu quero dizer com essa tal de origem de recursos e aplicação de recursos?

Ora, nós vimos que os **ativos** representam a **riqueza da empresa.** Essa riqueza, em geral, é utilizada para gerar ainda mais riqueza. Sendo assim, dizemos que os ativos são **aplicações** de recursos com a finalidade de gerar mais dinheiro.

As máquinas e os imóveis da empresa, por exemplo, normalmente têm a **finalidade** de serem utilizados na produção de bens e serviços que a empresa vende. Chamamos inclusive esses ativos voltados à produção de ativos operacionais.

Porém, temos alguns ativos que são não operacionais (ou seja, não são utilizados na produção), e mesmo assim eles são uma aplicação de recursos. No caso, uma aplicação de recursos que não está ligada ainda à produção da empresa.

Como o caixa da empresa e seu dinheiro na conta-corrente do banco, por exemplo. Mas essa riqueza (ativo) que a empresa possui não surge "do nada". Algo deu **origem** a esses recursos.

É aí que entram o **passivo e o patrimônio líquido**. Vamos pensar inicialmente no **patrimônio líquido**.

Quando uma empresa é criada, os seus **sócios** normalmente **financiam** suas atividades iniciais por meio de **capital próprio**. É mais ou menos dizer o seguinte:

> "Joãozinho quer abrir uma barraca de cachorro-quente. Então, para isso, pega seu próprio dinheiro (que digamos guardou da 'mesada' de seus pais) e compra salsichas, uma barraquinha, pães, molhos, milho e batata palha."

Ou seja, o próprio Joãozinho está financiando sua empresa. Esse dinheiro inicial que Joãozinho investiu no negócio é chamado de "**capital social**". Essa conta (capital social) pertence ao patrimônio líquido.

Perceba que esse dinheiro financiou a compra de ativos da pequena empresa do setor de "barraquinha de cachorro-quente" de Joãozinho. Esses **ativos** foram: o primeiro saco de guardanapos que Joãozinho utilizou para servir os cachorros-quentes, os primeiros pães, o milho, as salsichas, e, ainda, a própria barraquinha.

Agora digamos que a barraquinha do Joãozinho esteja indo "super-bem". Todos adoram o seu excelente "cachorro-quente completo", que utiliza os melhores pães e molhos da cidadezinha do interior de Minas Gerais onde ele mora. Ele está **lucrando** muito!

Digamos que, no final do ano, nosso querido Joãozinho apurou mais de mil reais de lucro. Se Joãozinho quiser **reinvestir** esses mil reais na sua empresa ele pode, não é mesmo?

Perceba a lógica: esses mil reais que Joãozinho ganhou poderiam **ir direto para seu bolso**. Mas, se, em vez disso, Joãozinho quiser investir mais dinheiro em seu negócio, ele pode.

Nesse caso, o reinvestimento poderia ser para **financiar** (adquirir) mais **ativos**. Digamos que agora ele queira aumentar ainda mais a sua produção de cachorro-quente.

Ele compraria outro compartimento para guardar mais salsichas, alguns copos melhores para servir refrigerante, milho em maior quantidade, e até poderia deixar a barraquinha com um visual mais elegante (uma "barraquinha gourmet").

Entendeu a lógica?

Caso Joãozinho venha a **reinvestir** na empresa, os seus **lucros**, a **origem** dos ativos será o **patrimônio líquido**. Isso é importante: lucros reinvestidos têm **origem** no patrimônio líquido.

Mas e com relação aos passivos?

Eu falei que os passivos também são origens de recursos que financiam os ativos. Vamos mais uma vez recorrer ao exemplo de Joãozinho!

Caso Joãozinho venha a preferir, em vez de utilizar seu próprio dinheiro, pode pegar dinheiro emprestado para tocar seu negócio.

Nesse caso a origem de recursos não é o seu próprio bolso, mas sim o chamado "**capital de terceiros**". Basta imaginar o seguinte: Joãozinho pode pedir dinheiro emprestado a outras pessoas para comprar as salsichas, molhos e até a própria barraquinha! Ou seja, Joãozinho não necessariamente precisa utilizar seu próprio dinheiro. Mas quando ele pega emprestado, obviamente terá de pagar isso depois.

Agora veja que "coisa mais louca": o dinheiro que Joãozinho pega emprestado e acaba se tornando um passivo, não precisa ser dinheiro. **Podem ser bens!**

Joãozinho pode comprar algumas salsichas para utilizar na produção dos cachorros-quentes na padaria e falar o seguinte com o dono do estabelecimento, o Seu Jorge:

> "Olha, Seu Jorge, eu vou usar essas salsichas para fazer o melhor cachorro-quente da cidade e vou vendê-lo para fazer um bom dinheiro. Eu posso pagar daqui a uns dois meses para o senhor?"

Seu Jorge (que tem um bom coração) aceita. Essas salsichas que o Seu Jorge vendeu (mas ainda não recebeu por elas) geraram uma **obrigação** que Joãozinho terá de pagar. Essa obrigação entra numa conta chamada Fornecedores dentro do grupo de contas do **passivo**.

E em contrapartida, as salsichas entram no **estoque** da barraquinha de Joãozinho, e agora elas pertencem à sua empresa, e Joãozinho pode fazer com elas o seu excelente "cachorro-quente completo". Ou seja, essas salsichas estão também financiando a atividade de vendas de cachorro-quente do Joãozinho.

Olha que legal: "Não necessariamente precisa ser em dinheiro o financiamento do ativo." O que eu quero que você guarde é isso!

Passivo e Patrimônio Líquido são dois grupos que financiam o ativo.

Com isso chegamos à equação fundamental do Balanço Patrimonial:

Ativo Total = Passivo Total + Patrimônio Líquido

Essa equação é a base para entendermos os balanços contábeis. Vejamos agora como é a estrutura de um balanço patrimonial.

Em geral, é desta forma:

Balanço Patrimonial

Ativo	D	Passivo	C
Ativo Circulante	109.000	**Passivo Circulante**	40.000
Bancos Conta Movimento	49.000	Fornecedores	40.000
Estoque	60.000		
		Passivo Não Circulante	0
Ativo Não Circulante	41.000	**Patrimônio Líquido**	110.000
Imóvel	26.000	Capital Social	110.000
Veículos	10.000		
Móveis e Utensílios	5.000		
Total do Ativo	150.000	**Total do Passivo e do PL**	150.000

Vamos primeiramente notar algumas **peculiaridades**:

1. o grupo de contas do passivo e do patrimônio líquido sempre ficam à direita no Balanço Patrimonial, enquanto o ativo fica à esquerda;

2. o total da soma das contas do ativo é igual à soma do passivo e do patrimônio líquido, como bem notamos anteriormente;

3. tanto o ativo quanto o passivo podem ser divididos em dois subgrupos denominados "Circulante" e "Não Circulante", ainda explicarei o que são eles;

4. dentro do ativo circulante, do ativo não circulante, do passivo circulante, do passivo não circulante e do patrimônio líquido há o que chamamos de **contas**.

Um **exemplo** visto na nossa estrutura é a conta chamada "Banco Contas Movimento". Ela nada mais representa que o dinheiro na conta-corrente bancária da empresa.

A outra conta dentro — mais especificamente — do ativo circulante é o **estoque**. Ali estão registradas as mercadorias prontas para a venda, as mercadorias semiacabadas e também as matérias-primas a serem utilizadas na **produção**. No exemplo da barraquinha do Joãozinho seriam os cachorros-quentes já prontos que não foram vendidos ainda, os pães, o milho e as salsichas.

Por certo existem diversos outros tipos de contas dentro do ativo circulante, do não circulante etc. Essa estrutura apresentada é apenas um exemplo bem básico do que é um Balanço Patrimonial.

Se você reparar bem, no Balanço Patrimonial de exemplo, há uma letra D correspondente ao valor das contas do Ativo que significa **Débito** e a letra C do lado do Passivo e do PL, que significa **Crédito**.

Não vou me aprofundar nessa discussão de crédito ou débito, já que ela se encaixa melhor numa explanação mais aprofundada de contabilidade. Tudo o que você precisa saber aqui é que as contas pertencentes ao ativo aumentam a débito e que as contas de passivo e PL aumentam a crédito.

E indo até um pouco além do escopo deste livro, saiba que todas as movimentações a débito geram uma igual compensação a crédito, e vice-versa. Caso tenha curiosidade maior sobre o assunto, pode ser interessante ler alguns de nossos artigos no site mineiroinvest.com.br sobre o tema, principalmente o de lançamentos contábeis. Mas saiba de antemão que essa bagunça de crédito e débito não é tão essencial para que possamos compreender a essência do **Valuation**.

> "Veja até onde chegamos! Agora sabemos que o balanço patrimonial tem três principais grupos (ativo, passivo e PL). Descobrimos também que o passivo e o PL financiam o ativo das empresas, são a origem do ativo. Vimos como é formada a estrutura de um balanço patrimonial e que as contas menores ficam dentro de um grupo de contas mais abrangente, como ativo e passivo circulantes, não circulantes e o próprio PL."

Neste momento gostaria de dar uma rápida explicação sobre o que são ativos circulantes e não circulantes, e ainda passivos circulantes e não circulantes.

Vamos primeiro entender o que é ativo circulante

O **ativo circulante** tem liquidez de até 1 ano. Sendo assim, o dinheiro em caixa, os estoques, as contas a receber de curto prazo, as aplicações de curto prazo, tudo aquilo que está imediatamente ou quase imediatamente disponível (**resgate em até 1 ano**) pertence a esse grupo de contas.

Para a contabilidade, tudo que é resgatável em até 1 ano é considerado **curto prazo**.

Vamos a um exemplo:

> "Voltando à barraquinha de Joãozinho, imagine que alguns dos seus clientes disseram que só podem pagar pelos cachorros-quentes que consumiram daqui a 1 mês. Esse valor que o Joãozinho tem direito a receber dos clientes que compraram 'fiado' fica no ativo circulante, mais exatamente na conta 'Clientes' (ou 'Contas a Receber')."

O dinheiro que Joãozinho tem disponível no caixa de sua barraquinha também fica no ativo circulante. O seu estoque, que provavelmente não demorará para ser vendido, é outro que fica na neste grupo de contas (o **ativo circulante**).

Agora suponha que alguns clientes de Joãozinho tenham comprado o cachorro-quente fiado para pagar só daqui a **mais de 1 ano** (meio improvável, mas encare apenas como um exemplo didático). Neste momento entrarei no conceito de outro grupo de contas do ativo: o **ativo não circulante**.

No **ativo não circulante** são encontrados os bens e direitos que não estão muito disponíveis, tendo assim **menor liquidez**. Se Joãozinho quiser vender a sua barraquinha, por exemplo, ele não a transformará tão facilmente em dinheiro, pois para vender pode ser exigido um **longo prazo** até que se encontre um comprador.

No ativo não circulante estão justamente esses bens que não têm **conversibilidade** em dinheiro em até 1 ano (e aqueles que possuem menor garantia de que serão vendidos até o fim desse prazo). Podem mesmo ser aplicações financeiras de longo prazo, contas a receber de **longo prazo** e/ou veículos, equipamentos e utensílios que exigem um esforço maior para se transformar em grana.

Não é difícil imaginar que é muito mais fácil vender o estoque de cachorros-quentes que vender a estrutura da barraquinha para alguém. É justamente esse nível de facilidade de transformar o ativo em dinheiro que faz com que ele fique no grupo de contas do ativo circulante ou no ativo não circulante.

Show de bola, Mineiro! Mas e com relação aos passivos circulantes e não circulantes?

É a mesma lógica. Só que no caso dos passivos estamos falando de obrigações e direito **contra** a empresa. Ou seja, nesse caso a empresa tem de pagar, desembolsar dinheiro.

Os passivos circulantes correspondem a nada mais que as **obrigações** que a empresa tem de saldar em **até 1 ano**.

As **contas** que compõem o **passivo circulante**, em geral, são:

1. **Fornecedores** (contas a pagar para fornecedores).
2. **Dívidas de curto prazo** (são dívidas de financiamento com terceiros, os empréstimos que a empresa precisa devolver).
3. **Salários a Pagar.**
4. **Impostos a Pagar.**
5. **Demais passivos circulantes.**

Essas são, em tese, as **principais** contas de passivo circulante de uma empresa.

O passivo circulante requer muita atenção, já que se uma empresa possui muitas dívidas de curto prazo e não tem condição de pagá-las, é bem provável que, se não conseguir **renegociar as dívidas**, vá à falência.

Um ponto importante aqui é que passivo não é a mesma coisa que dívida (no seu sentido mais utilizado em finanças). **O passivo é mais abrangente**.

Nós chamamos de **dívida** aquelas obrigações que geram encargos financeiros, ou seja, **juros a pagar!**

Se o Joãozinho pedisse dinheiro emprestado ao banco para financiar seu negócio (comprar a barraquinha, salsichas, pães e molhos), muito provavelmente ele teria de pagar juros ao banco até que conseguisse quitar (pagar) o empréstimo.

E esses juros variam de empréstimo para empréstimo. Vamos a um exemplo:

Imagine que o Joãozinho pediu emprestado para o banco R$1.000,00 para expandir o seu negócio. O gerente do banco, Antônio, emprestou a Joãozinho esse dinheiro com a seguinte condição: "Eu quero que você pague essa dívida em até 1 ano, e também que pague juros de 10% pelo empréstimo no prazo de 1 ano."

Joãozinho pensou bastante e aceitou. Isso significa que ele terá de pagar não apenas R$1.000,00 ao final do empréstimo, mas sim R$1.100,00. Ou seja, os R$100,00 serão dos juros de 10%. Chamamos esse tipo de dívida de **dívida onerosa**, mas é usual que se diga apenas "dívida" para se referir a ela.

Nem todas as obrigações no passivo exigem o pagamento de juros. Essa é uma informação valiosa para quando formos fazer o **Valuation** de empresas.

No **passivo não circulante**, normalmente temos as mesmas contas do passivo circulante, porém os **vencimentos** das obrigações se darão em **mais de 1 ano**.

Perceba que se o banco onde Joãozinho pediu dinheiro emprestado estipulasse como prazo de pagamento para a sua dívida, digamos 2 anos, essa dívida ficaria no passivo não circulante, em uma conta que poderia se chamar "Empréstimos e financiamentos de **longo prazo**".

Lembre-se de que para a contabilidade normalmente tudo que tem prazo superior a 1 ano é longo prazo, e, portanto, pertence às contas **não circulantes**.

Neste momento, gostaria de mostrar a vocês uma estrutura de Balanço Patrimonial de uma empresa real, listada em Bolsa de Valores. Um exemplo tirado do mundo real.

A empresa utilizada como exemplo é a **Lojas Renner**. Vejamos seu Balanço Patrimonial da parte do Ativo:

Reais (Mil)

Código da Conta	Descrição da Conta	Trimestre Atual 31/03/2021
1	Ativo Total	14.736.953
1.01	Ativo Circulante	8.217.276
1.01.01	Caixa e Equivalente de Caixa	2.351.690
1.01.02	Aplicações Financeiras	520.544
1.01.02.01	Aplicações Financeiras Avaliadas a Valor Justo Através do Resultado	520.544
1.01.02.01.02	Títulos Designados a Valor Justo	520.544
1.01.03	Contas a Receber	2.686.095
1.01.03.01	Clientes	2.686.095
1.01.04	Estoques	1.761.926
1.01.06	Tributos a Recuperar	780.154
1.01.06.01	Tributos Correntes a Recuperar	780.154
1.01.08	Outros Ativos Circulantes	116.867
1.01.08.03	Outros	116.867
1.01.08.03.02	Instrumentos Financeiros Derivativos	32.498
1.01.08.03.03	Outros Ativos	84.369
1.02	Ativo Não Circulante	6.519.677
1.02.01	Ativo Realizável a Longo Prazo	1.172.125
1.02.01.07	Tributos Diferidos	399.170
1.02.01.07.01	Imposto de Renda e Contribuição Social Diferidos	399.170
1.02.01.10	Outros Ativos Não Circulantes	772.955
1.02.01.10.04	Tributos a Recuperar	759.905
1.02.01.10.05	Outros Ativos	13.050
1.02.03	Imobilizado	4.417.409
1.02.03.01	Imobilizado em Operação	1.819.453

1.02.03.02	Direito de Uso em Arrendamento	2.083.471
1.02.03.03	Imobilizado em Andamento	514.485
1.02.04	Intangível	930.143
1.02.04.01	Intangíveis	813.464
1.02.04.01.02	Demais Intangíveis	813.464
1.02.04.02	*Goodwill*	116.679

Agora vejamos seu Balanço Patrimonial da parte do passivo e patrimônio líquido:

Reais (Mil)			
Código da Conta	Descrição da Conta	Trimestre Atual 31/03/2021	Exercício Anterior 31/12/2020
2	Passivo Total	14.736.953	14.642.583
2.01	Passivo Circulante	4.412.481	5.633.411
2.01.01	Obrigações Sociais e Trabalhistas	221.303	226.816
2.01.01.01	Obrigações Sociais	69.221	74.445
2.01.01.01.01	Encargos Sociais	69.221	74.445
2.01.01.02	Obrigações Trabalhistas	152.082	152.371
2.01.01.02.01	Salários a Pagar	152.082	152.371
2.01.02	Fornecedores	1.071.891	1.404.852
2.01.02.01	Fornecedores Nacionais	1.071.891	1.404.852
2.01.03	Obrigações Fiscais	92.347	402.930
2.01.03.01	Obrigações Fiscais Federais	59.151	183.309
2.01.03.01.01	Imposto de Renda e Contribuição Social a Pagar	38.793	93.983
2.01.03.01.02	Demais Obrigações Federais	22.358	89.326
2.01.03.02	Obrigações Fiscais Estaduais	28.084	214.857
2.01.03.03	Obrigações Fiscais Municipais	4.512	4.764

(continua)

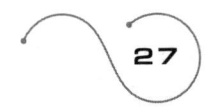

(continuação)

2.01.04	Empréstimos e Financiamentos	801.744	1.418.471
2.01.04.01	Empréstimos e Financiamentos	260.087	895.307
2.01.04.01.01	Em moeda Nacional	260.087	655.937
2.01.04.01.02	Em moeda Estrangeira	0	239.370
2.01.04.02	Debêntures	541.657	523.164
2.01.05	Outras Obrigações	2.156.924	2.113.283
2.01.05.02	Outros	2.156.924	2.113.283
2.01.05.02.01	Dividendos e JCP a Pagar	205.998	244.389
2.01.05.02.05	Outras Obrigações	203.969	145.835
2.01.05.02.06	Participações Estatutárias	1.880	1.880
2.01.05.02.07	Obrigações com Administradoras de Cartões	1.101.792	1.193.168
2.01.05.02.08	Instrumentos Financeiros Derivativos	0	31.428
2.01.05.02.09	Arrendamentos a Pagar	553.285	496.583
2.01.06	Provisões	68.272	67.059
2.01.06.01	Provisões Fiscais Previdenciárias Trabalhistas e Cíveis	68.272	67.059
2.01.06.01.04	Provisões Cíveis	38.999	36.647
2.01.06.01.05	Provisões Trabalhistas	29.273	30.412
2.02	Passivo Não Circulante	4.950.001	3.507.856
2.02.01	Empréstimos e Financiamentos	3.045.788	1.068.508
2.02.01.01	Empréstimos e Financiamentos	1.152.141	1.070.575
2.02.01.01.01	Em moeda Nacional	1.152.141	1.070.575
2.02.01.02	Debêntures	1.893.647	895.933
2.02.02	Outras Obrigações	1.852.290	1.486.111
2.02.02.02	Outros	1.852.290	1.486.111
2.02.02.02.04	Outras Obrigações	50.433	24.804

2.02.02.02.05	Arrendamentos a Pagar	1.709.354	1.365.804
2.02.02.02.06	Fornecedores	92.503	92.503
2.02.04	Provisões	60.923	55.237
2.02.04.01	Provisões Fiscais Previdenciárias Trabalhistas e Cíveis	60.923	55.237
2.02.04.01.01	Provisões Fiscais	22.763	22.387
2.02.04.01.04	Provisões Cíveis	3.370	4.258

Reais (Mil)

Código da Conta	Descrição da Conta	Trimestre Atual 31/03/2021	Exercício Anterior 31/12/2020
2.02.04.01.05	Previsões Trabalhistas	34.790	28.592
2.03	Patrimônio Líquido Consolidado	5.365.471	5.501.316
2.03.01	Capital Social Realizado	3.805.326	3.805.326
2.03.02	Reservas de Capital	-17.380	-25.430
2.03.02.04	Opções Outorgadas	92.620	94.031
2.03.02.05	Ações em Tesouraria	-110.450	-119.461
2.03.04	Reservas de Lucros	1.694.515	1.694.515
2.03.04.01	Reserva Legal	109.768	109.768
2.03.04.07	Reserva de Incentivos Fiscais	162.812	162.812
2.03.04.08	Dividendo Adicional Proposto	191	191
2.03.04.10	Reserva para Investimento e Expansão	1.421.744	1.421.744
2.03.05	Lucros/Prejuízos Acumulados	-206.005	0
2.03.06	Outros Resultados Abrangentes	89.465	26.905

Talvez você que esteja iniciando seu caminho em finanças possa inicialmente se assustar com o tamanho da estrutura e a quantidade de informações. Porém, não são todas as informações que são essenciais para nós, investidores.

Alguns desses grupos (mais especificamente dentro do ativo) ainda não havia abordado aqui: o ativo realizável a longo prazo, o imobilizado e o intangível.

Vamos descobrir o que é cada um deles!

Realizável a longo prazo

O **realizável a longo prazo** corresponde a bens e direitos que poderão ser realizados no próximo exercício contábil (ou seja, resgatados em mais de 1 ano). Pode ser, por exemplo, o dinheiro que a empresa emprestou para outros e só poderá reavê-lo após 1 ano, como as aplicações de **longo prazo** na renda fixa.

É comum que algumas empresas, ao possuírem muito dinheiro sobressalente, coloquem parte desse dinheiro em investimentos de longo prazo na renda fixa.

Imobilizados

Nos **imobilizados** há os **bens** utilizados na **atividade-fim** da empresa, como as fábricas, os imóveis utilizados pelo setor de produção da companhia, o maquinário usado nas operações, os utensílios de trabalho etc.

No caso do Joãozinho seria a sua barraquinha, as colheres de colocar molho nos cachorros-quentes e os copos utilizados para servir refrigerante, por exemplo.

Intangíveis

Entre os **intangíveis** há elementos que não podem ser "tocados", mas têm um valor importante, tais como marcas registradas, patentes e direitos autorais adquiridos pela empresa.

Digamos que a barraquinha do Joãozinho cresça a ponto de a empresa ter dinheiro suficiente para adquirir uma outra "marca" de barraquinha de cachorro-quente, a "Barraquinha do Pedrinho".

Nesse caso, parte do valor investido para comprar a empresa do Pedrinho pode parar no **intangível**. Este é um assunto mais avançado no qual entraremos em detalhes mais adiante.

Essas três classificações (ativo realizável a longo prazo, imobilizado e intangível) pertencem ao grupo do ativo não circulante. Pode haver, em alguns balanços também, um grupo de contas denominado **Investimentos** dentro do ativo não circulante.

Investimentos

Nos **investimentos** há as participações em outras empresas e outros ativos que têm como objetivo gerar rendimentos.

Pode ser a **participação** no capital de outra empresa (exemplo: quando a empresa compra ações de outra companhia com a finalidade de vender essas ações a um valor mais elevado), os terrenos adquiridos com o fim de serem vendidos mais caros posteriormente etc.

Concluindo...

Chegamos assim ao fim da apresentação do Balanço Patrimonial. Mais adiante comentarei alguns pormenores dos dados do balanço, especialmente aqueles mais relacionados ao **Valuation**.

No **Valuation**, normalmente prezamos pelo chamado **custo-benefício da análise**, em que procuramos fazer a melhor análise possível, no entanto, sem gastarmos um tempo considerável na mesma (por exemplo, 1 mês). Há profissionais que dedicam até mesmo meses analisando os detalhes de uma empresa. Eu tenho muito respeito por eles, mas nossa função aqui é procurar simplificar a sua vida sem prejudicar uma avaliação eficiente.

É possível fazer uma boa análise em poucas horas (ou menos) quando procuramos as informações certas nos lugares certos, e especialmente quando temos uma tabela como a que vou disponibilizar a você e ensiná-lo a utilizá-la. Ela já realiza vários dos cálculos de que necessitamos de forma automática.

E o melhor de tudo: ela é **baseada nos maiores mestres em Valuation do Brasil e do mundo!**

Na próxima seção falaremos sobre o outro relatório contábil fundamental em Valuation: **a DRE**.

2.2 DRE: o desempenho da empresa

Ao longo do tempo, as empresas vão colhendo **resultados**, frutos das vendas de seus produtos e serviços.

Esses resultados podem mostrar que uma empresa foi **lucrativa** (mais dinheiro entrando do que saindo) durante determinado período, ou ainda que ela não conseguiu obter lucro, e assim registrou **prejuízos** (perdeu dinheiro).

Obviamente, toda companhia deseja se tornar lucrativa. E de preferência muito lucrativa, já que não basta "ganhar pouco" frente à enorme mobilização de esforços que a empresa tem de fazer para conseguir desenvolver e/ou vender seus produtos e serviços.

O Joãozinho, do nosso simples exemplo, quer vender muitos cachorros-quentes para compensar o trabalho duro de ter de montar a barraquinha e o seu esforço constante de comprar salsichas, pães e produzir os cachorros-quentes. Então uma coisa é certa: empresas e seus donos têm como objetivo o lucro.

E a demonstração que apura o lucro das empresas é justamente a **Demonstração de Resultados do Exercício** ou **DRE** para os íntimos. Os componentes básicos desta demonstração são as **receitas** e as **despesas**.

As **receitas** costumam ser compostas fundamentalmente pelas vendas de produtos ou serviços pela companhia. Sendo assim, são os valores positivos gerados pela empresa no período (quanto mais receitas, melhor). É o **dinheiro que entra na empresa**.

Já as **despesas** são **subtraídas das receitas**. As despesas são os gastos que a empresa incorreu naquele período (quanto menos despesas, melhor).

Por exemplo, a barraquinha do Joãozinho vendeu R$10.000,00 de cachorro-quente e seu outro novo produto (hambúrguer) em 2021, porém, teve gastos com a produção dos cachorros-quentes e hambúrgueres como matéria-prima (no caso os pães, os hambúrgueres, e as salsichas utilizados), e ainda teve gastos com os salários de seu novo funcionário, o Pedrinho.

Para montarmos uma **DRE**, temos de pegar esse **faturamento** com as vendas, que no caso é de R$10.000,00, e **subtrair** as **despesas** (vamos supor que todas as despesas em conjunto somem R$8.000,00).

Isso significa que Joãozinho lucrou R$2.000,00 (10 mil menos 8 mil reais) em 2021. Nada mal para o nosso garoto de 15 anos de idade (já que quem sabe isso não seja o suficiente para ele comprar o videogame que ele tanto sonhou). Ele pode embolsar esse dinheiro ou **investir** mais na sua barraquinha, para que no ano seguinte possa **lucrar** ainda **mais**.

A **DRE** consegue nos mostrar justamente isso, o **desempenho** da empresa em determinado período.

Esse período pode ser de 1 ano, 1 semestre, 1 trimestre ou ainda de 1 mês. Na verdade, o período considerado pode ser, em teoria, qualquer um.

No entanto, é mais usual que se utilize o resultado apurado em 1 ano, ou o resultado trimestral (3 meses) para fins de **acompanhamento dos resultados** de uma empresa.

Veja um exemplo bem simples de DRE:

DRE	
Receitas de Vendas	R$4.940,00
Custo dos Produtos Vendidos	-R$220,00
Lucro Bruto	R$4.720,00
Aluguéis	-R$1.800,00
Despesas Diversas	-R$200,00
Salários	-R$2.000,00
Lucro Operacional (EBIT)	R$720,00
Impostos	-R$140,00
Lucro Líquido	R$580,00

Perceba que as despesas reduzem as receitas. Elas diminuem a riqueza da empresa.

Existem **diversos tipos de despesas**, e podemos chamar atenção para algumas que, em geral, são mais comuns na maior parte das empresas. Vamos a elas:

- **CPV (Custo dos Produtos Vendidos)**: Essa é normalmente uma das principais contas da DRE de qualquer empresa. No custo dos produtos vendidos estão todas as **despesas relacionadas diretamente com a produção**, como, por exemplo, o custo da mão de obra, os custos da matéria-prima e até mesmo os gastos com água, luz e energia **diretamente atribuíveis ao setor produtivo**. Tudo isso entra no custo das mercadorias vendidas.

No caso da Barraquinha do Joãozinho, seria o gasto com os pães que foram espremidos e utilizados nos cachorros-quentes e hambúrgueres, das salsichas, do gás utilizado para aquecer o molho e fritar os hambúrgueres e do milho, por exemplo. Se o Pedrinho ajudar na produção, o salário dele entra aqui também.

Mas, caso o Pedrinho seja somente vendedor, os gastos com os salários dele entram numa conta de despesas chamada Salários na DRE.

Após subtrairmos os Custos dos Produtos Vendidos das receitas, temos o chamado **Lucro Bruto**!

Esse é a primeira espécie de lucro que encontramos numa DRE. O lucro bruto é essencial para medirmos o nível de gastos da empresa ao produzir suas mercadorias. Existe até mesmo um indicador para isso chamado de **Margem Bruta**. Esse indicador mede o percentual do Lucro Bruto em relação às Receitas:

$$(MB = Lucro\ Bruto\ /\ Receitas)$$

Quanto maior a margem bruta, melhor é para a empresa!

Digamos que a barraquinha do Joãozinho faturou R$10.000,00 (como havíamos dito antes) em receitas com vendas no ano de 2021. Vamos supor também que o Lucro Bruto tenha sido de R$3.000,00, já que os Custos dos Produtos Vendidos foram de cerca de R$7.000,00 (10 mil - 7 mil = 3 mil).

Isso quer dizer que a margem bruta do negócio de Joãozinho foi de 30%, ou seja, R$3.000,00 de lucro bruto sobre R$10.000,00 de receita (3 mil / 10 mil = 30%).

Se esse valor satisfaz ou não Joãozinho, deveríamos perguntar a ele. Em geral, as empresas **comparam** esses valores com outras empresas do setor. No caso, Joãozinho iria comparar com o valor de outras barraquinhas de cachorro-quente para ver se seu negócio tem tido melhores margens de lucro bruto.

Despesas Operacionais

As **despesas operacionais** se encontram logo abaixo do Lucro Bruto.

Elas incluem despesas com vendas, despesas administrativas, aquelas com pesquisa e desenvolvimento de produtos, depreciação e amortização, e, ainda, a abrangente categoria Outros (que inclui outras despesas operacionais e mais incomuns).

Vamos levar essas despesas para o mundo da barraquinha de Joãozinho. Digamos que Joãozinho tenha contratado Pedrinho para ser apenas vendedor e Administrador Júnior. Pedrinho não faz parte da mão de obra da produção (isso quem continua fazendo é o Joãozinho).

As despesas com **salários** do Pedrinho foram de R$800,00 no ano (esses salários são despesas operacionais). Joãozinho ainda teve mais R$100,00 de despesas com depreciação e mais R$100,00 com o desenvolvimento de produtos (ele pagou esse valor num curso para aprender a fazer cachorro-quente gourmet).

Vamos primeiro entender o que significa depreciação, beleza?

A **Depreciação** é, em suma, o **desgaste** que máquinas, veículos e outros imobilizados sofrem com o tempo, **perdendo** assim o seu **valor**.

A barraquinha que Joãozinho comprou para tocar o seu negócio vai perdendo valor com o tempo, ela vai se desgastando. O metal das hastes vai enferrujando e, após um determinado período, talvez seja o momento de trocar a sua barraquinha já enferrujada por uma barraquinha melhor e mais nova. Só que veja bem uma coisa: a depreciação não gera saída de dinheiro, já que é apenas um **desgaste** de bens físicos. Porém, é errado não considerarmos os gastos com depreciação, já que em algum momento a empresa precisará fazer **reinvestimentos** para que possa se desenvolver.

Em algum momento, o Joãozinho, se quiser continuar com seu negócio de vender cachorro-quente e hambúrguer, precisará reinvestir uma quantia comprando chapas novas para fritar carne, e até mesmo fazer uma bela reforma em sua barraquinha.

A lógica é semelhante para as empresas maiores.

A **depreciação** normalmente assume que o bem que vai ser depreciado tem uma **vida útil**, e que ao longo dessa vida ele vai perdendo um valor constante, até que ele se torne inutilizável (deixando de possuir qualquer valor).

Vejamos um **exemplo**:

Digamos que a barraquinha do Joãozinho foi comprada por R$1.000,00 e tem uma vida útil de 10 anos. Depois disso, considera-se que ela não valerá mais nada. Então, a barraquinha do Joãozinho gerará uma despesa de depreciação de R$100,00 ao ano (ou seja, R$1.000,00 divididos por 10 anos de vida útil), simples assim.

Eu sei, eu sei... Muitas vezes não é isso que acontece na prática, já que o Joãozinho poderia muito bem continuar a utilizar sua barraquinha por até mesmo 20 anos ou mais. Mas fato é que, para a contabilidade isso existe, e o **bem físico normalmente tem de ser depreciado**.

Pense que se trata de uma questão de organização das finanças, já que eventuais **reformas** e **manutenções** são realmente necessárias nos bens físicos (como na barraquinha do Joãozinho).

Guarde isso:

- **A depreciação não gera saída de dinheiro da empresa.**
- **A depreciação mesmo assim tem de ser considerada, já que em algum momento o desgaste dos bens físicos vai gerar saída de dinheiro.**

Quando entrarmos mais profundamente na matéria de avaliação de empresas, você entenderá ainda melhor a ideia.

Após as despesas operacionais, chegamos a um dos valores mais importantes para a avaliação de empresas: o **Lucro Operacional** (**EBIT** – *Earnings Before Interest and Taxes*).

Lucro operacional ou EBIT:

É o lucro que vem antes das receitas ou despesas financeiras e dos impostos.

Alguns o tratam como o lucro mais importante dentro de uma DRE, já que ele captura bem qual foi o lucro "puro" da empresa com as suas operações.

> Mas o que seriam as despesas ou receitas financeiras de uma empresa que vêm depois do lucro operacional?

Lembra que eu falei que as empresas podem pegar **dinheiro emprestado** para financiar as suas atividades? Eu ainda mostrei que esses empréstimos são onerosos normalmente. Ou seja, a empresa tem de pagar **juros** ao banco com o qual pegou esses empréstimos.

Porém, não necessariamente a empresa precisa pegar dinheiro emprestado com os bancos. Ela também pode recorrer a outros investidores que aceitam emprestar dinheiro a ela e receber em troca juros (assim como os bancos fazem).

Podemos dizer que esses investidores estão adquirindo **debêntures**. Essas debêntures são espécies de **títulos da dívida** nos quais os detentores têm o direito de receber juros, além do valor investido no vencimento do prazo da dívida. Vamos a um exemplo com o empreendimento de Joãozinho.

Joãozinho está bastante confiante porque os seus negócios estão indo bem. Então resolve pedir dinheiro emprestado a alguns tios para expandir sua barraquinha para outros bairros.

Joãozinho diz o seguinte:

> "Tios, preciso de R$2.000,00 por 2 anos para construir mais 2 novas barraquinhas em 2 outros bairros, e assim vender mais cachorros-quentes e hambúrgueres."

Seus tios perguntam quanto ele oferecerá para eles **assumirem este risco** de emprestar o dinheiro por 2 anos, e Joãozinho responde: "Vocês receberão juros de 10% ao ano." Seus tios acabam estudando a proposta e concordam com os valores.

Cada um dos tios (são 4) recebe um papel confirmando que investiu em debêntures da empresa de Joãozinho, e que tem, portanto, direito a juros de 10% ao ano sobre o capital que investiu (digamos que cada um investiu R$500,00). Então, esses juros de 10% ao ano sobre os R$2.000,00 totais emprestados são considerados **despesas financeiras**.

Já as **receitas financeiras** de uma empresa ocorrem quando a própria empresa faz investimentos em renda fixa e recebe juros por isso. Imagine, por exemplo, que o Joãozinho investiu o dinheiro que estava sobrando no caixa da barraquinha em alguma **renda fixa** do banco para "não deixar o dinheiro parado".

Vamos supor que havia R$1.200,00 no caixa e ele pegou R$1.000,00 para investir numa **aplicação de curto prazo** (até 1 ano) que estava remunerando cerca de 8% ao ano. Isso quer dizer que Joãozinho recebeu por esse investimento, caso tenha deixado o dinheiro 1 ano na aplicação, R$80,00 (8% de R$1.000,00) de receitas financeiras ao final do prazo.

Se ele pegou realmente o dinheiro emprestado com seus tios (os R$2.000,00), isso significa que Joãozinho teve um **saldo final de despesas ou receitas financeiras** de R$120,00 negativos (mais despesas financeiras do que receitas).

Agora, o que temos de fazer é subtrair essas despesas financeiras do lucro operacional. Assim encontramos outra espécie de lucro: o **LAIR (ou Lucro Antes do Imposto de Renda)**. Obviamente, desse lucro nós temos de subtrair o Imposto de Renda.

Praticamente todas as empresas pagam IR. O IR possui uma alíquota média de 34% no Brasil, mas nem todas as empresas pagam imposto com essa alíquota.

Vamos supor que a barraquinha do Joãozinho tenha de pagar IR com alíquota de 20%. Se o lucro antes do IR apurado foi de R$1.000,00 durante o ano, a quantidade de imposto a ser paga para o governo é de R$200,00 naquele período.

O governo recolhe imposto justamente para financiar as atividades do Estado (como os serviços públicos e os gastos com os salários de servidores públicos), e é de fato algo obrigatório. O IR, como deu para perceber, não é algo "tão prazeroso" para uma empresa pagar, já que reduz o valor de nosso **lucro final**.

A última linha da DRE, em geral, é o chamado **Lucro Líquido**.

Lucro Líquido:

É de fato o lucro que mais importa para uma empresa, já que reflete a **criação de riqueza deduzida de todas as despesas no período**.

Por meio do lucro líquido nós conseguimos averiguar outro importante indicador: a **margem líquida**. Ela nada mais é do que o lucro líquido em relação às receitas totais. Digamos que o lucro líquido da barraquinha de Joãozinho foi de R$800,00 em 2021. Se a receita foi de R$10.000,00, temos uma margem líquida de 8%. Quanto maior a margem líquida, melhor é para uma empresa.

Porém...

Quando estamos tratando de **Valuation**, há ainda um outro lucro a ser considerado. Trata-se do chamado **NOPAT** (*Net Operating Profit After Taxes*) ou **Lucro Operacional Depois dos Impostos**.

Esse é o lucro que de fato mais importa na avaliação de empresas pelo método de **Valuation** mais utilizado no mundo, e que serve de base também para o que faremos aqui.

Mas o que seria esse tal de NOPAT?

NOPAT:

É o **lucro operacional subtraído das despesas com impostos**, ou seja, nele não consideramos as despesas ou receitas financeiras.

A razão de utilizarmos o NOPAT nas avaliações será explicada em detalhes mais adiante.

Imagine que o Joãozinho apurou por meio da sua DRE que o lucro operacional do seu negócio foi de R$1.200,00. Ao mesmo tempo, suas despesas financeiras somaram R$200,00 e o IR também somou R$200,00.

Qual é o NOPAT de seu negócio de barraquinhas de limonada e picolés no período?

Lucro Operacional (EBIT)	= R$1200,00
Despesas Financeiras	= -R$200,00
IR	= -R$200,00
Lucro Líquido	= R$800,00
NOPAT	**= R$1.000,00**

Guarde bem isso: o valor do NOPAT é o que nos interessa nas avaliações de empresas para se encontrar o valor justo.

Na nossa Supertabela da Mineiro Invest há um espaço reservado para o NOPAT, veja bem:

	Receita	Lucro Operacional (EBIT)	Impostos	Margem NOPAT	NOPAT
2011	R$3.238,54	R$472,63	-R$138,49	10%	R$334,14
2012	R$3.862,51	R$559,25	-R$153,42	11%	R$405,83
2013	R$4.370,95	R$650,44	-R$175,31	11%	R$475,11
2014	R$5.216,82	R$802,05	-R$236,76	11%	R$565,29
2015	R$6.145,20	R$933,25	-R$249,83	11%	R$683,42
2016	R$6.451,58	R$975,69	-R$247,32	11%	R$728,17
2017	R$7.444,31	R$1.087,24	-R$271,46		R$815,78
2018	R$8.426,54	R$1.483,82	-R$350,06	11%	R$1.073,76
2019	R$9.588,44	R$1.643,65	-R$412,76	11%	R$1.230,89
2020	R$7.537,18	R$856,88	-R$104,49	10%	R$752,89
Últimos 12 meses	R$7.254,11	R$660,15	-R$23,94	9%	R$686,21

Nesse caso, o exemplo utilizado se refere às Lojas Renner, mais precisamente os últimos 12 meses de resultado se referem ao ano de 2020 inteiro.

Vejamos também uma **estrutura da DRE da Lojas Renner** diretamente de seus relatórios divulgados aos investidores:

Reais (Mil)			
Código da Conta	Descrição da Conta	Exercício 01/01/2021 a 31/03/2021	Exercício Anterior 01/01/2020 a 31/03/2020
3.01	Receita de Bens e/ou Serviços	1.580.694	1.863.761
3.01.01	Receita Líquida com Vendas de Mercadorias	1.363.717	1.550.180
3.01.02	Receita Líquida com Produtos e Serviços Financeiros	216.977	313.581
3.02	Custo dos Bens e/ou Serviços Vendidos	-657.400	-696.764
3.02.01	Custo das Vendas com Mercadorias	-653.502	-691.240
3.02.02	Custo dos Produtos e Serviços Financeiros	-3.898	-5.434
3.03	Resultado Bruto	923.294	1.167.087
3.04	Despesas/Receitas Operacionais	-1.096.657	-1.134.752
3.04.01	Despesas com Vendas	-691.817	-620.093
3.04.02	Despesas Gerais e Administrativas	-254.313	-223.153
3.04.03	Perdas pela Não Recuperabilidade de Ativos	-52.105	-199.325
3.04.04	Outras Receitas Operacionais	1.162	10.315
3.04.05	Outras Despesas Operacionais	-99.584	-102.494
3.05	Resultado Antes do Resultado Financeiro e dos Tributos	-173.363	32.335
3.06	Resultado Financeiro	-78.216	-49.767
3.06.01	Receitas Financeiras	46.030	25.579
3.06.02	Despesas Financeiras	-124.246	-75.346
3.07	Resultado Antes dos Tributos sobre o Lucro	-251.570	-17.432

3.08	Imposto de Renda e Contribuição Social para o Lucro	103.876	24.569
3.08.01	Corrente	-36.155	-33.319
3.08.02	Deferido	140.031	57.888
3.09	Resultado Líquido das Operações Continuadas	-147.703	7.137
3.11	Lucro/Prejuízo Consolidado do Período	-147.703	7.137
3.11.01	Atribuído a Sócios da Empresa Controladora	-147.703	7.137
3.99	Lucro por Ação (Reais/Ação)		
3.99.01	Lucro Básico por Ação		
3.99.01.01	ON	0.18620	0.00900
3.99.02	Lucro Diluído por Ação		
3.99.02.01	ON	0.18590	0.00900

Os resultados se referem ao 1º trimestre de 2021, e mostram que a empresa teve prejuízo no período.

Porém, nas avaliações **utilizamos os dados dos últimos 12 meses**, e não dados isolados de trimestres.

Agora gostaria de fazer algumas últimas **considerações** sobre os dados obtidos na DRE:

1) A **Margem NOPAT** é um indicador precioso para nossas avaliações, e é reflexo da divisão do NOPAT (Lucro Operacional Depois dos Impostos) pela Receita.

Então, supondo que as receitas tenham sido de R$10.000,00 na barraquinha do Joãozinho, e que a Margem NOPAT tenha sido de R$1.000,00, nós teremos uma margem NOPAT de 10% (R$1.000,00 divididos por R$10.000,00).

Essa margem **servirá de base** para nossas avaliações, como veremos mais adiante.

2) Os dados que normalmente buscamos tanto da DRE quanto do Balanço Patrimonial são os chamados **consolidados**. Eles refletem os resultados de uma empresa como um todo, ou seja, de todas as eventuais unidades da companhia.

Nós fazemos isso, enquanto investidores, porque é mais simples de se analisar a organização como um todo, a analisar cada uma das partes separadas de um grupo empresarial que pode possuir múltiplas outras empresas "sob suas asas".

Então, quando você for buscar as demonstrações financeiras, em geral, irá atrás das **consolidadas**.

3) Para utilizar a nossa Supertabela da Mineiro Invest, você precisa buscar os dados da DRE e do Balanço Patrimonial em dois sites:

- **Status Invest**
- **Fundamentus**

Nessas duas plataformas, que contêm dados das empresas, temos quase tudo de que precisamos. **E o melhor: de forma gratuita!**

Mas...

Caso haja alguma mudança que signifique que não possamos mais utilizar os dados desses sites, a tabela também pode ser preenchida utilizando-se dados obtidos nos balanços das empresas, embora leve um pouco mais de tempo para preencher cada um desses dados.

Vamos agora ao passo a passo de como se preenche a nossa Supertabela utilizando essas plataformas gratuitas.

Mas, antes, uma excelente notícia: **após preencher esses dados, a tabela faz praticamente 80% do trabalho de forma automática.**

Isso mesmo! Ela é programada para fazer quase todo trabalho sozinha. Não é à toa que passamos meses a desenvolvendo.

2.3 Passo a passo para preencher a Supertabela com dados contábeis

1º Passo:

Entrar no site da **statusinvest.com.br** e encontrar a empresa a qual se quer avaliar e copiar os dados dos últimos 10 anos da DRE da empresa. Como exemplo, pegamos os dados da Lojas Renner. É só dar CTRL C + CTRL V.

2º Passo:

Passar os dados da DRE para a Supertabela da Mineiro Invest. A sugestão é que você utilize a colagem do tipo "1 2 3" para não perder a formatação da nossa tabela.

É simples, em vez de colar direto, você clica com o botão direito do mouse e haverá a opção de colagem "1 2 3". Ela mantém a formatação dos dados da planilha. Isso manterá a planilha visualmente mais interessante.

Depois você tem de localizar e substituir as letras "M" por " " (nada) na DRE da Supertabela.

Selecione todos os dados numéricos da DRE na nossa Supertabela e vá à aba "Página Inicial" do Excel, depois em "Localizar e Selecionar" e finalmente em "Substituir".

Aparecerá a "caixa" de Localizar e Substituir.

Você substituirá todas as letras "M" por absolutamente nada (não digitar nenhum caractere em "Substituir Por"). Então você clicará em "Substituir Tudo", e pronto! Os dados estarão prontos para uso.

3º Passo:

Passar os dados do Balanço Patrimonial para a Supertabela! Esses dados são encontrados no site da **fundamentus.com.br.**

Primeiramente, você procura a empresa, digitando o nome ou o símbolo da ação no espaço de pesquisa.

Então vá em "Dados Históricos" e depois em "Balanços em Excel".

Você digita o código exigido e automaticamente os dados serão baixados.

Você clica no arquivo e abre o mesmo no Excel.

4º Passo:

Você copiará os dados sempre do último trimestre de cada um dos anos e os passará para a nossa Supertabela.

Isso significa que serão **dados de 31/12** de praticamente todos os anos. Somente onde está escrito "Último Trimestre" você deverá pegar os dados do último trimestre o qual a empresa lançou os demonstrativos.

É importante que o último trimestre da DRE da Status Invest seja o último trimestre do Balanço Patrimonial lançado na Fundamentus. Por vezes, Status Invest e Fundamentus podem estar desalinhadas quanto ao último trimestre de informações divulgadas.

Lembre-se de utilizar a colagem do tipo "1 2 3" para não perder a formatação.

5º Passo:

Agora há mais uma importante coisa a ser feita.

Precisamos "padronizar" os números obtidos para o Balanço Patrimonial na Fundamentus.

Esses dados estarão consideravelmente maiores (mais especificamente falando, mil vezes maiores) que os dados da Status Invest.

Precisamos dividir todos esses números por mil. Felizmente, o Excel é uma ferramenta fantástica que permite que isso seja feito em alguns poucos segundos.

Vejamos!

Você clicará na seguinte célula na nossa Supertabela:

| Fator de Divisão | 1000 |

Na tabela é a célula da linha "111" na coluna E.

Você copiará essa célula (CTRL C) e selecionará todos os dados numéricos do Balanço Patrimonial que você copiou para a Supertabela da Mineiro Invest.

Em seguida, vá à aba Página Inicial e clique na setinha abaixo de onde está escrito Colar.

Você então clicará em Colar Especial.

Após clicar em Colar Especial é só selecionar essas duas funcionalidades:

Onde está escrito Colar você selecionará Valores.

Na parte de Operação você selecionará Divisão.

Finalizado este processo, clique em Ok e você já terá feito um trabalho que levaria horas (passar dado por dado para a DRE e o Balanço Patrimonial da Supertabela), em questão de poucos minutos.

Maravilha!

Agora a tabela calculará uma série de coisas automaticamente.

E é sobre essas coisas que prosseguirei comentando aqui em nosso livro. **É importante que você entenda a lógica por trás da avaliação de empresas** para que se torne um analista ou investidor mais consciente e capaz de fazer recomendações ou investimentos mais inteligentes.

No próximo capítulo de nossa jornada falaremos de um documento essencial para quem está avaliando a empresa! Trata-se do Formulário de Referência (FRE) da empresa.

Normalmente, nós, da Mineiro Invest, o analisamos após termos preenchido a tabela com os dados contábeis.

Agora vamos descobrir o que o FRE nos diz de mais importante!

3

FRE: Conhecendo o negócio a fundo

Se houvesse um único documento sobre a empresa que você pudesse escolher para ler, este documento deveria ser o Formulário de Referência (FRE).

Mas, afinal, o que é o FRE?

O FRE é um documento obrigatório para todas as empresas listadas em Bolsa. Nele há informações detalhadas sobre os negócios da empresa e é bem extenso, normalmente com mais de trezentas páginas.

Porém...

Nem tudo que há nesse documento é relevante para nossas análises. Podemos nos ater somente ao que é mais importante e conseguir realizar uma análise muito mais rápida e eficiente. Vamos às partes do FRE que são interessantes para uma boa análise:

Não se assuste com os termos que ainda não conhece, irei explicar cada um deles:

1. **Histórico da empresa** – Qual é a história da empresa? Como a empresa chegou ao seu atual estágio?
2. **Modelo de negócios** – Como funciona o negócio da empresa? Como a empresa ganha dinheiro? A empresa possui "marcas"? Quais são as mais importantes?
3. **Fatores de risco** – Como a empresa é afetada pela inflação? Como é afetada pelo dólar? Quais são os fatores de risco mais relevantes?

4. **Regulações** – A empresa é de alguma forma regulada pelo Governo? Em geral, encontramos essa informação na seção Fatores de Risco;
5. **Governança corporativa** – Quem são os diretores e conselheiros da empresa? Qual é o seu histórico? Quem são os acionistas principais da empresa? Existe algum conflito de interesse entre as partes relacionadas? Quais são os direitos das ações? Qual é o Segmento de Listagem da empresa na Bolsa?

Primeiro vamos falar do histórico da empresa!

No caso das barraquinhas do Joãozinho, a história é relativamente bem simples:

> "Joãozinho queria juntar dinheiro para comprar um videogame, e ao longo dos anos ir comprando os melhores jogos originais para jogar no seu tempo livre. Seus pais apoiaram, pois gostaram bastante do espírito empreendedor do jovem. Por isso, ele acabou fundando a empresa, e de lá para cá está obtendo um bom lucro. Seu negócio não para de crescer, e ele acabou contratando até mesmo o Pedrinho, que antes era seu concorrente."

A história de Joãozinho e de sua barraquinha é bem simples, porém a história das mais diversas empresas da Bolsa pode variar bastante.

Entender como a empresa cresceu ao longo dos anos pode ajudar a **entender o potencial** de expansão da empresa nos anos seguintes.

Podemos descobrir se a empresa cresceu por meio de **aquisições ou fusões** com outras companhias, ou, ainda, se cresceu de forma orgânica (sem se "misturar com outras empresas"). Também podemos descobrir se esses resultados de aquisições e fusões impactaram positivamente os negócios. Se depois que a empresa adquiriu outros negócios, por exemplo, suas margens de lucro evoluíram.

Podemos checar se, depois que o Joãozinho iniciou sua **parceria** com Pedrinho, as coisas melhoraram proporcionalmente (se a barraquinha passou a lucrar mais, se os retornos foram maiores para compensar os salários pagos ao Pedrinho etc.).

Qual é o modelo de negócios da empresa?

Como a empresa faz dinheiro?

No caso do Joãozinho é bastante simples: ele compra os ingredientes para fazer cachorro-quente e hambúrguer, monta os lanches e os vende nas feiras que acontecem todo final de semana em sua cidade natal.

No caso da **Lojas Renner** (a qual mostramos os balanços anteriormente), o **negócio** pode ser um pouco mais complexo. A Renner é uma rede de varejo de moda. Em suma ela "vende roupas".

A empresa, em geral, terceiriza a confecção de roupas e tem um time que faz o design das mesmas. Após criados os designs, a empresa "manda fazer" as peças em uma determinada quantidade e depois revende mais caro esses modelos tanto em lojas físicas quanto pela internet (e-commerce).

Obviamente, estou aqui simplificando ao máximo o modelo da Lojas Renner, já que não mencionei as suas marcas, se as lojas são próprias ou franqueadas, e, ainda, se a empresa oferece algum valor adicional ao cliente, como cartões da loja e um ambiente de compras diferenciado.

Mas lendo a parte de **Atividades do Emissor** no FRE você consegue descobrir tais fatos importantes sobre a empresa.

Quais são os principais fatores de risco do negócio?

O que poderia **afetar negativamente** sem dúvida os negócios da barraquinha de cachorro-quente de Joãozinho? Podemos, por exemplo, citar o aumento do preço da salsicha!

Isso tende a ser bastante negativo para seus negócios, já que assim ele teria de aumentar o preço dos cachorros-quentes, arriscando-se a perder clientes e, consequentemente, vendas.

Mas certamente há outros fatores. Pense só: o seu estoque de pães pode mofar, por exemplo. Num dia de tempestade a barraquinha pode ser destruída. Tudo isso deve ser levado em consideração!

E no caso da Lojas Renner? Quais seriam seus principais fatores de risco? Podemos dar uma boa olhada no seu **Formulário de Referência**.

Você encontra este documento nos sites das empresas na área de Relações com Investidores (RI), normalmente numa aba descrita como Documentos CVM. Mas uma sugestão que nos facilita a vida é simplesmente digitar no Google "Formulário de Referência" e o nome da empresa (neste caso Lojas Renner).

No sumário do FRE é possível encontrar as páginas onde estão **Fatores de Risco**:

4. Fatores de Risco

    4.1 Descrição dos Fatores de Risco   25

    4.2 Descrição dos Principais Riscos de Mercado   49

    4.3 Processos Judiciais, Administrativos ou Arbitrais Não Sigilosos e Relevantes   54

    4.4 Processos Judiciais, Administrativos ou Arbitrais Não Sigilosos Cujas Partes Contrárias Sejam Administradores, Ex-administradores, Controladores, Ex-controladores ou Investidores   58

    4.5 Processos Sigilosos Relevantes   59

    4.6 Processos Judiciais, Administrativos ou Arbitrais Repetitivos ou Conexos, Não Sigilosos e Relevantes em Conjunto   60

    4.7 Outras Contingências Relevantes   61

Podemos destacar como fatores de risco dos negócios da Lojas Renner a **sazonalidade** das vendas (afetadas, sobretudo, pelas maiores vendas em datas comemorativas, como Natal e Ano-Novo), os efeitos negativos da pandemia da Covid-19, que acabou afetando o crescimento da empresa (desaceleração), as possíveis mudanças nas **tendências da moda** que a empresa pode não conseguir acompanhar, problemas com seus centros de distribuição etc.

Acima de tudo, é importante conhecer os fatores de risco de uma empresa para que se crie maior **consciência de como os eventos podem afetá-la**. Quando se conhece bem os eventos que podem afetar uma empresa, fica mais fácil de acompanhá-la e **refazer** rapidamente uma **avaliação** quando necessário (especialmente quando eventos relevantes ocorrem na empresa).

A Lojas Renner não é regulada pelo governo, embora altamente exposta à **economia local**, já que a maior quantidade das vendas ocorre no

Brasil. Isso certamente pode ser colocado como um fator de risco, já que a economia brasileira tende a ser bastante instável.

E com relação à governança corporativa? O que é governança e como ela interfere normalmente nos negócios?

A **governança corporativa** nada mais é que "o sistema pelo qual as empresas são dirigidas e controladas, distribuindo direitos e responsabilidades entre os diferentes participantes da empresa, tais como Conselho de Administração, diretoria, proprietários e demais stakeholders" (WHITERELL, 2000).

Este é um conceito bastante abrangente de governança corporativa.

Dentro das empresas há uma série de **conflitos de interesses**. Vamos levar isso para o exemplo do Joãozinho e sua barraquinha.

Joãozinho pode tornar Pedrinho seu sócio, fazendo com que cada um tenha direito a um percentual sobre os lucros. No meio do caminho os dois podem entrar em conflito, **discordar de algumas coisas**. A governança corporativa surge justamente para minimizar o efeito desses conflitos, procurando trazer **maior harmonia entre os interesses de todos**.

No livro *Governança Corporativa e o Sucesso Empresarial*, de André Luiz Carvalhal, há outro ótimo conceito que se aplica à governança corporativa:

"Conjunto de princípios e políticas que procura minimizar os potenciais conflitos de interesse entre os diferentes stakeholders com o objetivo de reduzir o custo de capital e aumentar o valor da companhia."

Stakeholders são todas as partes interessadas na empresa. No caso do empreendimento de Joãozinho, são os sócios do negócio (Joãozinho e Pedrinho), os compradores de cachorros-quentes e hambúrgueres (seus clientes), os tios de Joãozinho que emprestaram algum dinheiro a ele e até mesmo outras pessoas que podem ter investido no seu negócio (em tese elas seriam sócias também).

Enfim, stakeholder é todo aquele que tem algum tipo de ligação com a empresa, sejam os administradores, os clientes, os sócios, os trabalhadores e até mesmo credores (aqueles que emprestaram dinheiro à empresa).

Agora repare o que diz o final do conceito de governança corporativa: a governança corporativa tem o objetivo de reduzir o custo de capital e **aumentar o valor da companhia**.

Mas por que "cargas d'água" uma empresa valeria mais dinheiro devido ao fato de ter uma "boa prática de governança corporativa"?

Uma empresa em que há **menos conflitos de interesse** entre administração e sócios, ou entre aqueles que controlam a empresa e aqueles que detêm menor participação no negócio, normalmente é um melhor investimento do ponto de vista da governança.

Isso acontece porque, em geral, nas empresas que possuem políticas de governança corporativa mais evoluídas é mais difícil que sejam tomadas decisões contrárias aos interesses dos acionistas que não possuem grande participação do negócio (ou seja, normalmente **nós** que não temos muitos milhões ou bilhões de reais para investir e não controlamos as empresas).

O Brasil possui um histórico de decisões que se mostraram muito negativas para os **acionistas minoritários** (aqueles que não detêm a maioria do patrimônio com direito a voto da empresa).

Vamos levar isso para o **exemplo** de Joãozinho e seu empreendimento. Digamos que Joãozinho detenha uma participação de 90% no negócio, e que a Pedrinho (seu sócio) foi concedida uma participação de 10%.

Se na empresa de Joãozinho forem criadas **políticas** que "deem voz" também para os interesses de Pedrinho, nós teríamos uma governança corporativa certamente mais evoluída que aquela em que nas decisões só contasse o que "Joãozinho acha que seja o certo".

Eu sei, eu sei... Esse é um exemplo extremamente simples para um conceito muito mais amplo que é a governança corporativa. Porém, é um bom ponto de partida para quem não faz ideia ainda do que seja esse conceito.

Sobre a parte de custo de capital que está ali no final do conceito no livro de Carvalhal, falaremos sobre o termo mais adiante (haverá um capítulo somente sobre esse conceito neste livro).

As políticas de governança são múltiplas dentro das empresas. Variam desde o **direito** que alguns acionistas podem possuir **de votar decisões empresariais** em detrimento de outros, até mesmo a direitos que se relacionam à situação da empresa ser vendida e "sair da Bolsa de Valores" (nesse caso pode haver casos de acionistas ganhando mais por suas ações do que outros).

No Brasil, foram criados os chamados **segmentos de listagem**. Esses segmentos representam níveis de governança corporativa dentro das empresas, e são adotados por várias companhias em Bolsa.

A função da criação desses segmentos de listagem foi justamente incentivar as empresas a adotarem melhores práticas de governança para não privilegiar nenhuma parte em detrimento de outra.

O melhor nível de governança corporativa no Brasil está normalmente nas empresas do **segmento do chamado Novo Mercado**. Boa parte das empresas brasileiras pertence a este segmento.

Outros dois níveis de governança dentro dos segmentos de listagem são os níveis 1 e 2. Eles estão abaixo do nível do novo mercado, mas também representam uma evolução em relação às empresas que não adotam nenhum segmento de listagem.

No Brasil ocorre um fenômeno interessante. Aqui existe **separação entre dois tipos de ações:**

1. ordinárias;
2. preferenciais.

As ações **ordinárias** dão direito a voto nas decisões da empresa a seus possuidores. Já nas ações **preferenciais**, normalmente não há esse direito a voto, porém, existe alguma forma de "tentativa de compensação", como a **preferência no recebimento de dividendos.**

Fato é que os acionistas que possuem ações com direito a voto, teoricamente, detêm o "controle das decisões da empresa". São chamados de **acionistas majoritários** aqueles que detêm mais de 50% das ações ordinárias (que dão direito a voto).

Quando uma empresa é vendida, é natural que esses acionistas recebam mais por suas ações, já que elas dão o direito de controle sobre a companhia (maioria do capital com direito a voto dá maior poder de decisão).

Porém, para tentar diminuir um eventual conflito de interesses que poderia surgir entre os acionistas que detêm ações preferenciais e aqueles que detêm ordinárias, criou-se um mecanismo chamado **"Tag Along"**.

O Tag Along é basicamente o direito que o acionista que possui ações preferenciais tem de receber um determinado percentual mínimo do valor que o acionista que possui ações ordinárias receberia numa eventual venda do controle da companhia e fechamento de seu capital. Pareceu bem confuso, certo?!

Vamos ao **exemplo** do Joãozinho então:

Digamos que o Joãozinho detenha o **controle** da empresa com 90% de participação. Vamos supor que os 10% restantes estejam na mão do Pedrinho, e que ele não tem direito de votar nada na empresa. Imagine que um investidor diga o seguinte para o Joãozinho:

> "Olha, Joãozinho, eu compro a sua barraquinha por R$10.000,00. Tudo que você tiver vem para mim, e eu continuo a gerenciar o negócio usando a sua marca."

Agora imagine que o Joãozinho aceita. O Joãozinho receberia R$9.000,00, certo?! (Já que ele detém 90% da participação; e Pedrinho receberia R$1.000,00, seguindo essa lógica.)

Em **teoria**, sim, mas não é isso que ocorre por vezes na prática com as empresas!

Veja bem:

Se o Joãozinho tem o controle da empresa, ele pode simplesmente falar assim para seu sócio (Pedrinho):

> "Olha, Pedrinho, as minhas ações são mais valiosas, porque elas dão o controle da empresa, e ao possuí-las eu é quem dou as cartas. Então as suas ações (sua participação) não valem tanto quanto as minhas, já que elas nem dão direito a voto nas decisões sobre o que

acontece ou não com a barraquinha. Por isso eu vou receber R$9.500,00, e você vai acabar recebendo apenas R$500,00 por 10% da sua participação."

O **Tag Along** vem justamente para impedir esse tipo de situação. Com o Tag Along, o Pedrinho poderia exigir um **percentual mínimo** de valor por suas ações. Digamos que as ações de Joãozinho, que dão direito a voto, valem R$150,00 cada. E ao mesmo tempo as ações de Pedrinho, que não dão direito a voto, valem R$50,00 cada.

Se o Tag Along no estatuto da empresa for de 80%, isso quer dizer que Pedrinho teria direito de receber pelas suas ações, que não têm direito a voto, 80% do valor das que dão direito a voto.

Faça as contas: 80% de R$150,00 é R$120,00. Então, em vez de as ações de Pedrinho valerem R$50,00, elas valeriam R$120,00.

Perceba como o **Tag Along é uma coisa importante!** Nas empresas que possuem segmento de listagem de novo mercado, o Tag Along é de 100%.

Isso mesmo! As ações preferenciais nesse caso têm os mesmos direitos que as ordinárias, na situação de venda do controle da empresa. Legal, não?

Essa foi uma importante evolução na governança no Brasil, já que não eram raros os casos de acionistas no passado que acabavam lesados quando ocorria a venda de **controle**. Eles acabavam recebendo muito pouco por suas ações.

Estamos fugindo um pouco ao escopo deste livro, mas é importante que tenhamos em mente alguns conceitos da governança, já que ela possui influência no valor das empresas. As companhias mais avançadas em termos de governança são mais bem vistas em geral pelos investidores, justamente devido a esse tipo de "proteção extra".

Outro ponto muito importante sobre governança diz respeito a quem são as pessoas por trás das empresas e quais os seus interesses!

Veja bem: imagine dois donos diferentes de duas empresas diferentes.

O **primeiro dono** (que detém o controle das decisões da empresa) é um senhor de 78 anos, que possui uma empresa do setor de alimentos já há muitos anos. Ele não é muito ativo na gestão da empresa, e não liga tanto assim se a empresa vai crescer mais ou não no futuro, até porque já é muito rico e não precisa se preocupar tanto com isso. Além disso, colocou seu sobrinho que recém saiu da faculdade para gerenciar uma importante divisão da empresa.

O **segundo dono** (de uma outra empresa) é um sujeito mais jovem, na casa dos 40 anos, com boa experiência em gestão e cheio de entusiasmo (com "sangue nos olhos" para fazer a coisa dar certo). Sua empresa é também do ramo de alimentação.

Seus interesses estão bastante alinhados com os interesses dos acionistas, já que ele pretende fazer a empresa crescer ainda mais e se tornar uma das líderes do setor. Seus diretores e empregados são cuidadosamente escolhidos. Os negócios inclusive estão indo bem.

Baseado somente nessas informações, em qual empresa há maior probabilidade de colhermos melhores frutos do investimento? Convenhamos que a segunda empresa parece ser mais interessante, não é?!

Logicamente, **governança não é tudo** na avaliação de uma empresa (e só porque alguém é mais jovem não quer dizer que seja um gestor melhor). Porém, interesses alinhados podem fazer uma grande diferença. No site da Status Invest temos acesso ao **segmento de listagem** das empresas.

Neste caso vemos que a Lojas Renner pertence ao segmento de listagem do **novo mercado**. E que o *free float* da empresa é de mais de 99%.

O conceito de *free float* é mais um dentro do tema governança corporativa. O *free float* diz respeito a quantas **ações** estão **circulando livremente no mercado**. Ou seja, ações que não estão nas mãos dos controladores, e também aquelas que não são mantidas pela empresa (sim, a empresa pode comprar e manter suas próprias ações).

Com um *free float* tão alto assim como o da **Lojas Renner** (mais de 99%), a empresa não tem como possuir um grande controlador. Isso elimina o perigo de concentração de ações na mão de um único proprietário capaz de tomar decisões que não sejam do agrado dos acionistas minoritários (bom para nós, certo?).

No site da Status Invest é possível averiguar quem são os principais acionistas das empresas. No caso de nossa empresa em questão, a maior participação em setembro de 2021 era do fundo Schroeder Investment Brasil, com pouco mais do que 5,3% de participação nas ações ordinárias.

Além disso, com um *free float* mais alto, imaginamos que seja mais difícil de a empresa sair da Bolsa, ou seja, nesse caso ser vendida para um grupo de investidores que decida tornar a empresa de capital fechado.

> Normalmente, para nós, investidores, não é tão bom negócio que a empresa deixe de ter suas ações negociadas em Bolsa, já que podemos vir a perder um investimento com bom potencial de valorização.

Quando compramos as ações de uma empresa, a ideia é ficar algum tempo com elas na expectativa de ver nosso capital evoluir, embora em **Valuation** seja bastante usual também termos alvos de preço em horizontes de tempo "mais curtos".

Perceba que, no caso da Lojas Renner, só há um único acionista com posição de mais de 5% na empresa.

O controle da Lojas Renner é o que chamamos de **controle diluído** (não é concentrado).

Concluindo...

Bem, esses foram alguns conceitos de governança importantes quando vamos avaliar empresas em Bolsa de Valores. Obviamente, poderíamos nos aprofundar muito mais neste vasto tema. Ou, ainda, nos debruçarmos sobre alguns outros pontos dentro do **FRE**.

Mas precisamos manter o foco no **custo-benefício** do conteúdo deste livro. Trataremos desses diversos outros temas (como governança) em mais livros específicos da Mineiro Invest:)

Vamos começar a estudar neste momento a estrutura da avaliação de empresas mais amplamente utilizada no mundo: o **FCD** ou **Fluxo de Caixa Descontado**.

A lógica do FCD para avaliar empresas é largamente utilizada por grandes investidores, entre eles ninguém mais, ninguém menos do que... Albert Einstein.

Estou de brincadeira, galera! XD Mas sim
WARREN BUFFETT!

O gênio de Omaha já se baseou largamente na lógica do FCD para comprar ações e obter o seu sucesso absoluto como investidor, tendo se tornado inclusive um dos homens mais ricos do mundo (em 2008 chegou a ser o homem mais rico do mundo)!

4

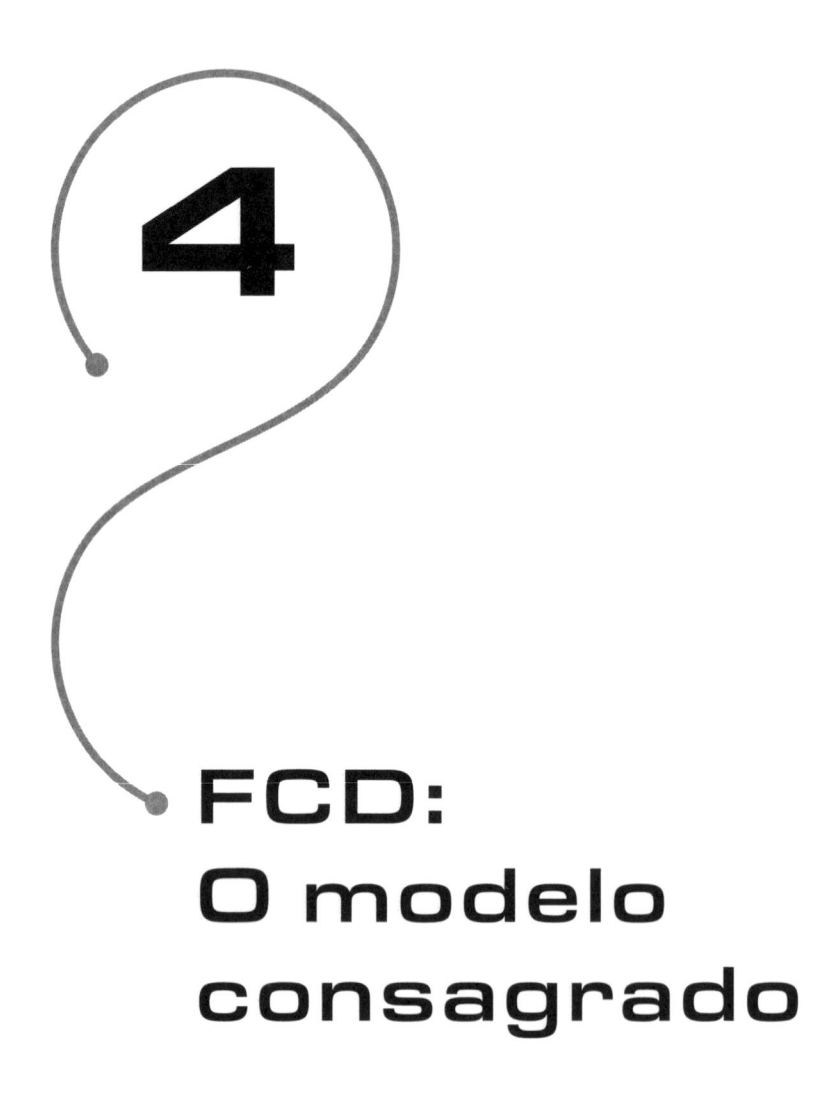

FCD: O modelo consagrado

O modelo de **Fluxo de Caixa Descontado (FCD)** para avaliar empresas é, sem dúvida, o mais utilizado no mundo. Isso se deve à sua relativa simplicidade e forte embasamento lógico. Além disso, é um modelo que se adapta a diferentes tipos de empresas para avaliação.

A lógica do FCD é bem simples, embora a fórmula matemática do modelo possa inicialmente assustar quem está começando a sua jornada na matéria de **Valuation**. Felizmente, nós, da Mineiro Invest, estamos aqui para auxiliar você neste caminho. A Supertabela da Mineiro faz os cálculos automaticamente, o que é muito bom. Porém, é importante que você compreenda por que "as coisas são como são".

Caso você não entenda o modelo e o utilize mesmo assim, pode acabar cometendo **erros graves** de avaliação, ou, ainda, pode acabar desistindo de utilizá-lo, caso os investimentos inicialmente não "saiam como previsto". Vamos então começar a escalar essa montanha!

O FCD se baseia na seguinte lógica: **trazer fluxos de caixa a valor presente**.

"Beleza, mineiro, porém não entendi bulhufas disso!"

Vamos simplificar e exemplificar então...

O que o FCD quer dizer é basicamente o seguinte:

"Uma empresa vale a quantidade de dinheiro que ela será capaz de gerar para seus donos."

Quanto vale uma sorveteria que não vende um único sorvete? Quanto vale um açougue que não tem nenhum freguês e não consegue vender um único quilo de linguiça? Não valem absolutamente nada, certo?!

Você não abriria uma sorveteria para não vender nenhum sorvete. Nem abriria um açougue para não vender nem um quilo de carne. Igualmente, o Joãozinho nunca criaria sua barraquinha de venda de cachorros-quentes e hambúrgueres caso não fosse um negócio lucrativo.

A chave está nesta palavra "mágica": **LUCRO!** Para um negócio ter algum valor ele precisa ser lucrativo, ou, ainda, precisa haver a **expectativa** de que ele gere algum lucro no futuro.

Quando Joãozinho abriu a sua barraquinha talvez ele não tenha lucrado muito. Pode ser que nos primeiros meses, inclusive, ele tenha tido mais despesas que receitas com vendas, já que teve de fazer um investimento considerável para um garoto de 15 anos de idade.

Mas nem por isso o seu empreendimento deixa de ter valor. **Então, o que fazemos no FCD é estimar** quão lucrativo será um **negócio ao longo dos anos.** Ou seja, precisamos estimar quanto esse negócio será rentável aos seus donos para descobrirmos quanto ele de fato vale agora.

Se o Joãozinho tem uma barraquinha que vem rendendo aproximadamente R$1.000,00 de lucro que voltam para seu bolso todo ano, devemos estimar quanto essa barraquinha vai render no próximo ano, e depois no outro, e assim sucessivamente até chegarmos a um momento em que consideramos que o crescimento desse negócio se tornará "estável".

Ainda vamos tratar disso mais adiante, sobre a "estabilidade do crescimento". Porém, guarde o seguinte: no FCD precisamos projetar os valores que retornam ano após ano para o bolso do Joãozinho (ops... dos acionistas, ou seja, dos donos do negócio).

Mas não basta **projetar** esses **valores que retornam para o bolso do Joãozinho ano após ano**. É preciso ainda considerar o "custo do dinheiro". Sim, possuir dinheiro e investi-lo tem um custo.

Vou explicar...

Não sei se você já está familiarizado com o conceito de **inflação**. Segundo esse conceito, o dinheiro perde valor com o tempo. É comum que com o passar dos anos, aqueles R$100,00 que antes você gastava no supermercado e "enchia o carrinho de compras", passe a não conseguir mais encher nem uma sacola.

Isso acontece porque o poder de compra do dinheiro vai sendo corroído ao longo dos anos. Adicione a isto o fato de que possuir dinheiro e investir ou não acarreta outro custo. O **custo de oportunidade** dos investimentos.

Eu explico:

Quando o Joãozinho abriu a sua barraquinha, ele investiu o dinheiro em algo que não dá **retornos garantidos**. Ele precisa vender bem seus produtos (os cachorros-quentes e hambúrgueres) para que sua empresa tenha bons resultados.

Como alternativa, ele poderia muito bem ter colocado o seu dinheiro em algum investimento com baixíssimo risco, tal qual um título público de longo prazo.

Então, não basta que o investimento de Joãozinho seja bem-sucedido e lhe dê lucros. Na verdade, para compensar o seu trabalho e o risco "de não dar certo", o negócio precisa dar retornos superiores ao retorno que ele obteria aplicando em um investimento bastante seguro (tal qual o título público de longo prazo).

> "Ahh, entendi, Mineiro, então os lucros sobre o capital que ele investiu no seu negócio da barraquinha têm de ser maiores que os lucros que ele teria obtido ao investir numa coisa bastante segura?"

Isso mesmo!

E digo mais: como o investimento dele é em algo consideravelmente arriscado (um investimento numa empresa que pode ou não vir a "quebrar"), pode ser que se exija ainda um retorno bem maior que aquele do título público de longo prazo (o investimento "seguro").

> "Compreendi, Mineiro, então o retorno exigido em lucros pode ser ainda maior..."

Sim. E em tese, esse retorno mínimo exigido, é o chamado Custo de Capital de uma empresa. Mas qual é a Função do Custo de Capital, afinal?

A função dele é trazer os valores projetados de fluxos de caixa livres para o valor presente por meio de uma taxa de desconto. Parece algo complicado, mas é bem simples.

A equação que utilizaremos é basicamente a seguinte:

$$vo = \sum_{t=1}^{t=n} \frac{FCCFt}{(1+wacc)t} + \left(\frac{\frac{FCFFn+1}{wacc-g}}{1+wacc)n} \right)$$

Talvez agora você esteja imaginando: "Meu Deus, que enrascada! Parece difícil demais."

Olha, foi o que eu pensei também quando comecei a estudar **Valuation**. Mas, acredite, com a nossa Supertabela os cálculos se dão de forma automática. O mais importante aqui para nós é compreender como a equação funciona.

Você está vendo os denominadores da equação? Aqueles que estão assim: **(1 + wacc)^t** ou **(1 + wacc)^n**

O **WACC** (Weighted Average Cost of Capital) significa justamente "Custo Médio Ponderado de Capital" (mas se quiser pode chamá-lo somente de "Custo de Capital").

Perceba que nós o somamos ao número 1. Isso é necessário para que possamos trazer os fluxos de caixa a valor presente.

O **FCFF na equação** significa "**Free Cash Flow to Firm**" ou Fluxo de Caixa Livre para a Firma.

> Em tese, esse é o dinheiro que sobra para todos os investidores na empresa, sejam os acionistas (donos do negócio), sejam os credores (aqueles que emprestaram dinheiro à empresa).

Lembra-se de alguns capítulos atrás, quando falamos que a empresa tem duas maneiras de se financiar (o lado do Passivo e o lado do Patrimônio Líquido)?

O FCFF é o "dinheiro que sobra" para esses dois financiadores. O FCFF (esse "dinheiro que sobra") não é necessariamente igual aos lucros, como talvez você possa estar imaginando agora. Na verdade, temos de considerar outras "coisinhas".

Sabe por quê?

Porque nem todo dinheiro que a empresa lucra volta para os investidores! Uma parte desse dinheiro tem de ser reinvestido na empresa para que ela continue crescendo. Pense no caso das barraquinhas do Joãozinho.

Digamos que ele tenha lucrado R$1.000,00 após os impostos e que quer continuar seu negócio nos anos seguintes. Talvez ele tenha de **reinvestir** uma quantia considerável para manter o negócio funcionando, ou até mesmo para expandi-lo. Empresas jovens normalmente investem proporcionalmente mais, e isto deve ser levado em consideração.

O valor justo de uma empresa para os donos é o dinheiro que "sobra" para eles. O dinheiro que é reinvestido na empresa não "sobra" para os donos do negócio. Ou seja, nem todo lucro vai para o bolso do Joãozinho (ou para o seu bolso quando você investe numa empresa). Sacou?!

Então **FCFF ("dinheiro que sobra") é diferente de Lucro**. No caso do método FCFF de Fluxo de Caixa Descontado, nós utilizamos primordialmente aquele lucro que vimos em capítulos anteriores, o NOPAT (Lucro Operacional Depois dos Impostos).

Mas fique tranquilo que depois explicarei o porquê de usarmos o NOPAT. O custo de capital do qual estávamos tratando anteriormente "diminui" (melhor dizendo, "**desconta**") o FCFF.

O raciocínio é "mais ou menos" o seguinte: Joãozinho tem a possibilidade de investir seu dinheiro em títulos públicos bastante seguros.

Vamos supor que a taxa de juros dos títulos públicos de longo prazo seja de 10%. Esta taxa representa o **custo de oportunidade** (ele poderia investir nos títulos em vez de investir em seu negócio).

Então, vamos imaginar que o empreendimento de Joãozinho tenha um **FCFF** (dinheiro que sobrou) de R$1.000,00 no primeiro ano, de R$1.500,00 no segundo ano, e de R$2.400,00 no terceiro ano. Depois disso, o Joãozinho vai encerrar suas atividades, fechando a empresa!

Quanto vale o negócio do Joãozinho, em tese? Usando a nossa lógica de **Valuation** fica assim:

Valor do negócio do Joãozinho

$$= \frac{1000}{(1+0,1)} + \frac{1500}{(1+0,1)^2} + \frac{2400}{(1+0,1)^3}$$

O valor justo encontrado do negócio das barraquinhas de Joãozinho foi de **R$3.953,00 aproximadamente.**

Vamos então a alguns detalhes sobre a nossa fórmula de **Valuation** na prática:

1. o valor do **WACC** (custo de capital) utilizado foi o rendimento dos títulos públicos de longo prazo, ou seja, 10% (que transformado em números decimais é **0,1**). Esse é o "custo do dinheiro" ou, melhor dizendo, quanto Joãozinho deixaria de ganhar em outro investimento mais seguro;
2. perceba que quanto maior é o "Custo de Capital" (nesse caso representado pela taxa de juros dos títulos públicos de longo prazo), menor será o valor justo do negócio de Joãozinho;

Vamos supor que o custo de capital fosse de 20% em vez de 10%. A fórmula ficaria assim:

Valor do negócio do Joãozinho

$$= \frac{1000}{(1+0,2)} + \frac{1500}{(1+0,2)^2} + \frac{2400}{(1+0,2)^3}$$

O valor justo do negócio de Joãozinho nesse caso seria de **R$3.264,00**, **aproximadamente**. Veja que representou uma diminuição de quase R$700,00 em relação ao valor anterior, ou quase 18%.

Então a regra é que se o custo de capital está mais alto, o valor justo das empresas tende a cair.

Já adianto a você que o **custo de capital normalmente varia** com o tempo, e que não necessariamente é igual à taxa de juros dos títulos públicos de longo prazo. Na verdade, existe um "esqueminha" para descobrir o custo de capital! Veremos isso mais adiante.

3. o denominador da fórmula, ou seja, a parte "de baixo" da fração na equação é a seguinte: (1 + 0,1);

A esta parte damos o nome de "taxa de desconto". Na verdade, o custo de capital é o que define a "taxa de desconto" nos anos de projeção dos fluxos de caixa (que são o "dinheiro que sobra para o Joãozinho").

Essa **taxa de desconto** é o que justamente **"diminui"** o valor do "dinheiro que sobra" para os financiadores (investidores) do negócio. E, consequentemente, **reduz o valor justo da empresa.**

Porém, perceba também que ao longo dos anos a **taxa de desconto** vai crescendo exponencialmente. Ano após ano o **denominador** vai subindo de valor. No segundo ano ele é elevado a 2, no terceiro ano é elevado a 3, e assim sucessivamente.

Isso acontece porque se você fosse investir, por exemplo, em títulos públicos, seu rendimento seria cumulativo (juros compostos). **O custo de oportunidade cresce exponencialmente.**

No caso, se você investisse R$1.000,00 num título público por 3 anos com valor de rendimento anual de 10%, a situação seria a seguinte: no primeiro ano você receberia R$100,00 de juros. No segundo ano mais R$110,00 de juros. No terceiro ano mais R$121,00 de juros.

Perceba que os **juros recebidos vão aumentando** ao longo do tempo. São os chamados juros compostos trabalhando. Isso ocorre porque no primeiro ano a base de cálculo para incidência dos 10% de rendimento eram os R$1.000,00 inicialmente investidos.

Mas no segundo ano já não eram mais os R$1.000,00 inicialmente investidos, e sim o acumulado de R$1.100,00 (R$1.000,00 inicialmente investidos mais os rendimentos do primeiro ano, que somaram R$100,00 de juros).

Juros compostos são isso: **juros sobre juros**. E devido a essa característica, a **taxa de desconto a ser utilizada deve crescer também ao longo dos anos**.

Perceba então o seguinte: para um negócio realmente ser lucrativo, ele precisa "gerar retornos" superiores a essa "acumulação de juros" ao longo do tempo. Se isso não acontece, é simplesmente melhor deixar o dinheiro em títulos públicos seguros.

4. agora, sim, podemos apresentar a frase "tão temida" por aparentemente ser de difícil entendimento.

> "O valor justo do negócio é a soma de todos os fluxos de caixa trazidos a valor presente."

Já vimos que trazer a valor presente é justamente utilizar a taxa de desconto para "diminuir" os fluxos de caixa futuros (dinheiro que sobra para os investidores).

Quando falamos no modelo de Fluxo de Caixa Descontado, estamos falando de **projeções (estimativas para o futuro)**! E projeções são, de certa forma, "tentativas de previsão" daquilo que de fato ocorrerá.

Para embasarmos bem essas "previsões" precisamos estabelecer algumas **premissas**.

> "Vixe, Mineiro, agora complicou! Não entendi nada desse negócio de premissas."

É bem simples, meu caro, **as premissas são julgamentos que vão sustentar as nossas "previsões" sobre o futuro da empresa.**

Vamos a um exemplo:

> A barraquinha do Joãozinho pode crescer em 50% o número das vendas para o próximo ano, mas também poderia crescer em 20%. Qual dos valores é mais plausível? Ou será que o crescimento será por volta de 30%?

Ao assumir um valor de base para o crescimento das vendas da barraquinha de Joãozinho, estou assumindo uma premissa. Essa **premissa** vai ajudar a sustentar o meu **Valuation**.

Nós poderíamos nos apoiar no crescimento médio de barraquinhas semelhantes à barraquinha de Joãozinho. Digamos que você conseguiu **coletar dados** que mostram que, em geral, nos primeiros anos essas barraquinhas crescem rapidamente. Em média 50% no volume de vendas de cachorros-quentes e hambúrgueres.

Temos aí um argumento forte para sustentar a nossa premissa, que no caso poderia dizer que as vendas da barraquinha de Joãozinho teriam um crescimento médio de 50% nos primeiros anos.

> "Show de Bola! E o custo de capital e taxas de desconto, se baseiam em premissas também?"

Sim!

Mais uma vez estamos nos baseando em **números que fazem sentido**.

Por exemplo, faz sentido que os investidores atribuam um valor justo mais alto a uma empresa quando os títulos públicos não estejam pagando tão bem, já que o custo de oportunidade fica mais baixo, e os investidores desejam maiores retornos.

Isso ocorrerá porque o custo do dinheiro (custo de capital ou WACC) não será tão alto. **Já quando o custo de capital sobe, as empresas tendem a perder valor.**

Mas talvez você esteja se perguntando:

> "Dá para saber em qual patamar estará o custo de capital nos próximos anos para eu saber se vale a pena ou não investir agora na empresa? Já que, se o custo de capital vier a aumentar muito, pode ser que as empresas não venham a valer tanto assim e minhas ações irão desvalorizar."

Não, infelizmente não dá.

O custo de capital é afetado por uma série de variáveis.

E não temos nenhum controle sobre elas. Mas podemos, com certeza, tomar excelentes decisões, especialmente para o longo prazo se adotarmos premissas inteligentes no nosso **Valuation**.

Em geral, nos baseamos em três premissas no modelo de FCD:

1. premissas quanto às Taxas de Desconto;
2. premissas quanto ao Crescimento dos Lucros;
3. premissas quanto ao Reinvestimento necessário.

No próximo capítulo mostrarei a vocês como montar uma **Taxa de Desconto** adequada em **Valuation**!

Não, não é simplesmente utilizar a taxa de desconto dos títulos públicos de longo prazo (aquele era um mero exemplo). Na verdade, envolve bem mais do que isso.

Vamos então conhecer como se descobre o WACC (Custo de Capital) e, consequentemente, a taxa de desconto.

5

Taxa de desconto: Um toque de arte no Valuation

No capítulo anterior, sobre o **FCD**, descobrimos a **lógica por trás da taxa de desconto:**

> "Trazer fluxos de caixa futuro a valor presente descontando-os pelo custo de capital no tempo."

A nossa Supertabela faz tudo isso para nós, o que é uma notícia maravilhosa. Porém, é importante conhecermos como podemos encontrar essa **taxa de desconto**. Ela não "cai do céu". Precisamos fazer um mínimo de esforço para encontrá-la.

Em primeiro lugar, lembre-se de que nós temos dois tipos de financiadores da empresa, são eles:

1. **investidores em ações** (participações no negócio) ou "DONOS do negócio";
2. **credores** (aqueles que emprestam dinheiro para a empresa usar em suas atividades), os quais recebem JUROS da dívida e o valor do dinheiro emprestado que a empresa, em algum momento, tem de pagar.

Até aí tudo bem! Mas atente-se ao seguinte:

> O custo de capital para aqueles que investem nas ações da empresa (acreditando no potencial da mesma) é diferente do custo de capital para aquele que empresta dinheiro à empresa.

Nós simplesmente precisamos calcular o custo de capital de forma separada para os acionistas e para os credores. Fazemos isso para conseguir encontrar finalmente o custo de capital da empresa como um todo, ou WACC (Custo Médio Ponderado de Capital).

Então há dois custos de capital que temos de calcular:

1. o **Custo de Capital Próprio** (dos financiadores "donos da empresa");
2. o **Custo de Capital de Terceiros** (dos financiadores que emprestam dinheiro à empresa).

E como saber qual capital é dos donos e qual capital é daqueles que emprestaram dinheiro à empresa?

É bastante simples:

O capital dos donos (ou **capital próprio**) corresponde ao **VALOR DE MERCADO** da empresa. O valor de mercado nada mais é que o preço atual da ação vezes o número total de ações da empresa. É o preço que os investidores colocam na empresa.

O **capital de terceiros** se refere a todas as **dívidas onerosas** (aquelas que geram algum tipo de juros) do Passivo. Atenção aqui, pois nem todas as contas do Passivo são dívidas onerosas.

É fundamental que você compreenda isso (muitos fazem confusão aqui)!

> Dívida onerosa é somente aquela que a empresa tem de pagar juros ao credor.

Bacana! Agora que separamos essas duas "partes" do capital que financia a empresa, precisamos descobrir o custo do dinheiro de cada um.

Agora complica um pouco mais...

5.1 Custo de capital próprio (Ke)

Primeiramente, precisamos descobrir o Custo de Capital Próprio que, para os mais íntimos, é simplesmente **Ke**.

Para se descobrir o Ke há múltiplas maneiras. São modelos criados para essa finalidade. Quando nós tratamos do exemplo do Joãozinho, utilizamos como custo do Ke a taxa dos títulos públicos de longo prazo.

Eu disse a vocês que a alternativa que ele tinha para investir seu dinheiro em vez de em suas barraquinhas era nos títulos públicos. Porém...

Há alguns modelos mais sofisticados (e mais "corretos") que o simples uso da taxa de juros dos títulos de longo prazo.

Descobrir o **custo de capital próprio** é um dos aspectos mais complexos de um **Valuation** quando se está iniciando, e, por vezes, você pode imaginar que somente utilizar a taxa de juros dos títulos de longo prazo como base para essa descoberta facilite a sua vida.

De certa forma facilita, sim, e há inclusive grandes investidores que se baseiam no uso somente desse valor para o **Ke**.

Porém, aqui iremos trabalhar com um outro modelo de base para o Ke, que é bastante interessante por "melhor" capturar de certa forma a expectativa dos investidores em relação a um investimento em ações: **o CAPM**.

Já adianto a vocês que o **CAPM** (*Capital Asset Pricing Model*) não é um modelo perfeito. Existem críticas em relação ao CAPM. No entanto, ele tem um excelente custo-benefício para nossa análise, pois é bastante completo na **absorção do risco** de se investir em ações.

O custo de capital para o investidor em ações deve capturar o risco que ele corre no investimento.

Como então é o modelo CAPM?

O modelo tem a seguinte **fórmula**:

$$\text{CAPM} = \text{Ativo livre de risco} + \text{Beta} \times (\text{Prêmio de Risco do mercado})$$

Agora é que talvez você pense: "Xiiii, o negócio parece ser tenso." Porém, pode ficar tranquilo! Esses "termos novos" podem assustar um pouco no início, mas irei explicar um a um.

5.2 Vamos primeiro ao que é ativo livre de risco

O **ativo livre de risco** é, em teoria, uma alternativa de investimento que apresenta um **risco "zero"**, ou seja, é garantido o retorno para o investidor.

Convenhamos que, se você for investir na empresa do Joãozinho, pode ser que a barraquinha dele não venha a fazer tanto sucesso assim, e que em consequência disso seu investimento "não vingue".

Pode ser que você tenha investido R$1.000,00 nas barraquinhas de cachorro-quente, mas devido a algum acontecimento, ou a vários acontecimentos, o negócio pare de vender tantos cachorros-quentes. Com menos receitas é bem provável que os **lucros** diminuam, e assim a empresa se torne menos valiosa.

Sua participação, que antes foi comprada por R$1.000,00, pode estar valendo agora R$500,00. Acredite, isso acontece! Não temos como prever todos os eventos.

Então o ativo livre de risco, em tese, é aquele em que não há nenhum problema desse tipo. Obviamente, o potencial de retorno num ativo que não possui nenhum tipo de risco é "relativamente baixo" quando comparado ao **potencial retorno** em algumas ações de empresas.

A regra nos investimentos (que comporta muitas exceções) é a de que quanto maior o risco, maior o retorno. Se um investimento não possui riscos, é de se esperar que os retornos não sejam tão altos assim.

Mas qual investimento chamamos de ativo livre de risco aqui no Brasil?

Bem, existem principalmente duas possibilidades:

A **primeira** se refere a utilizarmos os títulos públicos brasileiros de longo prazo (de 10 anos) como ativo livre de risco.

A **segunda** se refere a utilizarmos os **títulos públicos dos Estados Unidos de longo prazo (de 10 anos)** somados de um **prêmio de risco-país**.

"Beleza, mas não entendi o porquê, Mineiro."

Vamos recapitular algumas coisas. Você se lembra que eu havia falado que o Joãozinho tinha a alternativa de investir seu dinheiro em títulos públicos, certo?! E que isso representava o custo de seu dinheiro investido na barraquinha, já que o mínimo que se espera é que seu negócio seja mais rentável que esses títulos, correto?!

É essa justamente a ideia do ativo livre de risco. Esse ativo se dá sob a forma de uma **renda fixa "segura"**. Um investimento que "não tem chance de dar errado". Por isso, o negócio do Joãozinho tem de ser minimamente mais rentável que isso para se justificar.

Mas qual das duas alternativas utilizar? Os títulos públicos brasileiros ou os títulos públicos dos Estados Unidos somados ao risco-país como ativo livre de risco na nossa equação do CAPM?

Há divergência entre os grandes autores de **Valuation** sobre isso, mas é mais interessante a utilização dos títulos de longo prazo dos Estados Unidos somados ao risco-país (ou Risco-Brasil).

Vamos à explicação. **O ativo livre de risco é em tese o investimento mais seguro do mundo!** Realmente tem de ser um investimento que "nunca tenha dado problemas".

Sabemos que na prática isso não existe. Todo investimento (nesse caso o investimento em títulos públicos) está sujeito a "**calote**". O calote acontece quando aquele que pegou dinheiro emprestado deixa de pagar o que emprestou.

Quando falamos de investimentos em títulos públicos, estamos falando em emprestar dinheiro para os governos. O governo pode "pedir dinheiro emprestado" para as pessoas. Mas por que o governo pediria dinheiro emprestado? Para investir nas suas mais diversas atividades ou até mesmo para pagar outras dívidas que ele tem.

E como o governo vai pagar as pessoas se ele não tem "fins lucrativos" como uma empresa? O governo arrecada dinheiro principalmente por meio de impostos, embora também arrecade outras espécies de tributos e preste serviços remunerados à população.

Então, a forma como o Governo consegue pagar aqueles que emprestam dinheiro a ele é principalmente arrecadando tributos da população.

"Ok, Mineiro, está ficando cada vez mais interessante! Mas por que utilizamos a taxa dos títulos públicos dos Estados Unidos em vez da taxa dos títulos públicos nacionais?"

Aí é que está! Nós utilizamos a taxa dos Estados Unidos porque ela é de fato a mais segura.

Pense só: Qual país é mais estável e economicamente mais forte? Qual governo é mais responsável e apresentou menos "problemas econômicos sérios" ao longo dos anos?

Os Estados Unidos são (até que se prove o contrário) a economia mais estável e segura do mundo.

No Brasil, já tivemos casos de não pagamento dos títulos públicos no vencimento, hiperinflação, confisco de poupança etc. Uma série de questões que envolvem a atuação do governo, as quais não inspiram tanta confiança no investidor.

Não estou aqui dizendo que os títulos públicos brasileiros são "uma furada", longe disso. Na verdade, são títulos em geral com uma solidez financeira boa. Porém, ao compararmos com os Estados Unidos, certamente não são os mais seguros. Por isso, utilizamos os títulos dos Estados Unidos somados ao **Risco-Brasil** (o qual explicarei o que é em seguida).

Há ainda um outro fator a se levar em consideração. Hoje em dia todos possuem acesso a **investimentos globais**. Nós podemos abrir conta em corretoras estrangeiras, ou mesmo brasileiras que possibilitam investimento em ativos estrangeiros. Imagina comprar ações de empresas gigantes como Google, Facebook ou Coca-Cola.

Nem sempre foi simples de se fazer isso aqui no Brasil. A maior parte dos investidores ficava "presa" aos investimentos em ativos brasileiros, pois eram poucos os serviços para se investir no exterior. Devido a isso, os investidores que antes eram "investidores nacionais", acabaram se tornando "investidores globais".

Fruto da globalização! Então, mais do que nunca podemos considerar os títulos públicos dos Estados Unidos como o ativo livre de risco mais seguro, porque hoje nós temos acesso a ele.

E o tal de Risco-Brasil?

O Risco-Brasil (ou prêmio de Risco-Brasil) é uma taxa que o investidor global (hoje em dia todos nós somos investidores globais, como já expliquei) cobra a mais para se investir no Brasil.

"Uai, Mineiro! Mas por que nós cobraríamos uma taxa a mais para investir no Brasil? Na verdade, isso aumentaria o custo do dinheiro né?"

Sim, meus caros!

O prêmio de risco-país aumenta o custo de capital.

Nós cobramos essa taxa a mais (aumentando o custo de capital) porque o Brasil é, em tese, um país mais instável que os Estados Unidos.

A base para o risco-país dos mais diversos países emergentes (como China, Índia, Brasil, México) são os títulos dos Estados Unidos. Ou seja, utilizamos como base a economia dos Estados Unidos para calcular o **risco-país** das outras nações. A economia dos Estados Unidos é tida como a mais "segura do mundo", por isso ela é tomada como parâmetro de comparação.

Então, **quanto mais for arriscado o país economicamente em relação aos Estados Unidos, maior será o prêmio de risco-país** e, consequentemente, maior será o custo de capital naquele país.

Quanto maior for o custo de capital, maior será a taxa de desconto no **Valuation**, e assim menor será o valor justo das empresas.

Talvez você agora esteja pensando assim:

"Caramba, estou começando a entender as coisas. Se o custo de capital aumenta, maior fica a taxa de desconto. E com uma taxa de desconto grande no **Valuation**, a tendência é que o valor justo das ações caia, porque ela diminui os fluxos de caixa ('dinheiro que sobra') futuros."

É isso aí!

A taxa de desconto tem uma influência muito forte sobre o valor justo das ações, e o mercado tende a perceber isso. Mas como se encontra o tal do Risco-Brasil?

Há duas formas principais, na verdade:

A primeiras delas se dá por meio do site do **www.ipeadata.gov.br**.

O cálculo é feito por meio de um indicador chamado **EMBI+**, sigla para *Emerging Markets Bond Index Plus* (Índice de Títulos da Dívida de Mercados Emergentes).

Esses cálculos são realizados pelo **JPMorgan Chase** (uma das instituições financeiras mais respeitadas do mundo). O cálculo leva em consideração a capacidade de os países honrarem suas dívidas, o momento econômico vivenciado no país, e até mesmo questões políticas e sociais.

Vejamos em qual patamar se encontrava o Risco-Brasil em 08/09/2021:
O Risco-Brasil estava no patamar de 312 pontos-base (3,12%) segundo o site oficial ipeadata.gov.br

Esses 312 são os pontos-base do prêmio de risco-país naquele momento. Eles significam **3,12%**. Se fossem 250 pontos-base, significaria 2,50%. São pontos percentuais.

A segunda forma de se calcular o risco-país é por meio do **CDS**, sigla para **Credit Default Swap** (Permuta para Crédito Inadimplente). Este valor nada mais é que um **seguro** que o investidor pode contratar contra o risco de o governo não o pagar.

Nem é preciso dizer que quanto maior for o risco de o Governo dar o calote no investidor, maior será o CDS e, consequentemente, maior será o prêmio de risco-país.

Ok, ok. Pode estar parecendo meio confuso agora. Mas é bem simples.

Quando você compra um carro é natural que você contrate um seguro contra acidentes, certo? O seguro é uma espécie de garantia (**proteção**) pela qual você paga. Digamos que seu carro colida com uma árvore. Se você tem um bom seguro, é bem provável que não precise gastar um único centavo para consertar o seu carro.

Pode ser que o próprio seguro entregue a você um carro "novinho em folha". Ou ainda que pague pelo conserto. De qualquer forma, seu bem material (o carro) estará protegido contra acidentes.

No caso dos títulos públicos pode acontecer a mesma coisa. Um investidor estrangeiro, ao investir em títulos públicos do Brasil, pode querer se proteger contra **"acidentes de percurso"**.

Nesse caso o acidente não é "bater em uma árvore", mas sim o governo deixar de pagar o que deve ao estrangeiro que emprestou o dinheiro ao Estado. Então ele contrata um "seguro". Obviamente o seguro não sai de graça. O estrangeiro que está investindo no Brasil paga uma taxa. E essa taxa é o CDS dos títulos públicos brasileiros.

Além de servir como parâmetro para o pagamento de seguros contra o calote dos governos, o CDS também pode servir de base para o risco-país, já que ele é um **termômetro** do sentimento do mercado em relação à possibilidade de o país não honrar seus pagamentos.

O CDS dos títulos de 10 anos do dia 09/09/2021 no site investing.com apontavam para o valor de 262 pontos base. O valor encontrado de 262,03 significa 2,6203%. Novamente temos um dado em ponto percentual.

> "Beleza! Descobrimos as duas formas de se calcular o prêmio de risco-país. E agora, Mineiro?"

Agora temos de somar o valor encontrado à taxa dos títulos de longo prazo do governo americano.

E como descobrir essa taxa? Simples. Podemos encontrá-la no site investing.com.

Aqui temos uma taxa de 1,341% de rendimento do título público dos Estados Unidos ao ano. Então como ficaria o nosso ativo livre de risco "completo" (a primeira parte do nosso modelo CAPM)?

Há dois valores possíveis, perceba:

1. Somamos a taxa do título público dos Estados Unidos de 10 anos com o EMBI+ (prêmio de risco-país) do Brasil. No dia 08/09/2021 ficaria => 1,341% + 3,12% = 4,461%.
2. Somamos a taxa do título público dos Estados Unidos de 10 anos com o CDS dos títulos públicos de 10 anos do Brasil. No dia 09/09/2021 ficaria => 1,341% + 2,62% = 3,961%.

Qual deles utilizar?

A verdade é que diversos autores em **Valuation** utilizam diferentes formas. Na nossa Supertabela utilizamos o EMBI+. Porém, nada nos impede de testar com os valores do CDS. Bastaria trocar o valor do EMBI+ pelo do CDS.

> "Bacana! Então quer dizer que nós resolvemos a primeira parte do modelo CAPM para descobrir o Custo de Capital Próprio. **Qual seria próxima parte do CAPM?**"

Agora temos o **Beta**, e também o chamado **prêmio de risco do mercado**. Veja só:

$$\text{CAPM} = \text{Ativo Livre de Risco} + \text{Beta} \times (\text{Prêmio de Risco de Mercado})$$

Perceba que o Beta multiplica o chamado prêmio de risco de mercado na fórmula do CAPM.

Eu sei, eu sei...

Agora eu forcei a barra, né? É muita informação! Não há problema se você quiser fazer uma pausa. Mas, de qualquer forma, você verá que não são conceitos de outro mundo. Na verdade, são até bastante simples.

5.3 O que é o "tal do Beta"?

Como você talvez bem saiba, as ações têm um preço, certo? Ele **muda constantemente**. Ora o preço sobe, ora o preço cai. O sonho de todo investidor é comprar uma ação e ver o preço subir. Porque aí depois a venderíamos mais cara do que pagamos e teríamos assim um bom lucro.

Nada de mistério nisso, não é?! Mas veja bem: algumas ações variam mais de preço que outras. Você já notou isso? O preço de uma ação pode variar 1% no dia (digamos que subiu 1%), e o de outra variar 5% (digamos que caiu 5% de preço no dia).

Para essa variação no preço (que pode ser de queda ou de alta) damos o nome de **volatilidade**. Então, quando falamos que uma ação é **mais volátil** que outra, estamos querendo dizer que ela varia mais de preço que a outra.

A volatilidade é vista como uma das formas de risco para o investidor. Já que **se o preço varia muito, o investidor teoricamente passa por**

"mais momentos de emoção" (e como sabemos os seres humanos são avessos ao "frio na barriga" na hora de investir).

Digamos que Joãozinho lance ações de sua empresa (a barraquinha) para investidores comprarem a R$1,00 cada ação. Os investidores no negócio de Joãozinho compram e vendem ações entre si. Se o preço das ações não varia muito, dizemos que a empresa é menos arriscada do ponto de vista da volatilidade.

No entanto, se o preço varia muito o tempo todo, mesmo que no longo prazo o preço da ação suba, é comum que os investidores **enxerguem mais risco nela**.

E o Beta é justamente uma medida dessa volatilidade (variação de preços)! Dizemos que o **Beta mede o "risco de mercado" da ação** (risco da variação de preços).

O Beta é a melhor medida para o risco de uma ação? **Há controvérsias, mas já adianto que não, não é. Somente o Beta não consegue capturar todos os riscos de se investir numa ação. Há mais risco do que somente a variação de preços do ativo. E mesmo essa variação pode não dizer lá "tanta coisa"**. Mas o Beta pode ser útil quando utilizado num modelo mais completo, como o CAPM.

Agora vamos a algumas "regrinhas" do Beta:

1. o Beta se baseia em uma regressão estatística dos preços passados da ação para medir sua volatilidade média;

"Ok, mas não entendi nada, Mineiro!"

Não precisamos entrar em detalhes estatísticos aqui, ou seja, vou ser bastante direto ao ponto com relação a esse conceito (lembra da questão do custo-benefício?).

O Beta mede a variação de preços da ação em relação ao mercado de ações como um todo. Se o preço da ação variou historicamente mais que o mercado de ações como um todo, o Beta será maior. Já se o preço da ação variou historicamente menos que o mercado, o Beta será menor.

Consequentemente, se o **Beta for maior**, o custo de capital próprio (medido pelo CAPM) tende a aumentar, e assim, o **valor justo da ação tende a diminuir.**

Estamos entendidos? Se o custo de capital aumenta, o valor justo da ação tende a diminuir.

Beleza, vamos à segunda questão sobre Beta.

2. o Beta do mercado como um todo é sempre igual a 1.

"Mas como assim mercado como um todo?"

As ações listadas estão sendo compradas e vendidas num ambiente de negociação, certo?! Este ambiente é a Bolsa de Valores! O mercado como um todo é representado por todas as empresas com ações listadas na Bolsa de Valores. Então quando falamos do Beta do mercado como um todo, estamos falando da **variação de preço média** de todas as ações na Bolsa de valores.

Porém... tem uma coisa. Não necessariamente pegamos todas as ações da Bolsa para medir o Beta do mercado. Mas sim utilizamos a variação histórica de um índice que represente o mercado.

Mas como assim, índice?

O índice que representa o mercado brasileiro de ações como um todo é o Ibovespa!

Neste índice há ações de empresas que, em média, representam mais de 85% do volume de negociações na Bolsa de Valores brasileira.

O Ibovespa não tem todas as ações da nossa Bolsa. Mesmo assim pode-se utilizar a volatilidade média do índice passada para servir de parâmetro ao compararmos com a volatilidade média de uma ação específica que estamos avaliando.

A regra aqui é que, se a volatilidade histórica da ação que estamos avaliando for superior à do índice, nós temos uma ação, em tese, mais "arriscada" que o mercado como um todo.

Como já referi: o Beta do mercado será sempre igual a 1. O que isso quer dizer? Isso significa que se o preço de uma ação for mais volátil (variar mais) que o mercado como um todo (Ibovespa), o seu Beta será maior que 1.

E se o preço da ação variar menos do que o índice Ibovespa? Aí o Beta será menor que 1.

Perceba que quanto maior o Beta, maior se tornará o custo de capital próprio, tornando assim a empresa menos valiosa.

Existem críticas ao Beta! Até mesmo de caras muito relevantes como Warren Buffett!

Mas, ao mesmo tempo, há também grandes nomes que o utilizam nas suas avaliações, como, por exemplo, o "papa" da avaliação de empresas: Damodaran.

O Beta (variação média da ação em relação à variação do mercado) não pode ser visto como a única medida de risco, mas fornece um dado interessante para o **Valuation**.

Na verdade, existem até formas de se **"melhorar o Beta"** e torná-lo ainda mais interessante na análise.

Sabe como é? Desalavancando e depois alavancando o Beta.

> "Vixe, agora você viajou demais, Mineiro. Que história é essa de desalavancar e alavancar o Beta?"

Ok, vamos por partes.

Eu falei para você que o Beta utiliza uma base de dados de valores passados do preço da ação para medir quão volátil é essa ação em relação ao mercado (ou seja, quanto o seu preço costuma variar em relação ao Ibovespa), certo?!

E eu disse também que o Beta do mercado é 1. Quando o preço de uma ação varia mais que o mercado como um todo, nós temos um Beta acima de 1. Quando varia menos, nós temos um Beta abaixo de 1.

Porém, qual é o melhor prazo para pegar esses dados históricos sobre a variação de preços de uma ação em relação ao mercado? Seriam 10 anos? Ou seria o prazo de 1 ano apenas? Afinal, tanto o mercado quanto as empresas estão mudando constantemente.

Nosso grande mestre Damodaran sugere que peguemos dados semanais ou até mesmo mensais de Beta. É usual que utilizemos dados históricos de 2 a 5 anos das variações de preço. Há locais onde conseguimos o Beta de graça!

O primeiro lugar em que conseguimos o Beta de uma ação de forma gratuita é no site **investing.com.** Vejamos o Beta da Lojas Renner no dia 10/09/2021: Beta da Lojas Renner = 1,06.

A má notícia por aqui é que eles não dizem qual é o prazo utilizado para análise do Beta.

Por exemplo, não seria interessante que o prazo considerado fosse de 1 ano apenas (consideramos 1 ano de análise um prazo muito curto para avaliarmos a real volatilidade de uma ação em relação ao mercado).

Outra maneira de conseguirmos estimar o Beta de forma gratuita é por meio de **cotações históricas das ações.**

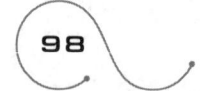

Essa é particularmente a forma que utilizamos na Mineiro Invest. Fazemos isso porque assim temos controle sobre o período de análise. Podemos, por exemplo, pegar dados mensais de preços das ações da empresa que vão desde 3 a 5 anos atrás.

Na Mineiro utilizamos **dados mensais** (normalmente pegamos a cotação do 1º dia do mês) dos últimos **3 anos**. Ou, ainda, dos últimos **5 anos**, dependendo da empresa. Temos de preencher os números 1 por 1. Essa notícia é pouco desanimadora.

Mas...

A boa notícia é que normalmente temos de fazer isso somente uma única vez. O mais "complicado" por assim dizer é quando não temos dado nenhum, e temos que preencher tudo.

Depois que você preencheu uma vez, só precisa atualizar mês a mês.

Temos uma parte de nossa tabela separada apenas para o Beta! Veja só:

Variações de Cotação	Concorrente 1	Concorrente 2	Concorrente 3	Empresa avaliada	BOVA11
01/01/2019	R$30,72	R$55,58	R$5,61	R$38,54	R$84,60
01/02/2019	R$32,16	R$55,60	R$6,37	R$41,50	R$94,36
01/03/2019	R$30,64	R$52,90	R$6,40	R$39,38	R$91,85
01/04/2019	R$30,35	R$50,72	R$7,06	R$39,76	R$92,35
01/05/2019	R$31,93	R$51,00	R$8,05	R$42,61	R$92,88
01/06/2019	R$29,39	R$50,50	R$6,01	R$44,04	R$93,59
01/07/2019	R$29,24	R$49,82	R$7,68	R$46,47	R$97,45
01/08/2019	R$33,40	R$51,98	R$8,53	R$48,82	R$98,43
(Continua...)	(Continua...)	[...]	[...]	[...]	[...]

Esta imagem refere-se ao Beta capturado da Lojas Renner. Você pode notar que ali temos um espaço para colocar dados das **empresas concorrentes do setor** (não é uma obrigação).

Temos também a variação de preços do **BOVA11**, que é um ETF representativo do Ibovespa (índice do mercado como um todo). Aquelas cotações do BOVA11 são **fundamentais** para calcularmos o Beta. Elas representam a variação do mercado como um todo!

Porém, onde conseguir essas informações? Há mais de um site que oferece histórico de cotações. Na Mineiro Invest utilizamos o site https://br.advfn.com/. Ele é bem simples de se mexer e gratuito. Na aba de pesquisa você coloca o nome da empresa da qual quer obter dados.

Após encontrá-la você irá em "Histórico". Depois irá procurar as "Cotações históricas" que estarão abaixo, e finalmente clicará em "Veja Mais Preços Históricos". Ali poderá selecionar o intervalo de tempo das cotações e copiar e colar na Supertabela, na aba de "Beta e Correlação".

O Beta encontrado pode deixar escapar algumas coisas que podem ser relevantes quando se avalia uma empresa, como, por exemplo, o **endividamento** da companhia. E por incrível que pareça, há sim formas de se capturar o endividamento utilizando o Beta. E para isso precisamos utilizar o **Beta desalavancado**.

Ao pegarmos um endividamento específico de uma empresa e colocarmos numa fórmula com o **Beta desalavancado**, conseguimos **"individualizar melhor" o risco** da empresa.

"E isso é essencial, Mineiro?"

Talvez não, vai da disposição de cada um. O Beta que capturamos da empresa já é plenamente possível de ser utilizado no CAPM. A verdade é que na Supertabela há duas maneiras de capturarmos o Beta.

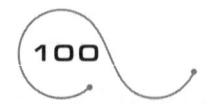

Uma delas é por meio do Beta de mercado (só utilizando a variação dos preços da ação em relação à variação do Ibovespa). E a outra delas é alavancando o Beta do setor.

Sei que agora pode ter parecido confuso, mas é bem simples! O que **Beta desalavancado** quer dizer é o seguinte:

O Beta sem o efeito da dívida.

Desalavancado nesse contexto significa "sem dívidas" ou "sem considerar as dívidas da empresa".

Vamos assim precisar de dados do endividamento de quatro empresas do setor que estamos considerando (a empresa a qual estamos avaliando e mais três concorrentes). Esses dados não são muito difíceis de serem conseguidos. Há sites em que podemos descobrir o valor das dívidas das empresas, como o da Status Invest.

Precisaremos também do Valor de Mercado dessas empresas. E como utilizar o tal do Beta desalavancado?

Você precisa pegar o Beta do segmento do qual a empresa faz parte, e alavancá-lo (considerar o "efeito da dívida da empresa sobre o Beta desalavancado do segmento").

"Vixe, e fazer isso é difícil, Mineiro?"

Há uma fórmula que faz esse procedimento para a gente! **E o melhor...** A nossa Supertabela faz isso automaticamente.

Basta possuirmos aquelas informações que comentei, o valor de mercado das empresas, qual o montante de suas dívidas e o seu histórico de cotações. Por isso precisamos preencher na nossa tabela as cotações históricas das ações de empresas concorrentes.

Vamos só dar uma olhadinha na fórmula que transforma o Beta desalavancado em Beta alavancado (ou simplesmente Beta):

Beta = Beta desalavancado * [1 + (1 - IR) * (Dívida / Valor de Mercado)]

Como disse, nossa Supertabela realiza esses cálculos. Um adendo que faço é que o **IR** ali mencionado é o Imposto de Renda. Por incrível que pareça o IR diminui o Beta.

> "Ué, mas como assim? Imposto não era para ser uma coisa ruim, que diminui o valor da empresa? Se o Imposto diminui o Beta quer dizer que a empresa vale mais porque paga Imposto. Isso não faz sentido!"

Realmente, a empresa tem o Beta reduzido por causa do Imposto, porém mesmo assim o IR reduz o valor da empresa, pois reduz o lucro da empresa, lembra-se?

Quando o Joãozinho paga imposto devido aos lucros da sua barraquinha, ele está deixando de embolsar esse dinheiro. Então Imposto, sim, reduz o valor da empresa.

No entanto, há um "benefício" da dívida no IR. Quando você tem dívidas que geram juros, esses juros que você paga acabam diminuindo o valor do lucro, e com o lucro menor nós pagamos menos imposto.

Damos o nome a isso de **"benefício fiscal da dívida"**.

Então quando vamos alavancar o Beta (transformar o Beta desalavancado em Beta), ao considerarmos o "peso da dívida", temos de diminuir esse "peso" pelo benefício fiscal que a dívida gera.

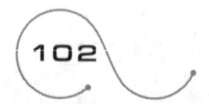

Taxa de desconto: Um toque de arte no Valuation

> "Caraca! Os caras são brabos. Então, o Beta desalavancado tem de ser transformado de novo em Beta para utilizarmos no nosso modelo de **Valuation**, e, além disso, ainda precisa considerar esse chamado benefício fiscal da dívida?"

Exatamente isso! Vamos ver na prática:

Apuramos por meio de uma análise mais detalhada que a **dívida** (onerosa, aquela que gera juros a pagar) da Lojas Renner do último Balanço Patrimonial divulgado (2º trimestre de 2021) era de **5.876 bilhões** de reais aproximadamente.

Ao mesmo tempo foi apurado que a **alíquota de imposto** sobre lucros da empresa é de **34%** (este valor pode ser encontrado no Formulário de Referência da empresa ou até mesmo no Google, procurando-se as palavras-chave "alíquota de IR para empresas de moda e vestuário"). Lembrando que os impostos sobre o lucro das empresas são o IR somado do CSLL (Contribuição Sobre o Lucro Líquido).

O **valor de mercado** da Lojas Renner no dia 10/09/2021 era de aproximadamente **32,58 bilhões** de reais.

Além disso, o **Beta desalavancado** que descobrimos para o segmento de vestuário no Brasil foi de 0,99.

Executando "na mão" o cálculo que a tabela já faz automaticamente temos um **Beta de 1,11**.

Beta = 0,99 * [1 + (1 - 0,34) * (5,876/32,58)]

"Show de bola. Até que enfim encontramos o Beta, Mineiro." Sim, com essas informações nós descobrimos o Beta. Sei que pode parecer muita coisa para você agora, mas com algum tempo, eu juro que você estará fazendo isso quase no "piloto automático". A "mão de obra pesada" dos cálculos a tabela faz para a gente!

Qual é o próximo passo, então?

Temos de descobrir a última parte da construção do nosso CAPM, o qual finalmente nos mostrará qual é o custo do capital próprio (ou "custo de capital dos donos do negócio").

Estou falando aqui do prêmio de risco do mercado.

5.4 E o que seria o prêmio de risco do mercado?

O **prêmio de risco** do mercado significa quanto, teoricamente, os acionistas (ou "donos do negócio") querem a mais de retorno por estarem investindo naquela determinada ação. Vamos nos lembrar agora daquele nosso velho exemplo, da barraquinha de Joãozinho.

Digamos que a barraquinha de Joãozinho tenha se transformado numa enorme empresa depois de muitos anos de trabalho do nosso empreendedor "mirim". Agora as ações da Barraquinha do Joãozinho estão na Bolsa de Valores.

Sua empresa é do ramo de alimentos e bebidas. Eles não oferecem mais só cachorros-quentes, mas também outros sanduíches, e ainda contam com uma marca bem forte de sucos naturais.

Ótimo, demais! Porém...

Os investidores que vão colocar o dinheiro nessa empresa podem ficar um pouco "inquietos". Será que a empresa vai continuar crescendo? Será que nos próximos anos eles vão continuar vendendo sanduíches aos montes e lucrando muito com isso?

Será que o lucro, e consequentemente o "dinheiro que sobra para os donos", vai ser o suficiente para compensar o investimento? Todas essas dúvidas pairam na cabeça dos investidores, e acredite se quiser: existe uma forma de medir o risco em relação a essas dúvidas sobre se a empresa será ou não rentável do ponto de vista do investidor!

Chamamos essa **exigência de rentabilidade superior de "prêmio de risco de mercado"**.

Essa rentabilidade a mais que o investidor na empresa Barraquinha do Joãozinho exige pode ser calculada considerando-se os diversos **riscos** os quais uma empresa possui. Veja bem: se na empresa do Joãozinho os negócios são:

1. bastante previsíveis, ou seja, se sua empresa sempre está lucrando bem ano após ano;
2. o risco de ela ir à falência é muito pequeno, já que a empresa, além de lucrar bem, tem poucas dívidas; e
3. a sua governança é bem alinhada e pensa nos investidores com menores participações no negócio.

... é natural que os investidores enxerguem menos risco na empresa.

Porém, o quanto de menos risco? Como quantificar essa "segurança a mais" de uma boa empresa? Eis que surge então uma ideia muito inteligente:

Pegar os retornos do mercado como um todo, ou seja, daquele "índice de referência do mercado de ações", que no Brasil são os retornos do Ibovespa, e subtrair o retorno do ativo livre de risco. Fica assim:

Prêmio de risco do mercado = Retorno do mercado - Ativo livre de risco

"Uai, por que subtrair o retorno do ativo livre de risco? E o que seria esse retorno do Ibovespa?"

Vamos por partes. Precisamos descobrir quanto em média o mercado tem de retornos a mais que o ativo mais seguro do mercado (ou seja, nosso ativo livre de risco: título público dos Estados Unidos somado ao risco-país).

Mas o que seria o retorno do mercado?

Nós conseguimos descobri-lo utilizando um site. Nesse site há o "crescimento médio do Ibovespa desde sua existência". Temos a média de crescimento histórico do Ibovespa! Isso facilita muito a nossa vida.

Eis o link:

http://bvmf.bmfbovespa.com.br/indices/ResumoTaxaMediaCrescimento.aspx?Indice=IBOV

Lá você encontrará uma tabela extensa com o crescimento médio do Ibovespa (ou melhor dizendo, o "retorno do Ibovespa") ao longo de qualquer intervalo de tempo que você deseja analisar.

De 2000 a 2020 podemos descobrir que o retorno médio do Ibovespa foi de 11,4% ao ano. É importante que não peguemos um intervalo muito longo, pois o mercado de ações brasileiro mudou significativamente desde quando o Ibovespa foi criado.

De 1987 a 2020 o retorno médio do mercado foi de 105% ao ano. Seria impraticável adotarmos um retorno médio exigido tão alto para nosso CAPM.

Não seria razoável para um investidor querer que no mínimo suas ações valorizassem em média mais de 100% ao ano nos dias atuais.

Esse retorno absurdamente alto do passado se deveu muito em função de um período hiperinflacionário no Brasil, em que a moeda se desvalorizava subitamente e o preço dos bens subia em proporção gigantesca. Esse momento já é passado, e temos nos dias de hoje um cenário relativamente muito mais estável no país.

Um intervalo interessante então, para uma análise, é de 10 a 20 anos. Nem muito pouco tempo (curto prazo pode ser pouco representativo do histórico de valorização das ações), nem tempo demais (como já disse antes, o mercado pode mudar significativamente).

Se formos utilizar o intervalo de 2007 a 2020, teremos aquele retorno de 9,3% ao ano esperado. Pois bem, agora é só subtrairmos deste "retorno esperado do mercado" o ativo livre de risco. Descobrimos que nosso ativo livre de risco era igual a 4,46% considerando como Risco-Brasil o EMBI+ em 10/07/2021.

Fica assim:

Prêmio de Risco do Mercado = 9,3% - 4,46% Prêmio de Risco de Mercado = 4,84%

Ou seja, um retorno esperado a mais de aproximadamente 5%.

E é agora que entra o Beta na história novamente! Assumimos que o prêmio de risco para o investidor em ações é de 5% aproximadamente, certo?! Mas o que fazer com essa informação? Temos de devolvê-la à nossa fórmula do CAPM:

CAPM = Ativo livre de risco + Beta * (Prêmio de Risco do mercado)

Veja que o Beta multiplica o prêmio de risco do mercado. Vamos então fazer o CAPM da Lojas Renner!

CAPM = 4,46% + 1,11 * (5%)
CAPM = 10% aproximadamente

Mas aí vem outra questão! Será que este "Custo de Capital Próprio" da Lojas Renner é bom, será que está certo? Os investidores normalmente percebem o risco de maneira diferente nos seus investimentos à medida que as empresas são diferentes.

Quando utilizamos a taxa de 5% para o prêmio de risco de mercado, podemos ter sido um pouco "duros demais com a empresa", ou, ainda, "muito coniventes na avaliação".

Então, ao utilizarmos o valor de 5% como prêmio de risco de mercado para todas as empresas em Bolsa, corremos o risco de colocar todas essas empresas num "mesmo pote".

A Lojas Renner tem uma estrutura de governança corporativa (já vimos esse conceito lá atrás) bastante interessante para o investidor que é dono de uma fatia menor da empresa. Além disso, é uma empresa que possui bastante liquidez em Bolsa. Cerca de 367 milhões de reais em volume de negociação nos meses de julho e agosto de 2021.

Suas ações são bastante negociadas, e por isso há menos risco de não se conseguir vendê-las, especialmente para o investidor que compra uma quantia grande das mesmas.

A sugestão que se faz é que no máximo, o prêmio de risco "caia" 2% quando a empresa for vista como mais segura para o investimento, ou "suba" 2% quando o contrário for verdade. Mais do que isso começamos a nos tornar muito enviesados na análise (ou seja, facilmente influenciados por preconceitos nossos pouco embasados sobre o investimento).

Essa variação no prêmio exigido pelo investidor ocorre em função da percepção de risco de investimento naquela empresa. Vamos ao exemplo de Joãozinho e sua Barraquinha.

Vamos supor que Carlos (um grande investidor) quer fazer um investimento nas ações da Barraquinha de Joãozinho. Mas ele descobre que Joãozinho não é "lá muito agradável com os investidores", e ainda só pensa em si próprio.

Carlos descobriu que Joãozinho toma decisões que no fim das contas não serão as melhores para empresa. O objetivo de Joãozinho parece ser somente se manter o "chefe" e possuir o controle da companhia. Ele não tem muitos planos de expandir a empresa, e não aceita a visão de "quem está de fora". Sua intenção é inclusive achar algum comprador para a empresa e vendê-la, mesmo que a "preço de banana".

No fim das contas Joãozinho está acomodado. E o pior de tudo: na empresa de Joãozinho a **governança corporativa** "não é bem evoluída", então pouca coisa pode proteger o investidor das decisões que Joãozinho toma em benefício próprio. Joãozinho pode inclusive vender as suas ações que dão direito ao controle da empresa por R$10,00 cada, e fazer com que os outros participantes do negócio recebam apenas R$5,00 por cada ação.

Se você fosse o investidor Carlos, tenho certeza de que exigiria um prêmio de risco maior, não estou certo? Ora, se a empresa tem todas essas questões que tornam o investimento muito mais arriscado do ponto de vista do investidor que tem participações menores, é óbvio que este exigirá um retorno maior para compensar passar por toda essa "situação". E ao exigir um retorno maior, obviamente o valor justo da ação será mais baixo.

Veja bem: ele exigirá um prêmio de risco maior, isso irá aumentar o custo do capital próprio ("custo de capital para o acionista") e, consequentemente, diminuirá aquele valor do "dinheiro que sobra" (os fluxos de caixa futuros) para os donos do negócio.

> "Show de Bola! Entendi. Então, se estivéssemos analisando a empresa do Joãozinho, o prêmio de risco exigido não seria 5%, mas talvez algo em torno de 7%?"

Mais ou menos isso! Essa percepção subjetiva do risco varia de investidor para investidor. Mas é fundamental que você adquira pensamento crítico para utilizá-la com sabedoria.

A ideia é você não ser nem muito otimista em relação à empresa, e nem muito pessimista (conservador).

O problema de ser muito otimista é que você acaba achando qualquer empresa o "melhor negócio do mundo", podendo acabar se esquecendo dos riscos. Ao se esquecer dos riscos pode acabar acreditando que a empresa vale muito mais do que realmente vale.

Isso invariavelmente fará com que você perca dinheiro, pois os outros investidores, com razão, podem não concordar muito com você no longo prazo, fazendo com que seus investimentos se tornem malsucedidos.

Quando criamos muitas expectativas positivas sobre uma empresa, fica difícil até mesmo para a própria empresa acompanhar as suas altas expectativas. Ela tem de entregar resultados muito acima do esperado. Agora, quando somos muito pessimistas (conservadores), tendemos a deixar muitas oportunidades interessantes de investimento passarem.

Isso também nós não queremos. Então o melhor é sermos realistas. Precisamos ter certa dose de ceticismo em relação aos riscos, porém, ao mesmo tempo, não podemos exagerar nessa dose.

A taxa que utilizei como prêmio de risco de mercado para as ações (de 5%) é inclusive bastante aceita pelos investidores brasileiros. Historicamente, adotou-se muito também a taxa 6% ou 6,5% para o prêmio de risco de mercado. Nos Estados Unidos, essa taxa costuma estar no patamar de 4% para as ações de empresas americanas.

E com relação a Lojas Renner? Cinco por cento é um prêmio de risco adequado? Há controvérsias. Alguns diriam que sim, outros diriam que não.

Em mercados mais altistas (em que o preço das ações vem subindo muito), a tendência é até a de que as pessoas se "esqueçam" dos riscos e utilizem uma taxa mais baixa para o prêmio de risco com pouca ou nenhuma explicação inteligente.

Isso infelizmente acontece, e quem faz a "festa" são os analistas que vendem relatórios de recomendação de compra mal embasados aos investidores.

Porém, aqui estou lhe preparando para se tornar um investidor com visão diferenciada, e não quero que você "caia nessa". Acredito que para a Lojas Renner podemos manter o prêmio de risco de mercado devido à sua excelente estrutura de governança e à solidez do negócio.

Isso é uma premissa (comentamos sobre elas lá atrás). É algo que estou "batendo no peito" e dizendo: eu assumo este risco! No caso, assumi que o prêmio de risco da Lojas Renner é de 5%. Essa é a premissa assumida. Logo, o Custo de Capital Próprio para a Lojas Renner no dia 10/09/2021 é de aproximadamente 10%.

Agora, preciso lembrá-lo que o custo de capital próprio é apenas uma parte do "custo de capital total" da empresa. Nós queremos descobrir o Custo de Capital (WACC) e não apenas o custo de capital próprio (custo do dinheiro dos donos do negócio).

Lembra-se que comentei que existem duas formas de uma empresa se financiar? Uma delas é conseguindo o dinheiro dos investidores que acreditam no potencial do negócio, e por isso investem nele esperando que suas participações subam de valor.

E a outra maneira é buscando dinheiro emprestado com pessoas ou instituições que acreditam que a empresa é sólida o suficiente para pagar seus empréstimos. Nesse caso, a empresa emite dívidas, e usará esse dinheiro para quaisquer finalidades de seu interesse!

Mas há ainda outras formas da empresa se financiar com "dívidas". A empresa pode "pegar bens emprestados" e pagar juros. Vamos levar isso para o exemplo das barraquinhas de Joãozinho.

Digamos que Joãozinho esteja querendo expandir o seu negócio de barraquinhas de cachorro-quente! Então ele decide adquirir novas barraquinhas. Ele poderia comprar barraquinhas novas, certo?! Tirar um dinheiro do bolso e simplesmente pagar.

Mas há outra opção:

> Joãozinho pode fazer um contrato de empréstimo no qual consta que ele tem direito a utilizar a barraquinha, mas para isso tem de pagar

algumas parcelas, e ainda juros, podendo ao final do contrato escolher se quer ficar com a barraquinha em definitivo, pagando um valor baixo (residual) por ela, ou devolver a barraquinha para quem a emprestou.

A este tipo de contrato nós damos o nome de "leasing financeiro", ou, ainda, "arrendamento mercantil". O valor deste contrato entra nas dívidas da empresa, já que eles geram juros (despesas financeiras).

Lembre-se: tudo que gera juros a pagar é dívida onerosa!

Isso é muito importante, pois várias empresas têm contas de arredamentos a pagar no Balanço Patrimonial e elas têm de ser consideradas dívidas. É comum que sites que nos mostram indicadores financeiros das empresas não incluam o arrendamento nas dívidas. Isso é um erro!

Por isso, quase sempre ao avaliar uma empresa dou uma conferida no Balanço Patrimonial para ver se essa conta não está lá.

"Beleza, Mineiro! Agora já sei que há duas formas de uma empresa se financiar e que o arrendamento entra também nas dívidas. Mas como calcular o **custo de capital de terceiros** (desses outros financiadores da empresa)?"

É ainda relativamente mais simples calcular o capital de terceiros.

A nossa Supertabela também faz tudo automaticamente. Só precisamos colocar alguns dados nela.

5.5 Custo de capital de terceiros

Há duas maneiras principais de se descobrir o capital de terceiros: uma mais fácil e outra um pouco mais difícil. A maneira mais fácil se dá por meio da fórmula:

Kd = (Juros da dívida) * (1 - IR)

Onde encontramos os **juros da dívida**?

Podemos encontrar no Formulário de Referência (FRE).

O valor que geralmente é utilizado como base são os **juros do último lançamento de debêntures.** As debêntures nada mais são que os títulos da dívida da empresa.

Uma pessoa empresta dinheiro para a empresa Barraquinha de Cachorro-Quente do Joãozinho e em retorno recebe um papel que diz que ela tem direito a receber de volta o capital investido acrescentado de juros. É essa a ideia.

Veja os juros prometidos pela última emissão de debêntures da

Lojas Renner até o dia 10/09/2021 (podemos encontrar no FRE):
Debêntures 11ª Emissão – 2ª Série CDI+3,04%
Vencimento em 05/11/2022

Podemos simplesmente utilizar a taxa de juros da última emissão de debêntures, que no caso é:

CDI + 3,04%

"Beleza, Mineiro, mas o que é o tal do CDI?"

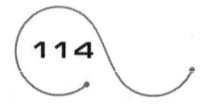

O CDI é a taxa de depósitos entre bancos e ele acompanha a Taxa Selic. Os bancos vivem emprestando dinheiro uns aos outros, e o CDI é a taxa cobrada por esse empréstimo. Não entrarei muito em detalhes técnicos sobre isso, mas saiba que essa é uma operação básica entre os bancos, que eles fazem para fechar o dia com o caixa positivo.

Já a Selic é a nossa taxa de juros básica da economia. A Selic seria o custo do dinheiro não só dos investidores na ação da Lojas Renner, ou nas ações da Barraquinha do Joãozinho. A **Taxa Selic** é o "custo do dinheiro geral". Isso acontece porque um investimento em títulos do governo atrelado à Selic é o tipo de investimento mais básico que se pode fazer no Brasil.

Quem define essa taxa é o governo. Discutir esse assunto "macroeconômico" de política governamental de taxa de juros foge um pouco ao escopo do nosso livro, porém saiba que essa taxa interfere em toda a economia e é extremamente importante.

Você pode estar pensando agora: "Tudo bem, mas como eu descubro a tal da Taxa Selic?"

É muito simples, basta digitar no Google: "Taxa Selic hoje." A resposta surgirá!

No **dia 10/09/2021** a taxa Selic estava no patamar de **5,25%**. Isso significa que os juros da dívida da Lojas Renner nessa data estavam em 5,25% + 3,04% = 8,29%.

Lembra daquela história de benefício fiscal da dívida, em que as despesas com juros diminuem o imposto pago e isso é uma "coisa boa"? Pois bem, não sei se você reparou, mas na fórmula do Custo do Capital de Terceiros há o **efeito deste benefício fiscal** também!

Vejamos (a fórmula do Kd da Lojas Renner fica assim): Custo do Capital de Terceiros ou Kd = 8,29% * (1 - 34%) Kd da Lojas Renner = **5,47% aproximadamente.**

Agora vamos à maneira "mais difícil" de se encontrar o custo do capital de terceiros: uma das formas é estimando o *rating spread* da dívida!

> "Ihh, Mineiro, não entendi nada...
> o que é isso de *rating spread*?"

As empresas podem receber **notas** em relação à capacidade de pagar suas dívidas.

Isso mesmo!

Como se a empresa fosse um aluno fazendo uma prova e quisesse receber nota 10, ela é avaliada por algumas agências de crédito que dizem se a empresa tem uma excelente chance de pagar suas dívidas ("nota 10"), ou se a chance é mínima ("nota 0").

Tudo bem, não é exatamente desta forma que funciona. Mas a **essência** é esta. As empresas podem possuir notas intermediárias também. Como uma nota 4 ou 7. Só que essas notas que as empresas recebem não são dadas na forma de números. Mas sim na forma de letras.

Uma empresa "nota 10" em termos de capacidade de pagar suas dívidas, ou seja, uma empresa excelente para uma pessoa emprestar dinheiro e receber juros de volta, é aquela que possui uma nota de *rating* AAA (inclusive essa nota é bem rara entre as empresas, assim como são os alunos CDF).

A segunda melhor nota é AA. A terceira melhor nota é A. A quarta é BBB. A quinta melhor nota é BB. A sexta é B. A sétima é CCC.

E assim por diante... **Até chegar na classificação D.** Esse é o tipo mais simples de classificação de crédito. Mas há outras formas, com mais variações.

Mas, afinal, o que quer dizer essa classificação? No que realmente ela impacta o Custo de Capital de Terceiros?

Se uma empresa possui um *rating* inferior (pior avaliação da capacidade de pagar suas dívidas), é natural que as pessoas que emprestam dinheiro à empresa se sintam mais inseguras. E justamente por isso queiram uma remuneração maior sob a forma de juros para compensar assumir este risco.

Se o Joãozinho está com a sua empresa muito **endividada**, por exemplo, pode ter mais dificuldades para pagar suas dívidas. É óbvio que, com mais dívidas, é mais difícil para uma empresa arcar com todas elas. E sendo assim, a chance de **calote** (de a empresa simplesmente não pagar os seus credores) é mais alta.

Então, para uma pessoa emprestar dinheiro para a empresa do Joãozinho sob tais condições é fundamental que saiba muito bem o que está fazendo, e, além disso, que **exija um retorno maior** para compensar o risco.

Mas o que seria o tal do retorno maior? **Esse retorno a mais se dá em relação ao investimento mais seguro do mercado. Esse investimento mais seguro é a base de tudo!** Nós utilizamos aqui o chamado ativo livre de risco formado pelo rendimento dos títulos norte-americanos de longo prazo somados ao risco-país.

Encontramos o valor de 4,46% no dia 10/09/2021.

O *spread rating* é o **retorno a mais em relação a este ativo livre de risco** que aquela pessoa que empresta dinheiro para a empresa exige. Então, se o credor (pessoa que empresta dinheiro à empresa) empresta dinheiro para receber um retorno de 7,46%, o *spread rating* desse empréstimo é de 3%.

Ficou claro?

Olha só: o *spread rating* é a diferença entre o retorno do ativo livre de risco e o retorno em juros do empréstimo.

"Show de bola! Mas como descobrir esse *spread rating* se não tenho acesso ao quanto a empresa remunera seus credores (o quanto a empresa paga de juros pelos empréstimos)?"

Bem, é simples! Existe uma tabela que tem esses *spread ratings*! Essa tabela é do grande mestre Damodaran. Você pode encontrá-la neste link:

http://pages.stern.nyu.edu/~adamodar/New_Home_Page/datacurrent.html

Mais especificamente em "Capital Structure" > "Rating, Spreads and Interest Coverage Ratios" > "Download".

O *spread rating* deve ser somado ao ativo livre de risco para, enfim, descobrirmos a taxa de juros dos empréstimos que a empresa pega.

"Mas como descobrir qual é o *rating* da empresa? Não temos que descobrir qual é a 'nota' que a empresa recebeu das agências de crédito para que possamos saber qual *spread* utilizar (ou seja, qual retorno a mais os credores esperam receber?)."

Sim, precisamos. Podemos encontrar essa nota "solta" pela internet se dermos sorte pesquisando a nota de crédito da empresa no Google, ou ainda podemos procurá-la no FRE. Mas caso você não a encontre, temos também como **estimar essa nota.**

Criamos o chamado *rating sintético.*

E não se assuste, pois não é um "bicho-de-sete-cabeças" descobrir esse *rating*. Quer ver só?

A nossa Supertabela inclusive faz tudo isso para nós.

Precisamos aqui descobrir quanto os lucros conseguem cobrir as despesas financeiras da empresa!

Se o que a Barraquinha do Joãozinho consegue lucrar antes dos impostos e despesas financeiras é um valor de "várias e várias vezes" o que ele tem de pagar de juros pelos empréstimos que adquiriu, é natural que a sua empresa seja **mais segura** do ponto de vista da capacidade de pagar suas dívidas.

Porém, se o lucro que ele conseguiu com a barraquinha mal dá para pagar os juros da dívida, é natural que as pessoas enxerguem aquele empréstimo para o Joãozinho como mais **arriscado.**

Então, na tabela que mostrei a vocês, do grande Damodaran, há uma parte que está escrita *"interest covered ratio is".*

Vou explicar o que é isso. Esse *"interest cover ratio is"* significa em **quantas vezes o lucro** (neste caso o **EBIT** ou Lucro Operacional) **é superior às despesas com juros do último período.**

"Vixe! Complicou, Mineiro." É bem simples.

Imagine que o lucro operacional (Ebit) da empresa do Joãozinho foi de R$1.000,00 durante um determinado período. Ótimo. Agora, imagine que ao mesmo tempo as despesas com juros (despesas financeiras) foram de R$100,00 neste mesmo período.

Perceba que o **EBIT** foi **10 vezes** maior que as despesas com juros. Ou seja: a cobertura de juros foi de 10. Acima dos 8,5 mínimos para uma empresa ter nota AAA, ou "nota 10".

Qual seria o *spread* a se utilizar e qual a "nota sintética" para a capacidade da empresa de realizar seus pagamentos de empréstimos?

Nota: AAA

Spread **(descoberto na Tabela de Damodaran): 0,69%**

Então se essa fosse a situação da empresa do Joãozinho, o custo da sua dívida seria de 4,46% + 0,69% = 5,15%. Digamos ainda que o Imposto de Renda na empresa de Joãozinho fosse de 25%.

Teríamos assim um Custo de Capital de Terceiros (utilizando a fórmula) de:

Kd = 5,15% * (1 - 25%) => **3,86%**

Esse seria o custo do capital de terceiros da empresa de Joãozinho.

Mas e se os lucros operacionais da empresa de Joãozinho fossem extremamente baixos, ou mesmo negativos, daí o *spread* aí aumentaria consideravelmente, e o custo do capital de terceiros também.

Imagine que seu lucro operacional tem sido negativo e a empresa "anda mal das pernas". Nesse caso, se olharmos na tabela de Damodaran, o *spread* exigido pelo investidor na dívida seria de 17,44%.

É muita coisa, não é?

Esse seria o retorno exigido pelos credores para entrar num negócio tão arriscado. Então o Kd (Custo de Capital de Terceiros) ficaria assim:

Kd = (4,46% + 17,44%) * (1 - 25%) => 16,43% aproximadamente.

Repare que uma empresa que está passando por apuros terá um custo de capital de terceiros muito mais elevado, e isso influenciará significativamente no custo de capital total da empresa (WACC ou Custo Médio Ponderado de Capital) se a empresa tiver igualmente muitas dívidas e, consequentemente, tornará a empresa menos valiosa.

A taxa de desconto irá subir consideravelmente para uma empresa em tais condições, diminuindo assim os fluxos de caixa futuros da companhia.

Agora vamos aprofundar numa última questão sobre custo do capital de terceiros. O chamado "Efeito BNDES".

O que seria esse efeito?

O **BNDES** é o chamado Banco Nacional de Desenvolvimento. No Brasil, em algumas empresas, ele tem um impacto significativo, embora já tenha tido ainda maior no passado. Esse Banco tem como uma de suas finalidades subsidiar a indústria nacional por meio de empréstimos facilitados. Ou seja, é um banco que empresta dinheiro muito barato (cobrando juros muito baixos) para algumas empresas de alguns setores da economia brasileira.

Quando o BNDES **empresta dinheiro** assim, muito **barato** para essas empresas, o custo de capital de terceiros cai bastante. Porém, esse tipo de empréstimo "não é para sempre". Em algum momento ele vai acabar.

Quando a empresa ou setor tem o desenvolvimento pretendido, ou, ainda, quando esses recursos que o BNDES aporta nas empresas se tornam mais escassos, é natural que a "festa dos empréstimos baratos acabe".

No Brasil, temos inclusive casos de corrupção envolvendo esses empréstimos. Donos de empresas pagando propina a políticos para que favorecessem a sua empresa quanto à concessão deste benefício.

Alguns desses empréstimos baratos infelizmente foram conseguidos de maneira desonesta. O efeito BNDES não deve ser estendido "para sempre" nas nossas avaliações. Já que a partir de certo momento no futuro esses acabarão. É necessário assim que o custo de capital de terceiros seja diminuído apenas por alguns anos futuros na nossa projeção de FCD (Fluxo de Caixa Descontado).

Veremos como fazer isso mais adiante.

> Por enquanto somente guarde isso: os empréstimos baratos do BNDES não duram para sempre.

Estamos quase finalizando o nosso capítulo sobre taxa de desconto! Agora precisamos falar do WACC.

5.6 O que é WACC (custo médio ponderado de capital)?

Vimos anteriormente que as empresas possuem duas maneiras de se financiar:

1. investidores aportam dinheiro na empresa acreditando no seu crescimento futuro. O custo do dinheiro desses investidores é o **custo de capital próprio** (custo do dinheiro dos donos do negócio);
2. pessoas emprestam dinheiro à empresa e recebem juros, acreditando que ela será capaz de pagar seus empréstimos. O custo

do dinheiro dessas pessoas é o **custo de capital de terceiros** (custo do dinheiro para os credores).

O **WACC** é a união entre custo de capital próprio (Ke) e custo de capital de terceiros (Kd).

Ou seja, ele vai levar em conta quanto a empresa é financiada por dinheiro dos investidores que detêm uma participação na empresa (os donos do negócio), e quanto é financiada pelas pessoas ou instituições que emprestam dinheiro à empresa (os credores). Existe uma forma muito simples de se descobrir isso!

Por meio da fórmula do WACC, nós calculamos a proporção entre "dinheiro dos donos" (capital próprio ou "Valor de Mercado") e "dinheiro dos credores" (capital de terceiros).

A fórmula do WACC é a seguinte:

WACC = Ke * [E / (D + E)] + Kd * [D/ (D + E)]

Em que:

Ke = Custo de capital próprio
Kd = Custo de capital de terceiros   E = Valor de mercado
D = Dívida

A boa notícia é que a nossa Supertabela da Mineiro Invest faz tudo isso para você! Mas precisamos, antes, obviamente, encontrar o Ke e o Kd. Isso nós ensinamos algumas páginas atrás. Além disso, precisamos descobrir a proporção entre valor de mercado e dívidas no financiamento da empresa.

O que isso significa?

Digamos que a Barraquinha do Joãozinho tem ações negociadas na Bolsa de Valores. O valor de mercado nada mais é que o preço da ação multiplicado pela quantidade de ações existentes.

Vamos supor que cada ação da empresa de Joãozinho valha R$10,00 e que existam mil ações. Lembrando que são todas as ações existentes da empresa, e não somente ações em circulação no mercado.

O **valor de mercado** da Barraquinha do Joãozinho é de então R$10.000,00. Vamos supor que a empresa tenha R$5.000,00 em dívidas que geram juros. Qual é a proporção entre valor de mercado (capital próprio) e dívidas (capital de terceiros) da Barraquinha do Joãozinho?

É bem fácil de descobrir:

Proporção de valor de mercado = E / (E + D) ou '10 / (10 + 5)' => 66,66%'
Proporção de dívidas = D / (E + D) ou '5 / (10 + 5)' => 33,33%%'

Há dois terços de valor de mercado (66,66%) e um terço de dívidas (33,33%) financiando a empresa de Joãozinho! Agora vamos utilizar os valores encontrados para a **Lojas Renner** no dia 10/09/2021 para descobrirmos seu WACC:

$K_e = 10\%$

$K_d = 5,47\%$

Dívidas onerosas = 5,876 bilhões aproximadamente valor de mercado = 32,58 bilhões aproximadamente.

Proporção de valor de mercado = 32,6 / (32,6 + 5,9) => 85% aprox.
Proporção das dívidas = 5,9 / (32,6 + 5,9) => 15% aproximadamente.

Agora, com todos esses dados em mãos, vamos descobrir finalmente qual é o WACC (custo de capital) da **Lojas Renner**:

WACC = 10% * 85% + 5,47% * 15% => 9,31% aproximadamente.

Esse é o custo de capital "total" da Lojas Renner!

"Esse custo de capital pode mudar com o tempo, Mineiro?" Pode sim.

Gostaria até que você percebesse uma coisa:

Você reparou que o custo de capital de terceiros é mais baixo que o custo de capital próprio?

Loucura, não é?! Repare bem: a empresa não precisa pagar nem um centavo de juros para os sócios, mas, mesmo assim, o custo do dinheiro deles é mais alto que o custo de capital de terceiros.

Aí você pensa: "Que bruxaria é essa?" Isso quer dizer o seguinte: **os "donos" de um negócio esperam receber maior retorno que aqueles que emprestaram dinheiro à empresa.**

"Mas é sempre assim?" Não, não é! Quer ver?

À medida que uma empresa vai se tornando mais endividada, é quase certo que terá de arcar com mais juros. Dizemos que uma empresa mais endividada é uma empresa mais "**alavancada financeiramente**".

A ideia de **alavancagem** é bem simples. Quando é muito difícil levantar alguma coisa muito pesada, normalmente utilizamos uma alavanca para conseguir levantar o peso.

Já nas empresas, quando necessitamos de muito dinheiro para um investimento pesado, ou ainda para pagarmos uma grande dívida, necessitamos de algo que **impulsione o nosso capital "para cima"**. Os empréstimos conseguem fazer com que a empresa tenha muito mais dinheiro do que ela "realmente possui" e assim ganha maior "poder" financeiro. O empréstimo é uma **"alavanca do capital"**.

Uma empresa mais alavancada financeiramente acaba se tornando uma empresa mais arriscada. Isso acontece porque com mais juros a pagar a empresa tem de lucrar mais dinheiro no mercado para "sobreviver".

E esse risco é percebido pelos credores (aqueles que emprestam dinheiro à empresa). Ao perceberem esse risco, eles exigem de uma empresa mais endividada (mais "alavancada financeiramente") maior remuneração (mais juros). Eles não querem correr este risco a mais à toa sem serem remunerados por isso.

Então pode acontecer de uma empresa ficar tão "alavancada", tão "endividada", que os **juros cobrados** pelas pessoas que emprestam dinheiro à empresa se tornam **muito altos**. Esses juros altos aumentam (e muito) o custo do capital de terceiros. Podendo inclusive fazer com que ele (Kd) se torne maior que o custo de capital próprio (Ke).

E, obviamente, se ele se tornar maior do que o Ke, ter mais dívidas, será pior para o valor da empresa, pois vai aumentar ainda mais o custo de capital total e reduzir o valor daquele "dinheiro que sobra" (fluxos de caixa futuros).

Logo, existe um **ponto até onde compensa se assumir mais dívidas** para que o valor da empresa seja o maior possível.

"Espera, Mineiro, me perdi um pouco agora."

Ter dívidas não necessariamente é ruim para o valor da empresa, já que é comum que o custo do capital de terceiros seja menor do que o custo de capital próprio até certo ponto.

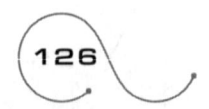

Então, se eu tenho mais dívidas (mas nem tanta dívida assim), é bem provável que a empresa venha a valer mais, porque teremos mais participação do capital de terceiros financiando a empresa a um custo baixo. Isso reduz a taxa de desconto, algo que é bom para o valor da empresa. Vamos a um exemplo da empresa do Joãozinho:

Vamos supor que descobrimos que 20% do capital da empresa do Joãozinho é financiado com dívidas e 80% com dinheiro dos donos (acionistas).

Digamos que o custo de capital próprio seja de 10% e que o custo de capital de terceiros seja de 6%.

O **WACC** atual (calculei aqui rapidamente para não encher mais fórmulas nosso livro) é de 9,2%.

Agora imagine que Joãozinho pense assim:

"Nossa, eu realmente tenho poucas dívidas! Por que será que eu não alavanco mais a empresa? Isso certamente reduzirá o custo de capital e a tornará mais valiosa!"

Joãozinho está certo!

Digamos que ele aumente as suas dívidas com terceiros para 40% do financiamento total da empresa. Logo o capital próprio é 60%. Só que, devido a esse aumento da dívida, o custo do capital de terceiros também aumentou (pessoas que emprestam querem retorno maior para assumir mais riscos), não é mais de 6%, mas sim de 7%. O custo de capital próprio se mantém em 10%.

Qual é o novo WACC da empresa?

O novo WACC (pelos meus cálculos) é de 8,8%. Sim, um aumento da dívida reduziu o custo de capital da empresa!

Porém, e se ele decidir aumentar ainda mais a dívida?

Digamos que agora a empresa é financiada por 60% de dívida e 40% por capital próprio. O novo custo de capital de terceiros provavelmente se elevará bastante, porque dessa vez as pessoas que emprestam dinheiro enxergaram mais riscos. Vamos supor que o novo Kd seja de 9%. O custo de capital próprio segue sendo de 10%.

O novo WACC (custo de capital) é de 9,4%. É o mais alto dos custos de capitais que averiguamos.

É claro que, se Joãozinho continuar aumentando suas dívidas em relação ao capital próprio, o custo de capital deve subir ainda mais. E ele não deseja isso, pois acaba tornando sua empresa menos valiosa (a taxa de desconto vai subir e os fluxos futuros de dinheiro vão valer menos).

> "Ah, entendi, Mineiro! A dívida então é como uma faca de dois gumes. Bom e ruim ao mesmo tempo."

Sim, meus amigos. A dívida é algo que se deve **manejar** com muita sabedoria, porque além de poder reduzir o valor das empresas quando é muito excessiva, ainda pode levar a empresa à falência.

Agora chegamos num momento muito importante. Vejamos como é na nossa Supertabela toda essa "parada" de custo de capital.

Nós, da Mineiro Invest, separamos diferentes planilhas para o Ke, o Kd e o WACC.

Vejamos o Ke (custo de capital próprio) da Lojas Renner na nossa Supertabela:

Custo de capital próprio	**10,00%**
Bonds 10 anos	**1,34%**
Risco Br	**3,12%**
Beta	**1,11**
Prêmio de risco do mercado	**5,00%**

Nessa parte de nossa tabela temos "quase" tudo o que precisamos para o cálculo do Ke! É só colocar os dados e "correr pro abraço"! Existem ainda outras partes da tabela de Ke. Há outra parte (chamada **efeito caixa**) sobre a qual irei falar mais adiante. Ela trata sobre uma outra variável que pode afetar o valor do Beta.

E o custo de capital de terceiros, como é que fica? Temos também a parte da tabela do Kd.

Vejamos agora o Kd (custo de capital de terceiros) da Lojas Renner na nossa Supertabela:

Custo de capital de terceiros (rating normal)	**5,47%**
CCT (quando necessita rating sintético)	**0,00%**
CDI atual	
Juros do empréstimo	**8,29%**
Alíquota IR	**34%**
Dívida bruta	**5.876,02**

Mais uma vez é só preencher os dados e "correr pro abraço"!

Já na parte de nossa Supertabela que trata do WACC não precisamos inserir nenhum dado. A tabela faz tudo de forma automática.

Vejamos finalmente o WACC (custo de capital) da Lojas Renner na nossa Supertabela:

WACC (custo de capital da empresa)	**9,31%**
Custo de capital próprio (perpétuo)	**10,00%**
Custo da dívida (perpétuo)	**5,47%**
D/(D+E)	**15%**
E/(D+E)	**85%**

Gostaria de finalizar este capítulo sobre taxa de desconto com algumas ponderações importantes:

1) É natural que as empresas venham a mudar seu nível de endividamento ao longo dos anos.

À medida que o negócio vai se tornando mais maduro, e os fluxos de caixa originados dos lucros vão se tornando mais previsíveis, as empresas podem ir tomando mais dinheiro emprestado sem se preocuparem tanto com o futuro (já que ele não é mais tão incerto).

Não é de admirar que setores de empresas onde as receitas são bastante previsíveis costumam ser mais alavancados financeiramente (empresas recorrem bastante a empréstimos).

Já outros setores, nos quais os fluxos de caixa são mais incertos (onde os lucros flutuam bastante), como nos setores de construção civil e de commodities, é perigoso que as empresas se alavanquem muito (pegando dinheiro emprestado em grande quantidade), pois em períodos de lucros baixos (ou até mesmo prejuízos), a coisa pode **desandar** a ponto de a empresa abrir falência.

> Lembre-se: a causa número 1 de falência
> de empresas é dívida.

2) Ao admitirmos que as empresas podem ir aumentando seu endividamento, podemos ir mudando o Custo de Capital ao longo dos anos.

Isso é especialmente útil em empresas jovens com pouquíssimas dívidas. Em algumas delas podemos tentar prever que, quando vierem a se estabilizar, estarão mais alavancadas.

Porém, como é um conteúdo muito avançado (reestimar o nível de endividamento e recalcular o custo de capital), deixo disponível somente para o pessoal da nossa comunidade de **Valuation** (aqueles que adquirem o curso completo na plataforma da Eduzz). Aliás, o custo-benefício disso para você pode não ser tão alto. É mais para quem deseja se profissionalizar e trabalhar especificamente nesta área.

Por vezes, nos atermos à simplicidade, sem tentar "extrapolar muito" na avaliação pode ser a melhor alternativa. E na maioria das vezes é!

> No próximo capítulo trataremos de uma outra premissa
> fundamental para o nosso modelo de FCD:
> **OS REINVESTIMENTOS!**

6

Reinvestimento: Empresa que não reinveste não cresce

Praticamente toda empresa que quer continuar crescendo precisa **reinvestir** dinheiro em seus negócios.

Se o Joãozinho quiser, por exemplo, **expandir** a sua rede de barraquinhas, ele precisará adquirir maiores quantidades de pães, salsichas e hambúrgueres, comprar novas barraquinhas, novas chapas e contratar até mesmo mais alguns empregados, além de seu atual "fiel escudeiro", o Pedrinho.

Caso ele não faça isso, é bem provável que seu negócio não cresça da maneira desejada. A boa da verdade é que alguns negócios precisam investir mais que outros para crescer, porém, no geral, para qualquer negócio crescer é preciso **reinvestimento**.

Em **Valuation** assumimos que há duas maneiras de uma empresa investir:

1. necessidade de capital de giro (**NCG**);
2. investimento em capital físico (**CAPEX**).

"Nossa, Mineiro, ainda não entendi! Que história é essa de NCG e CAPEX?"

Vamos abordar essas duas formas da empresa investir em suas atividades de maneira separada, ok?

Primeiro veremos a **necessidade de capital de giro**.

6.1 O capital de giro

Joãozinho sempre mantém um dinheiro em caixa (no "porquinho de moedas" da barraquinha) para **eventuais situações corriqueiras**.

Por vezes ele precisa comprar mais salsichas e pães para atender uma demanda maior que a prevista (mais pessoas querendo seus excelentes cachorros-quentes), em outros momentos necessita comprar mais milho quando falta, e ainda vez ou outra tem despesas emergenciais, como quando o Pedrinho pede algum dinheiro adiantado ou há alguma conta que precise ser paga o mais rapidamente possível.

Esse dinheiro que está "sempre girando", com despesas do dia a dia da empresa é chamado de **capital de giro**.

Agora, preste atenção numa coisa: se o Joãozinho aumentar o número de barraquinhas de cachorro-quente, ou seja, se ele expandir os seus negócios, é bem provável que o seu capital de giro tenha de aumentar.

Com mais barraquinhas, é bastante óbvio que haverá maior necessidade de dinheiro em caixa para **despesas do dia a dia** e, consequentemente, maior será a necessidade de capital de giro.

> "Mas um aumento na necessidade de capital de giro é um investimento, Mineiro?"

Sim! Um aumento da produtividade da empresa normalmente leva a maiores gastos corriqueiros do dia a dia. Consequentemente, um investimento em maior produtividade leva a mais dinheiro destinado ao capital de giro.

Um investimento maior em capital de giro acaba gerando maior segurança para a continuidade dos negócios da empresa.

"Como assim segurança, Mineiro?"

Com mais dinheiro sendo utilizado para as despesas do dia a dia, mais difícil será que alguns **gastos emergenciais** (como algum problema que surgiu no curto prazo) surpreendam os administradores.

Vamos supor que o Joãozinho teve alguns problemas com salsichas estragadas. Ele sem querer deixou as salsichas fora da geladeira por muito tempo. Com esse problema inesperado, será necessário comprar salsichas de última hora para utilizar na barraquinha neste dia bonito de domingo, em que tantas pessoas estão loucas para degustar um cachorro-quente e tomar um refrigerante na feirinha.

Se Joãozinho tiver mais capital de giro, ele não perderá a oportunidade de comprar mais salsichas de última hora e lucrar com um bom dia de feira.

A lógica é semelhante para as empresas em Bolsa.

Com um capital de giro maior, as empresas têm maior segurança de que as suas atividades (de venda de produtos ou serviços) continuarão ocorrendo normalmente.

Mas...

Como calcular o capital de giro? Na verdade, há várias formas, desde algumas maneiras mais simples, até algumas maneiras mais sofisticadas.

Eu utilizo na nossa Supertabela uma maneira mais sofisticada. No entanto, faço isso porque a planilha faz os cálculos automaticamente.

Ao preencher o Balanço Patrimonial, todos os dados são preenchidos também na planilha da necessidade de capital de giro (NCG).

Vou então passar a você como é a fórmula que utilizo para calcular a NCG:

Ativo Circulante

– Caixa e Equivalentes

– Aplicações Financeiras de Curto Prazo

+ Contas da Receber de longo prazo

– Passivo Circulante

+ Empréstimos de curto prazo

+ Dividendos a pagar

NCG do período

Agora, vou lhe mostrar porque a fórmula se dá desta maneira!

Lembra-se do ativo circulante?

Nós tratamos dele lá atrás, no capítulo sobre o Balanço Patrimonial.

O ativo circulante representa todas as contas do ativo que possuem liquidez em até 1 ano. Ou seja, liquidez mais imediata.

O que eu quero dizer com liquidez de até 1 ano?

É o valor que já está ou que ainda entrará na conta da empresa em até 1 ano.

Quanto mais líquido é um bem ou direito que a empresa possui, mais fácil é transformá-lo em "dinheiro na mão".

Transformar um cachorro-quente em dinheiro é bem mais fácil para Joãozinho (basta vendê-lo) que transformar a sua chapa de fritar hambúrgueres em dinheiro (será mais complicado achar alguém que compra uma chapa dessas em vez de um cachorro-quente na feira).

Então, no ativo circulante estão as contas que possuem maior **facilidade** de serem transformadas em **caixa** (ou "grana no bolso"). E o mesmo vale para o **passivo circulante**.

Quanto mais próximo a empresa estiver de ter de "tirar dinheiro do próprio bolso" para pagar alguém, mais líquido é o meu passivo.

No passivo circulante estão as obrigações com vencimento em até 1 ano (aquelas que precisam ser pagas até este prazo).

O capital de giro possui uma equação anda mais simples que aquela que mostrei anteriormente. Porém, não a utilizamos porque pode acabar contendo algum excesso de simplicidade que pode vir a atrapalhar.

Mas (para fins didáticos) ela seria assim:

NCG = ativo circulante - passivo circulante

Perceba que o capital de giro serve justamente para pagarmos as despesas corriqueiras, ditas de "curto prazo". O ativo circulante é o "dinheiro na mão" da empresa e o passivo circulante as contas que a empresa tem de pagar "logo".

Ou seja, se assumirmos que o ativo circulante necessariamente precisa pagar as contas que têm de ser pagas "rápido", precisamos subtrair este valor do ativo circulante.

É como se a empresa dissesse assim:

"Olha, este dinheiro já está comprometido, ele precisa pagar aquelas contas que já vão vencer, senão teremos problemas (experimente, por exemplo, não pagar a conta de luz para ver se não cortam a sua energia)."

Mas o mais comum é que sobre algum dinheiro! E esse dinheiro que sobra, ou, ainda, este dinheiro que não está "comprometido" para o pagamento das contas que logo vencerão, é o que chamamos de **capital de giro!**

Talvez você esteja pensando agora:

"Hum, agora sim eu entendi! O capital de giro é o dinheiro 'na mão' que não está comprometido e assim serve para manter o dia a dia da empresa. Seria aquele dinheiro do cafezinho dos empregados, da compra de mais estoque, de um gasto ali e outro aqui."

Exatamente isso! E à medida que as empresas vão crescendo, esses gastos vão aumentando.

Agora, olha isso: nem todas as contas do ativo circulante e passivo circulante pertencem à fórmula da necessidade de capital de giro.

Na verdade, temos de considerar apenas o que chamamos de **ativo circulante operacional** e **passivo circulante operacional**.

"Uai, mas como funciona isso, Mineiro?" Vamos relembrar nossa fórmula da NCG:

+ Ativo Circulante

− Caixa e Equivalentes

− Aplicações Financeiras de Curto Prazo

+ Contas da Receber de Longo Prazo

− Passivo Circulante

+ Empréstimos de Curto Prazo

+ Dividendos a Pagar

NCG do período

A ideia é a seguinte:

O **ativo circulante operacional** é o ativo circulante sem o caixa e aplicações de curto prazo. Ou seja, leva em consideração principalmente as contas **Estoque** e **Contas a Receber**.

Já o **passivo circulante operacional** é aquele que não considera os empréstimos de dinheiro de curto prazo e dividendos a pagar.

Quando o ativo circulante operacional aumenta mais que o passivo circulante operacional, ou seja, quando principalmente as contas **Estoque** e **Contas a Receber** aumentam mais que as **Contas a Pagar** (principalmente relativas ao pagamento de **fornecedores**) no passivo circulante, nós temos um aumento da NCG.

Vamos levar o exemplo para a Barraquinha de Joãozinho. Imagine que uma série de clientes do Joãozinho virem para ele e digam o seguinte: "Olha Joãozinho, não posso pagar pelos cachorros-quentes e hambúrgueres que consumi, por isso vou pagar daqui a alguns meses."

E que, além dos seus clientes demorarem mais a pagar, Joãozinho ainda tenha comprado mais **estoque** de salsichas, hambúrgueres e pães.

A situação é esta:

Além de Joãozinho não ter recebido o dinheiro de boa parte de seus clientes ainda, há uma boa quantidade de estoque em sua empresa que não foi transformada em dinheiro também.

Agora, se dissermos que, além disso, as suas contas a pagar de curto prazo aos fornecedores de salsicha e pães (o local onde Joãozinho compra sua matéria-prima é o mercadinho da cidade) diminuíram, veremos que a NCG da empresa de Joãozinho crescerá.

O raciocínio é o de que, se as contas a pagar de curto prazo diminuíram, isso significa que Joãozinho está **pagando suas contas "rápido demais"**, antes mesmo que receba o dinheiro pela venda de seus cachorros-quentes e hambúrgueres.

Veja bem:

- **O ESTOQUE dele aumentou =** isso significa maior quantidade de mercadorias que ainda não foram transformadas em dinheiro "no bolso" da empresa.
- **As CONTAS A RECEBER aumentaram =** isso significa que há mais pessoas devendo dinheiro à empresa, ou seja, é dinheiro que também não entrou "no bolso" da companhia.
- **As CONTAS A PAGAR diminuíram =** a empresa está pagando mais "rápido" os seus fornecedores, fazendo com que o dinheiro saia "do bolso" da empresa.

Então, em resumo, fica assim:

Se a empresa está demorando mais a receber e pagando mais rápido as suas contas, nada mais óbvio do que o fato de que ela precisará de **mais dinheiro para cobrir as despesas de suas atividades.**

"Entendi, Mineiro! Mas por que as dívidas com empréstimos não entram no passivo circulante operacional?"

O valor do dinheiro reinvestido na NCG diminui o "dinheiro que sobra" (fluxos de caixa futuros) para os donos da empresa. E o "peso" da dívida nessa redução do "dinheiro que sobra" já é considerado na nossa taxa de desconto. Lembra do custo de capital de terceiros?

Pois é, ali naquele custo de capital de terceiros já está capturado o efeito das dívidas no nosso modelo de **Valuation**. Então não precisamos contar com esse "peso das dívidas" novamente.

Além do mais, as dívidas financeiras não estão envolvidas diretamente com as operações da companhia.

"E o Caixa e Aplicações? Por que não entram?"

Nós também mediremos o efeito deles de forma separada no **Valuation** (irei mostrar mais adiante como se faz). Além disso, o Caixa é nada mais que o "dinheiro que a empresa tem no bolso", o caixa não está envolvido com as operações da empresa.

Joãozinho, ao vender seus cachorros-quentes tem um lucro sobre esta venda, certo?!

Se você tentar "vender dinheiro", o máximo que conseguirá é a mesma quantidade de dinheiro que já tinha em mãos. Ninguém vai trocar a sua nota de R$50,00 por uma de R$100,00.

Ou seja, "vender dinheiro" não dá lucro, mas vender cachorros-quentes, sim. Dinheiro também não "fabrica" hambúrgueres (como uma "chapa de fritura") para que sejam vendidos.

O dinheiro em caixa pertence a uma outra categoria, chamada de **ativo não operacional**, pois não está ligado de forma alguma à produção das mercadorias. O próprio **caixa e aplicações de curto prazo da empresa não são considerados ativos geradores de fluxos de caixa** (dinheiro que sobra para os donos).

E como disse anteriormente, o que interessa quando vamos mensurar a NCG são os **ativos** e **passivos circulantes operacionais** (geradores de lucros).

Cabe avisar você aqui que, em determinados períodos, a variação da necessidade de capital de giro pode até mesmo ser negativa. Isso mesmo!

Isso ocorre quando uma empresa consegue diminuir seus estoques e contas a receber e aumentar suas contas a pagar. O que isso em geral significa?

Isso mostra que a empresa está conseguindo postergar os pagamentos aos fornecedores (está conseguindo negociar com eles para "pagar depois") **e ao mesmo tempo está vendendo "rápido" seus produtos, e ainda recebendo bastante dinheiro à vista.**

Este é o mundo ideal para uma empresa! A empresa que consegue vender muito bem seus produtos e receber rapidamente pelas vendas, em geral, pode se dar ao luxo de ter um capital de giro reduzido (investir menos em NCG).

Normalmente isso só acontece em empresas muito grandes dentro de seus setores. E, além disso, em empresas com grandes vantagens competitivas de escala.

São empresas que compram tanta matéria-prima de seus fornecedores, que podem se dar ao luxo de combinar prazos mais estendidos para efetuar seus pagamentos.

Levando para o nosso **exemplo**, seria mais ou menos assim:

> "Joãozinho tem comprado tantas salsichas e pães no mercadinho de Seu Jorge que ele combinou com o dono do estabelecimento que vai pagar por essas salsichas e pães depois (no prazo de 2 meses, por exemplo)."

O dono do mercadinho acabou aceitando, já que Joãozinho é um dos importantes consumidores de produtos de seu estabelecimento, e não pode deixar de vender para ele (boa parte de seu lucro vem dos pedidos de Joãozinho).

Além disso, se as pessoas adoram de verdade os cachorros-quentes e hambúrgueres de Joãozinho (se essas pessoas não encontram outros produtos tão bons por perto), Joãozinho pode "se dar ao luxo" de falar assim:

> "Olha gente, eu não aceito pagamento 'fiado'. Meu produto é tão bom e tão único que, se vocês quiserem comprar, vão ter de pagar à vista."

Isso é o que acontece quando a empresa tem diferenciais competitivos e baixa concorrência. Ela pode simplesmente **impor melhores condições de negociação em benefício dela mesma.**

E qual empresa não quer receber antes e pagar contas depois, não é mesmo?! Nessas condições, é de se esperar que o capital de giro da empresa possa ser diminuído.

Vamos a um exemplo prático da necessidade de capital de giro com números da **Lojas Renner** de 2019 e 2020:

Em **2019**, os números relativos ao capital de giro da Lojas Renner eram os seguintes:

Ativo Circulante = 6,656 bilhões	Caixa e Equivalentes = 1,148 bilhão
Aplicações Financeiras de Curto Prazo = 224 milhões	Passivo Circulante = 4,768 bilhões
Empréstimos de Curto Prazo = 894 milhões	Dividendos a Pagar = 237 milhões
NCG = 1,65 bilhão aproximadamente	

Em **2020** os números, entretanto, eram os seguintes:

Ativo Circulante = 8,897 bilhões	
Caixa e Equivalentes = 2,067 bilhões	
Aplicações Financeiras de Curto Prazo = 606 milhões	Passivo Circulante = 5,633 bilhões
Empréstimos de Curto Prazo = 1,418 bilhão	Dividendos a Pagar = 244 milhões
NCG = 2,254 bilhões aproximadamente	

Repare que houve um aumento de aproximadamente 607 milhões de reais na necessidade de capital de giro da Lojas Renner de um ano para o outro.

Isso provavelmente ocorreu devido aos efeitos da pandemia da Covid-19. Os fornecedores podem ter "apertado" mais a empresa para fazer seus pagamentos, diante da condição de incerteza e/ou a empresa pode ter oferecido melhores condições de crédito aos clientes, como vendas a prazo, para tentar minimizar as perdas num período de vendas baixas.

E essas maiores dificuldades de efetuar vendas no período, podem ter tido como efeito o **aumento** dos estoques.

Há, no entanto, mais um argumento bastante forte:

> A empresa, diante de um cenário de incertezas decidiu **reter mais caixa** como forma de segurança, ou, ainda, para aproveitar a oportunidade de expandir seus negócios quando muitas outras lojas menores do setor de vestuário estavam "fechando suas portas" devido à crise. Ou seja, o aparente aumento súbito da NCG pode apenas ser uma estratégia da empresa diante do cenário que se apresentou.

Sendo assim, é interessante pegar um **período de tempo maior para analisar** quanto em média as empresas destinam para o seu capital de giro, e quanto em média também varia a necessidade de capital de giro.

Um horizonte interessante de se analisar é o período de 7 a 8 anos, e nossa Supertabela fornece isso.

Os números crescentes (ou decrescentes) da variação da NCG vão contando uma "**historinha**" para nós, avaliadores de empresas. Por meio desses números podemos acompanhar a evolução da NCG ao longo do tempo e buscar fazer projeções baseadas neste passado da empresa (ou, ainda, podemos nos basear em outras empresas maiores do setor que tenham um negócio semelhante).

Um número interessante que a nossa Supertabela fornece é a variação da NCG sobre as Receitas.

Como um aumento da necessidade de capital de giro é um reinvestimento da empresa, essa variação pode ser medida em relação ao quanto a empresa fatura com as vendas.

Podemos dizer que determinado percentual das receitas deve ser destinado à NCG. Esse dinheiro que sai das receitas para ser reinvestido na NCG, obviamente diminui o valor da empresa, pois é menos "dinheiro que sobra" para os investidores. Entendeu?

Então se o Joãozinho tem de aumentar mais o seu capital de giro, é mais dinheiro que ele tem de tirar das suas vendas de cachorros-quentes e hambúrgueres para ser destinado a esse investimento em NCG. Ou seja, menos dinheiro sobrando para ele no fim das contas.

Vou fazer aqui mais duas considerações que podem ter faltado sobre a NCG:

> **1.** em geral, os investimentos em NCG não são muito altos, representando um percentual pequeno da receita;

2. na fórmula para encontrar a nossa NCG, nós excluímos também do passivo circulante, além dos empréstimos, os dividendos a pagar. Isso ocorre devido ao fato que esse dinheiro retornará para os acionistas, e não tem qualquer relação com as atividades operacionais da empresa, tal qual a conta fornecedores, contas a receber e estoques.

Após essas considerações, apresento a vocês a planilha de NCG na nossa Supertabela:

NCG	2012	Var.	2013	Var.
Ativo Circulante	R$2.496,89		R$3.001,26	
(Caixa e Equivalentes)	R$683,27		R$801,59	
Aplicações Financeiras de Curto Prazo	R$*		R$*	
Ativo Realizável a LP só Contas a Receber	R$2,04		R$5,25	
Passivo Circ.	-R$1.725,21		-R$1.972,59	
Empréstimos/ Financiamentos (Curto Prazo)	R$670,25		R$725,50	
Dividendos e JSCP a pagar	R$71,40		R$50,70	
Variação NCG	R$832,30	R$226,53	R$1.058,63	R$199,18
Receita			R$4.370,95	
Var. NCG/Receita			5%	

Nessa imagem temos a essência da planilha: descobrir a variação da necessidade de capital de giro da empresa ao longo dos últimos anos.

Como você pode notar, aqui ela não está completa. Temos dados somente até o ano de 2013. Porém, na planilha da Supertabela os dados vão até os últimos 12 meses em relação aos últimos dados lançados pela empresa.

Vamos agora à segunda maneira de uma empresa reinvestir o seu capital: o investimento em **capital físico** ou simplesmente **CAPEX**!

6.2 O que é o CAPEX?

O CAPEX é o investimento que a empresa faz em ativos físicos (e em alguns casos em intangíveis) para que possa continuar expandindo os seus negócios.

> "Não entendi muito bem, Mineiro. Explica!"

Vamos levar para o nosso exemplo da barraquinha de Joãozinho. Pode chegar o momento em que Joãozinho decide investir na expansão da empresa, e, para isso, pode precisar adquirir o que chamamos de "bens imobilizados".

Imobilizados é uma conta que existe dentro do ativo não circulante. Nos imobilizados estão as máquinas equipamentos da empresa, seus terrenos, seus imóveis, sua frota de veículos etc. Perceba que são ativos que duram bastante tempo!

São investimentos mais "fixos", pois são em coisas que em tese vão continuar gerando valor por muito tempo para a empresa. Esses chamados bens imobilizados sofrem ainda o que chamamos de **DEPRECIAÇÃO**.

Guarde isso, porque é muito importante.

> Mas o que seria a tal da depreciação?
> A depreciação nos mostra que estes bens fixos vão perdendo valor com o tempo.

Um carro vai perdendo valor ao longo dos anos, não é verdade?! Uma máquina que uma empresa utiliza também para produção de suas mercadorias tende a se desgastar ao longo dos anos e perder valor.

Imagine a chapa que Joãozinho utiliza para deixar fritar os hambúrgueres. Essa chapa, depois que é comprada "novinha em folha" em alguma loja de equipamentos para restaurantes, começa a se deteriorar pelo uso. Pode começar a dar problemas, até o dia em que Joãozinho precisará de comprar outra chapa.

A depreciação é justamente uma estimativa do quanto os bens fixos estão perdendo de valor com o tempo.

Vamos ao exemplo da chapa de Joãozinho.

Digamos que ele tenha pago R$2.400,00 na chapa, e que em média uma chapa dura 10 anos sem dar defeito, e temos de comprar outra. Queremos calcular aqui, em média, quanto esta chapa perde de valor por mês.

Quantos meses há em 10 anos?

12 meses vezes 10 anos = 120 meses

Dividindo o valor pago na chapa (R$2.400,00) por 120 meses de durabilidade que a mesma possui, nós temos:

2400 / 120 = 20 reais

Isso quer dizer que, a cada mês que passa, temos de considerar que a chapa de Joãozinho está perdendo 20 reais de valor. Porém, perceba uma coisa:

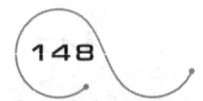

Este dinheiro está saindo do bolso de Joãozinho?

Não, não está! Porém... Imagina-se que Joãozinho um dia terá de comprar outra chapa.

No fim das contas, apesar de a depreciação não representar a saída de dinheiro "do bolso" da empresa, **em algum momento estes gastos serão inevitáveis.**

Em resumo é: "Nenhuma empresa quer ficar só com coisa velha e que não funciona mais." Toda empresa precisa investir em ativos imobilizados (ou "fixos"). Desde a barraquinha do Joãozinho até a Lojas Renner.

Mas e então, como descobrir o quanto uma empresa gastou com CAPEX num ano?

Não é nada de outro mundo! Vejamos:

> Lembra que existe aquela conta chamada Imobilizado no ativo não circulante? Então...

A primeira coisa é que nós precisamos ver qual é a diferença de valores entre um ano e o outro nessa conta.

Vamos a um **exemplo** na empresa de Joãozinho:

> Digamos que ao final de 2020 a empresa de Joãozinho possuía os seguintes ativos imobilizados:

1. chapa = R$2.400,00;

2. barraquinha = R$1.000,00;

3. móveis e utensílios = R$200,00.

Fora isso, há uma depreciação acumulada de, digamos, R$400,00. Essa conta chamada **depreciação acumulada** diminui o valor dos ativos imobilizados no Balanço Patrimonial. Então, no ativo imobilizado temos um total de: R$2.400,00 + R$1.000,00 + R$200,00 – R$400,00 = R$3.200,00.

Imagine que em 2021 Joãozinho expandiu sua empresa: comprou mais uma chapa por R$2.400,00 e uma barraquinha por R$1.000,00, fora mais R$500,00 de alguns utensílios de cozinha.

Agora vamos supor que ao final de 2021 nós temos os seguintes valores nos ativos imobilizados da empresa de Joãozinho:

1. chapa = R$4.800,00;

2. barraquinhas = R$2.000,00;

3. móveis e utensílios = R$700,00.

A depreciação acumulada (desgaste total dos bens imobilizados) no Balanço Patrimonial ao final do período era de R$800,00.

No final de 2021 o valor dos ativos imobilizados somava: R$4.800,00 + R$2.000,00 + R$700,00 – R$800,00 = R$6.700,00.

"Ok, Mineiro, e agora?" Agora é bem simples!

Precisamos encontrar a diferença entre os valores do ativo imobilizado entre 2020 e 2021:

Valor do Imobilizado em 2021 = R$6.700,00

Valor do Imobilizado em 2020 = R$3.200,00

Diferença de valores do Imobilizado =>
6700 - 3200 = R$3.500,00

"E esse é o valor do CAPEX? Os R$3.500,00 reais?"

Não! Ainda não. Este valor é o que chamamos de **investimento líquido**.

A diferença entre o ativo imobilizado de um ano para o outro é chamada de **investimento líquido**.

Para descobrir o CAPEX precisamos adicionar a este valor a depreciação ocorrida naquele período.

Vou explicar!

Lembra que eu falei que a depreciação é o valor de desgaste dos ativos imobilizados, que vão perdendo valor ao longo dos anos? Pois bem, existem duas contas de depreciação.

Uma delas é a **depreciação acumulada** no Balanço Patrimonial, e a outra é a **depreciação** na Demonstração de Resultados do Exercício.

Qual a diferença entre essas duas?

A **depreciação acumulada** no Balanço Patrimonial pega todo o desgaste que o ativo já teve e o acumula!

Simples assim (porém, ainda não expliquei nada, né?! Vamos lá). Então, vamos novamente retornar ao nosso exemplo da chapa que Joãozinho comprou por R$2.400,00.

Não sei se você está lembrado, mas eu disse que a chapa tinha um prazo de validade de 10 anos. Esse prazo de validade antes que o ativo normalmente tenha de ser trocado (no caso comprar uma chapa nova) é chamado de VIDA ÚTIL.

Se a vida útil da chapa que custou R$2.400,00 é de 10 anos, isso significa que em 1 ano a chapa perde 240 reais em termos de valor. Essa é a depreciação do período de 1 ano. Os tais R$240,00. É esse valor que é lançado na DRE como depreciação deste bem ano após ano.

E a depreciação acumulada? Ela é simplesmente o acúmulo desta depreciação que é lançada ano após ano na DRE.

Então, digamos que tenham já se passado 2 anos desde que Joãozinho comprou a chapa para empresa.

Qual será a depreciação acumulada?

Fácil, não é?

Se em cada ano a depreciação (desgaste) do freezer é de R$240,00, a depreciação acumulada (no Balanço Patrimonial) após 2 anos é de R$480,00 (240 + 240)!

A depreciação anual é aquela lançada como uma despesa na DRE.

Mas veja uma coisa...

A depreciação anual representa ou não uma saída de dinheiro da empresa?

Não, não representa.

Então, essa depreciação tem de ser somada de volta ao investimento líquido para sabermos o investimento em ativos fixos (CAPEX) do período.

Ou seja, precisamos tirar o efeito da depreciação para conhecer a real quantidade de dinheiro que a empresa gastou com ativos fixos. Vamos então voltar ao nosso exemplo da barraquinha de Joãozinho.

Nós vimos que o investimento líquido foi de R$3.500,00. A depreciação do período lançada na DRE foi de R$400,000. Lembre-se: esta é a depreciação anual, e não a depreciação acumulada.

Isso quer dizer que o **CAPEX** (investimentos em ativos fixos) da empresa de Joãozinho em 2021 foi de:

R$3.500,00 + R$400,00 = R$3.900,00.

"Nossa, Mineiro! Agora eu entendi!!! Esse foi o investimento que ele fez na compra da nova chapa, da nova barraquinha, e de mais móveis e utensílios."

Exatamente!

Para descobrirmos este valor precisamos efetuar aqueles cálculos que fizemos anteriormente. Imagina ter de pegar todas as contas de uma empresa que faz centenas de compras todos os dias e somar para descobrir o CAPEX?!

É muito mais fácil descobrir assim, utilizando somente os dados contábeis da depreciação anual e do valor do imobilizado.

E o melhor de tudo: nossa Supertabela faz todos esses cálculos, tudo no automático. Basta colocar os dados no Balanço Patrimonial e na DRE como já fizemos anteriormente.

Veja como é a planilha do CAPEX na nossa Supertabela da Mineiro:

Variação do CAPEX	2012 (R$)	Var.	2013 (R$)	Var.	2014 (R$)	Var.
Depreciação	132,95	26%	167,44	27%	212,73	24%
Ativo Imobilizado e Intangível	1.102,00	283,18	1.385,55	240,72	1.626,27	339,27
CAPEX			450,62		453,45	
CAPEX/Depreciação			2,69		2,13	

Os dados são preenchidos automaticamente, e assim como acontece na NCG, eles vão nos contando uma **"historinha"** da evolução dos gastos da empresa com ativos fixos (o CAPEX). Assim como na tabela NCG de exemplo em nosso livro, os dados mostrados só foram até 2013, porém, em nossa Supertabela temos dados até os últimos 12 meses. Mais uma vez, o exemplo aqui é meramente ilustrativo.

Esses dados serão bastante importantes quando projetarmos os investimentos necessários que a empresa precisa fazer no futuro para que se mantenha crescendo.

A pergunta que lhe faço é: A empresa de Joãozinho teria como continuar crescendo muito mais se não comprasse ao menos mais uma barraquinha, ou uma nova chapa?

Muito provavelmente não.

E assim é com a maioria das empresas. Elas precisam investir em novas fábricas, em novos estabelecimentos, em mais máquinas e equipamentos, caso queiram crescer.

A Lojas Renner, dos nossos exemplos anteriores, gastou até 2021, em média nos últimos 4 anos, mais do que duas vezes a depreciação com seus investimentos em ativos fixos (o CAPEX).

Isso mostra que tem investido bem mais que o necessário para manter a empresa no mesmo nível de tamanho em que se encontra!

As despesas com depreciação são em tese os gastos necessários para se manter a empresa num mesmo padrão (eu disse em tese, ok?).

Dizemos em tese porque, como o preço das coisas tende a subir, é **bem provável que uma empresa venha a gastar mais para manter seus padrões.**

E, além disso, um determinado ativo fixo pode durar bem menos ou mais que o período de vida útil utilizado para depreciação. Mas mesmo assim, o CAPEX em relação à depreciação é o melhor parâmetro para saber se a empresa tem investido realmente em expansão.

E esse é realmente o caso da Lojas Renner. Veja os dados:

Depreciação / Receita do último ano	**8,25%**
Média Capex / Depreciação (5 períodos)	**2,03**
Crescimento médio % da Depreciação (4 períodos)	**36%**

Além do investimento em CAPEX muito maior que o valor de depreciação anual, há um crescimento médio acelerado da depreciação nos últimos 4 anos.

Isso se deveu em grande parte a algumas mudanças nas regras da contabilidade para a classificação de ativos, o **IFRS 16** que trata de arrendamentos mercantis (não vou adentrar este assunto, pois é mais específico, tratamos dele em nossa comunidade de **Valuation**), mas se formos analisar os últimos 10 anos da empresa é ainda notável o crescimento anual da depreciação.

O que um aumento gradativo da depreciação nos informa?

Uma empresa com maiores despesas de depreciação é uma empresa que tem mais ativos fixos normalmente.

A evolução da depreciação é um indicativo de expansão das atividades da empresa.

Ora, com duas chapas, duas barraquinhas e mais utensílios de cozinha é claro que Joãozinho conseguirá aumentar sua produção de cachorros-quentes e hambúrgueres. A depreciação consequentemente crescerá junto.

Neste momento é fundamental apresentarmos outro tipo de investimento em ativos fixos que não diz respeito ao imobilizado, mas sim a ativos que "não podemos tocar". Estou falando dos chamados **Intangíveis!**

Investimento em "Intangível Fixo"

Neste momento você talvez esteja se perguntando: "O que quer dizer esse tal de Intangível?"

Falei em alguns capítulos anteriores o que significa ativo intangível, mas vamos recapitular. Pode ser que uma empresa possua alguns ativos que não podem ser tocados, mas que mesmo assim são potenciais geradores de dinheiro para a empresa.

Quer alguns exemplos?

Uma empresa pode adquirir a **licença** para utilizar uma **marca** registrada, e essa marca é valiosa de tal forma que faz com que a empresa venda mais produtos.

A empresa pode adquirir também **direitos autorais** para utilização de imagens e sons.

Outro exemplo de intangível é o **direito de uso** de softwares de informática (programas de computador) nas suas atividades administrativas.

E ainda podemos citar o chamado *Goodwill*, que é um **ágio** sobre aquisição de uma outra companhia (um valor a mais que a empresa pode pagar ao adquirir outra).

Falando um pouquinho mais sobre *Goodwill*, vamos falar da barraquinha de Joãozinho.

Imagine que Joãozinho queira comprar outra barraquinha de um concorrente. Esse concorrente tem uma barraquinha que vende excelentes cachorros-quentes gourmet. Como Joãozinho também é desse ramo de "alimentos", ele decide comprar a empresa do concorrente.

Então ele dá uma olhada no que essa empresa concorrente possui. Ele vê que a empresa tem uma barraquinha, algumas salsichas no estoque, um botijão de gás e utensílios de cozinha.

Joãozinho calculou que tudo isso está valendo por volta de R$3.000,00. Só que essa empresa que ele vai comprar tem algumas dívidas e outras obrigações também. Elas somam por volta de R$1.000,00.

Com isso, o valor restante da empresa dá R$2.000,00.

A este valor damos o nome de valor patrimonial!

O **valor patrimonial** de uma empresa nada mais é do que os seus ativos menos todas os seus passivos.

Lembra daquela equação fundamental do Balanço Patrimonial?

Ativo = Passivo + Patrimônio Líquido

O valor patrimonial (também chamado de valor contábil da empresa) é o **valor do patrimônio líquido.**

Porém, o concorrente diz para Joãozinho o seguinte:

> "Olha Joãozinho, eu não vou vender a minha empresa para você pelo valor de R$2.000,00 porque, além desse valor patrimonial que estou lhe passando, você ainda vai ficar com a minha marca (a Hot Gourmet) e com todos os meus clientes fiéis. Por isso vou vender para você por R$3.500,00 a minha empresa."

Após pensar um pouco Joãozinho diz: "Eu aceito, meu amigo."

Então, ao comprar a empresa de seu concorrente por R$3.500,00, ou seja, R$1.500,00 a mais que os R$2.000,00 que representam o Valor Patrimonial do negócio (Ativos - Passivos), Joãozinho tem de reconhecer um ativo intangível de justamente R$1.500,00 no Balanço Patrimonial de sua empresa chamado **Goodwill** ou ágio.

Esse é o valor a mais que ele pagou para obter todos os benefícios intangíveis não lançados no Balanço Patrimonial (no caso a marca e a lista de clientes) do negócio de seu concorrente.

Agora preciso passar a você um conceito semelhante ao de depreciação. Estou falando do conceito de **AMORTIZAÇÃO**.

Amortização

A amortização também é uma espécie de desgaste do valor de um ativo com o tempo, mas nesse caso não é um bem físico (como um carro ou uma geladeira), mas sim de um bem intangível (como um software ou o direito de uso de alguma marca).

Se o intangível tem um **prazo de validade**, nós dizemos que ele pode ser **amortizado**. Ou seja, dessa forma ele perde valor com o tempo. Digamos que Joãozinho comprou o direito de usar por 5 anos determinada marca conhecida na cidade para seus cachorros-quentes.

Vamos supor que ele pagou R$1.200,00 nesse direito de usar a marca por 5 anos.

Assim, 5 anos dão 60 meses (5 x 12 = 60). Qual será a amortização mensal (desgaste mensal) desse direito de uso de marca?

É bem simples:

R$1.200,00 / 60 = R$20,00.

O direito de uso sofre uma amortização mensal (que diminui seu valor) de R$20,00 ao mês.

Repare que é o mesmo raciocínio da depreciação.

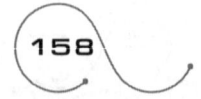

Em algum momento, assim como Joãozinho precisará comprar uma nova chapa e utensílios de cozinha após estarem muito gastos, também terá de adquirir um novo direito de uso da marca (caso queira continuar a utilizando).

Essa marca (ativo intangível) também gera valor para empresa (ajudando a efetuar mais vendas), porém perceba que é mais difícil mensurar esse valor gerado.

É difícil definir o poder que uma marca, ou uma lista de clientes, ou mesmo o direito de uso de um software, têm de gerar melhores resultados para uma empresa!

Mas...

Podemos mensurar o quanto esse "bolo de ativos" gera de valor.

Podemos somar os investimentos em intangíveis com os investimentos em imobilizados para o cálculo do nosso CAPEX, e é exatamente isso que a nossa Supertabela faz.

Assim temos uma visão melhor de quanto a empresa está realmente investindo, e ainda do real potencial da empresa de crescer.

Crescimento é inclusive o tema de nosso próximo capítulo.

Empresa que não reinveste não cresce. Investimento em ativos fixos (CAPEX) e em capital de giro (NCG) são essenciais para a expansão de uma empresa.

Vamos então, a partir de agora falar sobre *GROWTH* (ou crescimento).

7

Crescimento: Até que ponto um negócio pode chegar

Até que ponto uma empresa pode crescer?

O que pode impedir que uma empresa se expanda?

O negócio no qual você está investindo tem potencial de crescer ainda muito mais?

Neste capítulo estudaremos a fundo um dos temas mais vastos e importantes do **Valuation**: o crescimento!

Quando falamos de crescimento é inevitável não nos lembrarmos de empresas como Apple, Coca-Cola, Google, entre inúmeras outras, que saíram da casa dos milhões de dólares de valor de mercado, para a casa das centenas de bilhões de dólares.

Esses casos de sucesso alimentam muitas vezes as nossas expectativas, que esperamos ver nosso capital multiplicar na Bolsa de Valores. Mas aqui, como educador financeiro, tenho o papel de alertar a você que casos assim são raríssimos.

O "crescimento esperado" em **Valuation** tem um papel fundamental para descobrirmos o valor justo de uma empresa. O crescimento é uma das premissas mais importantes na nossa avaliação de empresas. Vimos lá atrás o que são premissas. Elas são aqueles julgamentos que fazemos em nosso **Valuation**.

No caso do crescimento, por exemplo, podemos julgar que uma empresa irá crescer suas receitas em 40% no próximo ano, como também podemos julgar que este crescimento será de 20%.

Termos boas premissas de julgamento é fundamental para uma boa avaliação de empresas. Sabendo disso, é importante que você saiba fundamentar bem os seus argumentos para o crescimento de um negócio.

No nosso modelo de **Valuation**, temos um passo a passo para definir crescimento e evolução dos fluxos de caixa:

- **1º Passo:** projetar a evolução das receitas.
- **2º Passo:** projetar a evolução das margens de lucros sobre a receita.
- **3º Passo:** projetar o quanto a empresa precisará reinvestir de seus ganhos.

O nosso FCFF de cada ano ("dinheiro que sobra" para os investidores) nada mais é do que:

FCFF = NOPAT + Depreciação - Reinvestimentos

Essa é a **fórmula do FCFF**.

O FCFF, por sua vez, será descontado pelas taxas de desconto trazendo-os a valor presente, e assim teremos o nosso valor justo de firma. Depois, há mais alguns "detalhezinhos" que trabalharemos mais adiante.

Mas, por agora, é importante que você tenha em mente estes conceitos. Vamos a partir deste momento trabalhar com a ideia de crescimento das vendas, ou simplesmente "evolução das receitas com vendas".

É importante que você saiba fundamentar bem os seus argumentos para o crescimento de uma empresa.

Em nosso modelo de **Valuation** de FCD partimos do crescimento das receitas da empresa. **Esse é o primeiro passo.**

Vamos a um exemplo da Barraquinha de Joãozinho:

Digamos que o Joãozinho tenha vendido, no primeiro ano de sua barraquinha, 10 mil reais de cachorros-quentes e hambúrgueres.

Podemos assumir a premissa de que no segundo ano de existência de sua barraquinha suas vendas irão aumentar de R$10.000,00 para R$12.000,00. Isso nos dá um aumento de 20% nas receitas com vendas. Repare só na fórmula para identificarmos o crescimento de um ano para o outro:

Crescimento = (Receita do ano posterior - Receita do ano anterior)
Receita do ano anterior

Temos assim:

(12.000 - 10.000) / 10.000 = 20%

> "Beleza, Mineiro, já vimos o crescimento das vendas da barraquinha do Joãozinho no primeiro ano,
> mas só isso já basta?"

Não... Na verdade, precisamos julgar o crescimento das receitas ao longo de todos os anos de existência da barraquinha (ou quase isso)! Vou explicar:

No **Valuation** queremos descobrir o valor justo de uma empresa, certo?!

E para descobrir este valor justo precisamos descobrir quanto de dinheiro sobra para os donos do negócio.

Nós descontamos este dinheiro que sobra para os donos (fluxos de caixa) por uma taxa de desconto. Nenhuma novidade até aqui, não é?

Trazemos esses fluxos de dinheiro futuro para o dia de hoje, já que estamos julgando se devemos comprar as ações da empresa neste momento.

Só que, para descobrir esse dinheiro que sobra para nós, acionistas, precisamos partir de algum lugar, de uma **origem**.

E qual é a origem normalmente de todo dinheiro que uma empresa ganha?

Suas vendas. É a sua **receita** na DRE (em geral a primeira "linha" daquele demonstrativo que mede o desempenho de uma empresa durante um determinado período)!

No nosso modelo de **Valuation**, utilizaremos a receita de 1 ano inteiro. Por exemplo, a receita de 2021, 2022, 2023, e assim por diante.

Precisamos estimar quanto as receitas crescerão ao longo dos anos, porque elas afetarão diretamente o crescimento dos lucros, em especial daquele que é o mais importante para o nosso modelo: o **NOPAT** (Lucro Operacional depois dos Impostos).

Mas como descobrirmos uma boa premissa para o crescimento das receitas? Agora é que vem o papel de uma boa avaliação.

Existem diversas informações que nos ajudam a determinar o potencial de crescimento das vendas de uma empresa.

Vamos a algumas delas (as informações talvez mais importantes):

1. **Potencial de crescimento do setor**
2. *Market share* **da empresa no setor**
3. **Crescimento das receitas da empresa nos últimos anos**
4. **Ameaça de novos concorrentes**

Crescimento: Até que ponto um negócio pode chegar

5. Vantagens competitivas da empresa
6. Quem são e qual é a visão dos manda-chuvas
7. Drivers de crescimento

Gostaria agora de tratar de cada uma dessas questões! Elas são bastante importantes quando queremos definir o crescimento de uma empresa, e para isso vou dar alguns exemplos.

Potencial de crescimento do segmento

Vamos a um exemplo bastante claro para facilitar a sua compreensão aqui.

Imagine que só exista uma cidade no país, e que esta é a cidade do Joãozinho, a qual possui 200 mil habitantes!

A empresa do Joãozinho de barraquinha de cachorros-quentes é uma das únicas na cidade. Vamos supor ainda que só existem mais dois lugares na cidade em que são vendidos cachorros-quentes.

Ou seja, são apenas três estabelecimentos para um público de 200 mil habitantes dessa cidade.

Desde crianças a idosos podem degustar os incríveis cachorros-quentes da barraquinha de Joãozinho, o público-alvo dos produtos da barraquinha é bem amplo.

> E acredite: muitas pessoas nessa cidade adoram cachorro-quente!

Será que o segmento de cachorro-quente pode crescer ainda mais na cidade?

Olha, de acordo com essas informações, de que há um grande público-alvo apto a consumir e que ao mesmo tempo há poucos estabelecimentos vendendo estes produtos, é de se imaginar que sim, o segmento pode crescer ainda muito mais!

É óbvio que é difícil imaginar uma cidade de 200 mil habitantes em que só haja três lugares que vendam cachorro-quente, mas o exemplo é meramente ilustrativo.

O que realmente quero mostrar a você é que, dependendo do potencial de crescimento de um segmento, as empresas podem "surfar essa onda".

O Joãozinho, ao identificar que muitas pessoas querem o seu produto, e que não há muitos lugares onde estes produtos podem ser encontrados, pode decidir criar novos estabelecimentos, satisfazendo assim a necessidade de muitas pessoas ávidas por cachorro-quente nessa cidade de 200 mil habitantes.

E ao mesmo tempo que isso acontece, ele pode aumentar as suas vendas! Ao **aumentar suas vendas**, é muito provável que suas receitas e lucros aumentem junto. Obviamente tudo dependerá do sucesso de suas barraquinhas em outros pontos da cidade.

Mas tudo indica que se o segmento em que Joãozinho atua tem muito **potencial de crescimento**, as vendas de sua empresa irão aumentar bastante. O mesmo vale para as empresas no geral. Existem alguns setores que possuem um grande potencial de crescimento, pois são **mercados** ainda **pouco maduros e inexplorados**.

Nesse caso, a barraquinha de Joãozinho está num setor inexplorado em sua cidade. Há poucos estabelecimentos que oferecem os produtos que ele oferece, e ao mesmo tempo há um público que deseja bastante estes produtos.

Há uma interessante **"avenida de crescimento do setor"** na economia da cidade de Joãozinho.

Mas só o segmento estar em expansão não é o suficiente para uma empresa crescer. E nem sempre o fato de uma empresa estar num setor que não está crescendo fará com que uma empresa também não cresça.

Empresas podem crescer e fazer um estrondoso sucesso até mesmo em setores consolidados (que já não crescem tanto mais), contanto que possuam algum **diferencial** ou ainda uma menor **participação de mercado**, como veremos mais em frente.

Market share

Market share significa "**participação de mercado**" em bom português.

O *market share* é justamente a **fatia do bolo** das receitas que uma empresa possui em determinado segmento. Vamos de novo remontar ao caso da barraquinha de Joãozinho para entendermos melhor isso.

Imagine que na cidade de Joãozinho existam três estabelecimentos do setor de cachorro-quente (como bem já disse antes).

A receita de vendas da barraquinha de Joãozinho somou R$10.000,00 no último ano. A receita dos outros dois estabelecimentos foi de R$20.000,00 cada. Ou seja, a receita total do setor no último ano nessa cidade foi de: 20 mil + 20 mil + 10 mil = 50 mil reais.

Qual será o *market share* da barraquinha de Joãozinho? O *market share* de sua empresa foi de: 10 mil / 50 mil = 20%.

Isso quer dizer que para cada 10 reais faturados pela venda de cachorro-quente em estabelecimentos desse tipo, R$2,00 foram faturados pela barraquinha de Joãozinho. E caso ele queira aumentar o *market share* de sua empresa, é bem provável que tenha de abrir novas barraquinhas.

Vamos imaginar agora dois diferentes contextos para o setor de barraquinhas de cachorro-quente na cidade de Joãozinho:

1. No primeiro contexto eu quero que você imagine que o setor de cachorro-quente na cidade possui mais de 200 estabelecimentos, e que cada um desses estabelecimentos seja de um dono diferente! Suponha ainda que nenhum desses estabelecimentos vende muito mais que o outro. Não tem nenhuma barraquinha de sucos naturais que tenha participação de pelo menos 5% nas receitas com vendas de todo o setor.

Perceba que temos uma concorrência grande (de muitas empresas no setor), porém este é um segmento que chamamos de **FRAGMENTADO**. Ou seja, temos poucas ou nenhuma empresa com um *market share* elevado no setor.

Não temos, por exemplo, nenhuma empresa com mais do que 10% de *market share*. Quando existe esse tipo de situação, caso apareça uma **empresa com uma marca famosa** de cachorro-quente na cidade chamada "Hot Dogão", é bem provável que ela comece a se destacar bastante.

Eis o que acontece: exatamente por ser uma empresa com uma **marca conhecida** e cujo **produto já foi amplamente testado e aprovado** por consumidores nas mais diversas cidades, é bem provável que as pessoas comecem a perceber essa **qualidade**.

Fora isso, a "Hot Dogão" do nosso exemplo, por ser uma grande empresa, com uma marca reconhecida, é capaz de investir mais, em equipamentos melhores e pessoal qualificado. Isso traz uma vantagem a ela, já que sua produção é mais eficiente, mais barata e seus produtos são melhores.

Ou seja, a **"Hot Dogão"** tem tudo para se tornar aquela empresa de **destaque** na cidade de Joãozinho, onde não há nenhuma empresa que domina o setor.

É bem provável que o *market share* da "Hot Dogão" se torne bem alto. Digamos que pode chegar a 20% das receitas com vendas do setor em apenas 2 anos.

Agora, vamos ver o outro contexto:

2. Imagine novamente que na cidade Joãozinho existam 200 estabelecimentos.

Só que, em vez de pertencerem a donos diferentes, vários deles pertençam aos mesmos donos.

Suponha que há 5 donos que "dominam a parada". Cada empresa desses 5 donos possui 18% do *market share*. Ou seja, só as empresas desses 5 donos possuem 90% do *market share*.

Os 10% restantes de participação de mercado são divididos entre outros mais de 50 donos de estabelecimentos pequenos. Perceba que agora a coisa muda um pouco de figura.

Se a "Hot Dogão" quiser entrar para competir na cidade e **"roubar"** alguns **clientes** da concorrência, é bem provável que venha a ter mais dificuldades, já que há empresas maiores que dominam o mercado.

Vamos supor que essas **empresas** sejam bastante **conhecidas** na cidade e já tenham uma clientela fiel, que adora os seus produtos. Certamente não vai ser tão fácil para a "Hot Dogão". Não tem como a empresa chegar "chutando a porta da concorrência".

O mais provável é que demore alguns bons anos para a empresa chegar ao nível de possuir pelo menos 10% de *market share*, digamos.

Ela terá de mostrar muito mais **diferencial** para seduzir seu público.

A reflexão sobre crescimento e setores

A reflexão que eu quero que você faça então é a seguinte:

Há duas maneiras principais de uma empresa crescer tendo em vista o setor em que atua:

A primeira maneira é acompanhar o crescimento do setor como um todo, que pode estar em franca expansão. Quando temos esse tipo de situação, dizemos que o setor é **subpenetrado**, ou seja, **pouco explorado** ainda. Há uma vasta **"avenida de crescimento"** para esses setores.

Isso é muito comum em setores de empresas de tecnologia que oferecem produtos inovadores e pouco conhecidos do público (há todo um mercado a ser explorado).

A segunda maneira de crescimento envolvendo a análise setorial é que a empresa pode crescer em participação de mercado dentro de um **setor consolidado**, o qual não cresce mais tanto.

Por exemplo, o setor de vestuário em que a Lojas Renner, empresa a qual utilizamos em alguns exemplos anteriores de outros capítulos, atua (quase toda cidade tem uma loja de roupas em cada esquina do centro).

Para isso, a empresa precisa ter algum diferencial. E de preferência é interessante também que o setor em que a empresa atua seja mais **fragmentado** (sem algumas empresas maiores que dominam o cenário).

Nós falaremos mais adiante sobre os **diferenciais competitivos**, ou melhor dizendo, vantagens competitivas. Então guarde isso até aqui: *market share* da empresa no setor e a penetração de mercado do mesmo são essenciais para avaliarmos o **potencial** de crescimento das empresas.

Crescimento histórico das receitas

Em **Valuation**, os resultados históricos que uma empresa obteve ao longo dos anos é bastante útil para entendermos em qual patamar de crescimento ela se encontra.

Será que os dias de glória de crescimento acelerado já passaram? Ou será que a empresa ainda tem uma vasta avenida de crescimento pela frente? É óbvio que "resultados passados não garantem resultados futuros".

Os **resultados históricos** das receitas não são suficientes para dizermos que uma empresa irá ou não manter o mesmo nível num futuro.

Porém, estes dados nos ajudam na análise. Por meio deles podemos verificar se o crescimento tem sido acelerado ou não. **Isso nos dá pistas!**

O que seria então um crescimento acelerado? Olha, por conveniência, chamamos de crescimento acelerado aquele que é um *"DOUBLE DIGIT"* (crescimento de dois dígitos).

Seria o caso, por exemplo, de uma empresa que vem crescendo em média mais 10% ou mais ao longo dos últimos anos. Então, se a empresa do Joãozinho vem crescendo em média 20% ao ano, dizemos que o crescimento do empreendimento tem sido **acelerado**.

Já se, em média, a empresa dele vinha crescendo algo em torno de 5% ao ano, podemos dizer que o crescimento já não é mais tão acelerado. Porém...

Como disse, isso pode não significar nada. Já que grandes empresas no passado passaram por certos períodos de estagnação, e isso não as impediu de no futuro acabarem se tornando várias vezes maiores do que já eram.

No entanto, tudo isso depende do **contexto**. Por exemplo: se uma empresa está num setor já bastante consolidado, e ainda no qual ela já possui um enorme *market share* (digamos de 70%), é difícil cravarmos que a empresa irá dobrar de tamanho em pouco tempo.

> **Nessa situação fica bem claro que o crescimento tende a ser lento.**

Veja que, para sabermos ao certo se este crescimento tende a ser lento ou não, precisamos de mais algumas informações, além dos dados sobre o crescimento histórico de receitas do setor.

Precisamos saber a **participação de mercado** da empresa, entendermos a consolidação do setor, a qualidade e visão dos gestores, e até mesmo procurar saber quais são os fatores que poderiam fazer com que o setor crescesse (**drivers de crescimento**).

Guarde então isso: os dados sobre o crescimento histórico das receitas são importantes, mas tão importantes quanto (ou ainda mais importante) são as **perspectivas futuras** sobre a empresa e o setor em que ela atua.

Ameaça de novos concorrentes

Se tem algo que pode reduzir receitas e/ou a lucratividade das empresas de um setor é a **concorrência**.

Imagine que os negócios de Joãozinho estejam indo superbem, mas que comecem a "pipocar" empresas concorrentes.

Com isso, para se diferenciar, Joãozinho tenta diminuir o preço que cobra em seus cachorros-quentes. Ele quer **atrair mais fregueses**. Seus concorrentes acabam fazendo o mesmo.

Suas receitas e lucros começam a cair, e Joãozinho começa a ter a sensação de que "nada será como era antes". Óbvio que, por si só, a concorrência não necessariamente tem o poder de diminuir as receitas de uma empresa.

Isso acontece porque ela pode estar num setor que ainda tem um grande mercado **inexplorado**, ou, ainda, pode ser uma empresa com grandes diferenciais competitivos que façam com que ela se destaque das outras empresas.

Mas o fato é que novos concorrentes tendem a serem nocivos para um negócio.

Existem setores nos quais é mais difícil de se entrar, e outros nos quais qualquer um pode sair imitando o concorrente e consequentemente ganhar novos clientes.

Produzir cachorro-quente é algo simples?

Sim. Não é algo **difícil** de ser feito ou **imitado** pelas concorrentes. Mas se uma empresa possui uma marca forte na qual os consumidores confiam, será muito mais difícil para os imitadores tomarem clientes novos para si. Essa é a importância dos diferenciais da empresa em setores altamente rentáveis e concorridos.

Há também os setores que passam por mudanças constantemente, como o de tecnologia, por exemplo.

Setores assim também requerem cuidado, pois sempre há novos concorrentes desenvolvendo novas tecnologias capazes de mudar os paradigmas das empresas.

Imagine que exista uma empresa jovem americana do segmento de microchips de celulares que lance um produto muito bom.

As receitas vêm crescendo muito ano após ano. Porém, surge uma concorrente chinesa que faz o mesmo microchip, só que com tecnologia melhor, e ainda vende o produto mais barato.

Essa concorrente chinesa começa a "roubar" os clientes da empresa americana, que acaba vendo suas receitas e lucros caírem.

Tenha em mente que: a facilidade com que uma empresa pode entrar para disputar com outras do setor, pode vir a **influenciar** o crescimento.

Vantagens competitivas da empresa

As vantagens competitivas são os diferenciais os quais uma empresa possui e que fazem com que ela se torne **difícil de ser "batida"** pela concorrência.

Existem diversas formas de vantagens competitivas. Podemos citar algumas:

1. **Vantagens de custo**
2. **Vantagens de marcas consolidadas**
3. **Vantagens de pessoal**
4. **Vantagens de local**

Vamos ver o que seriam cada uma dessas vantagens:

Vantagens de custo:

Normalmente as vantagens de custo estão associadas à escala de produção.

Bora entender isso!

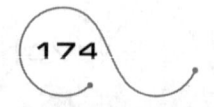

Imagine duas fábricas de refrigerantes. As duas têm o mesmo tamanho e custos de produção também parecidos.

A **empresa A** produz 500 mil garrafas de refrigerante ao ano. A **empresa B** produz 100 mil garrafas. As garrafas possuem a mesma quantidade de refrigerante: 1 litro.

A empresa A (que produz 500 mil garrafas) tem **custos fixos** de manutenção das máquinas, salário dos funcionários e outros gastos que devem permanecer, de qualquer forma, numa faixa de **400 mil reais anuais**.

A empresa B (que produz 100 mil garrafas) tem **custos fixos** de 200 mil reais anuais.

O custo variável (matéria-prima do refri, as garrafas de plástico, a embalagem) para a fabricação dos refrigerantes é de R$1,50 para as duas empresas.

Precisamos agora calcular qual é o custo para se produzir cada uma das garrafas.

Custos de produção total de cada garrafa de refrigerante da empresa A:

(400 mil / 500 mil) + R$1,50 = R$**2,30**

Custos de produção total de cada garrafa de refrigerante da empresa B:

(200 mil / 100 mil) + R$1,50 = R$**3,50**

Repare no que aconteceu:

A empresa A possui um custo de produção muito mais baixo porque ela produz em quantidade muito maior (numa ESCALA maior). Por isso, mesmo com os seus custos fixos sendo mais elevados que os da empresa

B (400 mil reais × 200 mil reais), o custo por garrafa de refrigerante produzida é muito mais baixo (R$2,30 × R$3,50).

Dessa maneira, a empresa A pode vender seu produto mais barato (conquistando mais clientes) e ao mesmo tempo ainda ter um lucro maior nas vendas.

Veja só:

Se a empresa A cobrar R$3,00 pelo seu refrigerante e a empresa B cobrar R$4,00 pelo mesmo refrigerante, ainda assim a empresa A terá **maior lucro por cada venda.**

Serão R$0,70 de lucro por cada venda da empresa A: (R$3,00 – R$2,30 = R$0,70), contra R$0,50 da empresa B: (R$4,00 – R$3,50 = R$0,50).

Agora imagine que a empresa A, por comprar garrafas e embalagens em maior quantidade, ainda consiga **descontos** melhores com os seus **fornecedores**.

Digamos que, em vez do custo variável por garrafa de refrigerante vendida ser de R$1,50, ele na verdade fique em R$1,20. Já que, quando a empresa A pede garrafas e embalagens para os seus fornecedores, ela faz pedidos mínimos de 100 mil unidades, e a empresa B faz pedido mínimos de apenas 20 mil unidades.

Assim como quando você vai numa loja de roupas e compra várias peças, e pode por isso "chorar" um descontinho (brasileiro é profissional nisso), no caso das empresas algo parecido pode acontecer em relação aos fornecedores.

Empresas que compram em maiores quantidades têm mais poder frente aos fornecedores, porque em geral os fornecedores dependem mais delas.

Então guarde: as vantagens de custo normalmente vêm da **escala** de vendas (quantidade grande de vendas "dilui" os custos fixos por cada venda) ou do poder de **"barganhar com os fornecedores"**, comprando matéria-prima em maior quantidade e mais barato.

Um exemplo clássico de vantagens de custos é a Ambev. A empresa brasileira do ramo de bebidas é uma das maiores do mundo e possui forte influência sobre os fornecedores (pois muitas das vezes é a principal, ou até mesmo única cliente deles), além de produzir em grande escala seus produtos.

Vantagens de marcas consolidadas

Como definir o poder de uma marca?

O que seriam de empresas como Coca-Cola, McDonald's, Starbuck's, entre várias outras, se não fosse o **poder de sua marca?**

Não sei se você já reparou, mas **Coca-Cola** é um dos refrigerantes mais "caros" que há num supermercado. Porém, mesmo assim, é o mais vendido.

Obviamente, o sabor de Coca-Cola para muitas pessoas é o melhor, mas pense bem: Qual o sentimento que Coca-Cola lhe provoca?

As pessoas, ao verem aquela estampa vermelha e branca, podem se lembrar inconscientemente do Natal (ou do Papai Noel vermelho e branco que a própria Coca-Cola tornou popular). A Coca-Cola faz campanhas de marketing massivas no Natal, tanto que sempre que esta data está chegando, a empresa deixa suas embalagens personalizadas com o tema natalino.

O Natal remete ainda a outro conceito muito forte na cabeça das pessoas: o de família. Quando pensamos em Natal, normalmente pensamos na casa cheia de crianças, familiares, um chester assado na mesa e farofa com muita uva-passa feita pela vovó.

Brincadeiras à parte, Coca-Cola remete à família, à infância e ainda remete à tradição. A ideia de que a Coca-Cola passa é a de que em toda reunião familiar ou de amigos, não pode faltar uma Coca-Cola na mesa.

O apelo emocional da marca é fortíssimo! A empresa gasta milhões e milhões em campanhas de marketing para isso acontecer. Como resultado, as pessoas acabam não se importando tanto em pagar mais caro pelo produto.

O mesmo ocorre com a **Nike**. A empresa de materiais esportivos também gasta pesado com publicidade, e está fortemente alinhada com a ideia de ser a "marca esportiva dos campeões". Para isso patrocina vários dos melhores atletas do mundo.

O **poder sobre o público** se torna gigantesco. Os jovens, e até adultos, querem estar associados a vários dos maiores atletas de todos os tempos, como Cristiano Ronaldo (do futebol) e Kevin Durant (do basquete).

Mais uma vez, o público "não liga" de pagar mais caro pelo tênis da Nike em relação a outros tênis de talvez qualidade semelhante, porém com marcas menos reconhecidas.

A empresa certamente ganha mais com as suas vendas por isso!

Vantagens de pessoal

As vantagens de pessoal estão alinhadas aos **talentos** da equipe da empresa. **Afinal, empresas são formadas de pessoas!**

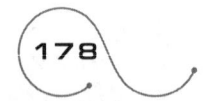

Uma empresa que atrai pessoal muito qualificado e competente está certamente à frente de outras.

Normalmente, quando falamos de talentos, estamos falando de capital intelectual.

Capital intelectual tem um sentido de inteligência unida à competência.

É comum que empresas do ramo de tecnologia sejam as mais afetadas pelo nível de qualificação de seus funcionários.

Empresas como Apple e Google investem pesado em qualificação de seus colaboradores. E, além disso, investem pesado para atrair os melhores para trabalharem na empresa. Gastam alto com treinamentos e processos seletivos. Não é à toa que essas empresas estão há muitos anos inovando!

Vantagens de local

Para algumas empresas, a região em que estão instaladas faz uma boa diferença!

Por exemplo, uma empresa **exportadora** que se encontra mais próxima de um porto tem custos reduzidos de transporte. Ou, ainda, uma empresa varejista (de comércio) que se encontra num local muito movimentado pode ser dar muito bem devido à sua **vantagem geográfica**.

Um bom exemplo nesse contexto são as redes de shoppings.

Veja bem:

Com o crescimento do e-commerce (vendas online), é de se esperar que os shoppings comecem a se tornar bem menos frequentados.

Isso em parte é verdade. E nos Estados Unidos o fenômeno da diminuição de público dos shoppings tem ocorrido de forma acentuada nos últimos anos.

Porém...

No Brasil há uma característica **diferente** dos shoppings daqui em relação aos shoppings americanos: a localização geográfica!

Nos Estados Unidos é muito comum que os shoppings fiquem em localidades **mais afastadas** das cidades. Ou seja, o americano normalmente tem de pegar seu carro e rodar uns bons quilômetros antes de chegar ao estacionamento desses grandes centros de comércio.

No caso do Brasil, já é comum que tenhamos shoppings em áreas bastante habitadas. O brasileiro, em geral, possui maior comodidade para chegar até o shopping. O sujeito está passando na rua e decide dar uma paradinha no shopping para comer alguma coisa.

A localização geográfica faz uma "baita" diferença nesse caso!

Não há, no caso do Brasil, uma ameaça tão forte do e-commerce para os shoppings como há nos Estados Unidos. Aqui, os shoppings ainda são extremamente movimentados e não há sinal de que isso irá sofrer uma grande mudança num período próximo.

Quem são e qual é a visão dos "manda-chuvas"

Abordei este tema quando falávamos sobre governança corporativa. Recapitulando: é importante que uma empresa possua pessoas qualificadas e que realmente queiram "fazer as coisas acontecerem" na empresa.

Se tem algo que pode frear o crescimento de uma empresa é a falta de ambição, o comodismo e a falta de interesse por parte dos controladores, conselheiros, gestores e diretores.

Para entendermos se os gestores da empresa estão alinhados com a vontade dos acionistas de fazer o negócio prosperar, é importante que a gente saiba qual é a **"cenoura na frente do burro"**.

Ou seja, quais são os incentivos para que os manda-chuvas façam a empresas crescer. Para isso é preciso saber quem são as pessoas que dão as cartas na empresa.

Além disso, é bom que se tenha em mente qual é o nível de governança corporativa na companhia, como já falei lá atrás.

Se aqueles que mandam na empresa são pessoas determinadas e ambiciosas, é bem plausível de se imaginar que elas moverão mundos e fundos para fazer o negócio dar certo.

Já se os controladores ou os gestores são meio "desligados", se não dependem nem um pouco da empresa para progredir na vida e já deram sinais de que "tanto faz" para onde os negócios estão indo, pode ser que seja uma **cilada** investir na empresa.

A "cenoura na frente do burro" são as políticas que dizem o seguinte:

> "Olha, se você conquistar bons resultados, será bem recompensado, por isso corra atrás."

Um bom exemplo de política de recompensa que é "boa" para os acionistas e que alinha seus interesses aos interesses dos gestores é a de distribuição de ações da empresa para esses gestores caso eles consigam maximizar o valor da empresa.

Ou seja, caso a empresa "faça sucesso" e suas ações subam de valor, esses administradores da companhia recebem ações. E caso contrário (se a empresa não for bem), eles não ganham ações.

O problema que isso poderia gerar eventualmente é tornar os gestores mais imediatistas, ao buscarem valorizar as ações rápido e de qualquer forma, ludibriando os acionistas de longo prazo.

No fim, o que importa mais de fato nesse sentido é a ambição e o caráter dos gestores. A política de incentivos é certamente algo sensível, e que vale a pena ser estudado mais a fundo.

Drivers de crescimento

Diferentes setores possuem diferentes fatores de "fora da empresa" que impulsionam o crescimento de suas companhias. Chamamos de **driver de crescimento** o fator que faz com que as receitas e os lucros de determinadas empresas de um setor cresçam.

Imagine, por exemplo, se a barraquinha de Joãozinho vendesse cachorro-quente para fora do Brasil. Digamos que ele enviasse muitos cachorros-quentes gourmet em caixas de isopor para os Estados Unidos.

Esse dinheiro que ele recebe dos clientes estrangeiros não é em real, mas sim em dólar.

Olha que interessante, se o dólar aumenta de valor em relação ao real, isso será bom para o Joãozinho. Já que boa parte de suas receitas com vendas é em dólar. Então, poderíamos dizer que um importante driver de crescimento para a barraquinha de Joãozinho é o aumento do preço do dólar.

Para empresas brasileiras que **exportam** petróleo, o driver de crescimento principal é o preço do barril em dólares, e também a cotação do dólar. Se o dólar está alto e o preço do barril também está, é bem provável que as petrolíferas venham a lucrar muito!

Uma empresa do ramo de construção de imóveis residenciais tem como driver de crescimento a diminuição das taxas de juros.

Sabe por quê?

Isso acontece porque com juros mais baixos, as condições para se efetuar financiamentos de casas e apartamentos ficam melhores. Fica mais barato adquirir ou construir a casa própria!

Nesses momentos, é comum que muitas pessoas comprem imóveis. **E quem justamente se dá bem?**

As imobiliárias e as construtoras.

Outros setores podem também se beneficiar dos juros baixos. Setores como varejo de moda e de eletrodomésticos normalmente se dão melhor quando as condições de pagamento são melhores e quando as pessoas estão gastando mais.

Enfim, diferentes setores possuem diferentes **motores para seu crescimento!**

Os estágios de crescimento

Abordei nas últimas páginas alguns dos principais fatores que afetam o crescimento das empresas.

Porém, por quanto tempo uma empresa cresce?
Existe algum limite para o crescimento das empresas?

A verdade é que todas as empresas do mundo que crescem e sobrevivem passam por algumas **fases** de crescimento na sua história.

Imagine a empresa de barraquinha de Joãozinho. Ela começou numa pequena cidade e acabou fazendo muito sucesso. Logo, a barraquinha expandiu para outras cidades da região. Os negócios nestas outras cidades também prosperaram.

Suponha que existam nessas cidades agora uma barraquinha da empresa de Joãozinho em cada esquina.

Após o sucesso regional, Joãozinho expande a sua rede para diferentes Estados no Brasil.

Neste momento há uma barraquinha em cada esquina de milhares de cidades em mais de 20 Estados do Brasil. Como este negócio cresceu, não é mesmo?!

Vamos imaginar que desde que foi criada a barraquinha de Joãozinho, até ela chegar a este momento de estar presente no Brasil inteiro, passaram-se 25 anos.

Foram 25 anos se expandindo, abrindo novas barraquinhas, contratando mais funcionários, aumentando as vendas e os lucros de uma forma grandiosa!

Digamos que nos primeiros cinco anos de existência da barraquinha, a empresa **triplicou suas receitas** em média ano a ano.

Um crescimento médio de 200% ao ano, desde que a empresa de Joãozinho era apenas uma barraquinha até começar a estar presente em algumas cidades da região.

No primeiro ano a receita foi bem baixa, algo em torno de R$1.000,00. Ao final do quinto ano as vendas já somavam R$243.000,00 anuais.

Nos anos seguintes o crescimento médio das receitas foi menor. Algo em torno de 150% ao ano durante outros 5 anos. Joãozinho saiu de uma receita média anual de R$243.000,00 para uma de mais de 23,7 milhões.

Nos outros 5 anos a receita cresceu, em média, em torno de 100% ao ano. Saiu de mais de 23 milhões para a casa dos mais de 759 milhões de reais. Nesse ponto Joãozinho já tinha vários estabelecimentos fora de seu Estado, Minas Gerais.

Em mais 5 anos de prosperidade, as receitas do negócio de Joãozinho cresceram em média 25%. **Agora as receitas anuais já somam mais de 2,3 bilhões de reais.**

E durante os últimos 5 anos, o crescimento ainda foi bastante acelerado, com uma média de 15% ao ano.

As receitas saíram da casa dos 2,3 bilhões e foram parar nos mais de 4,66 bilhões. Neste momento Joãozinho inclusive decidiu abrir o capital da empresa, para que alguns acionistas financiassem a sua expansão para fora do país.

Agora ele possui uma das maiores redes de lanchonete de toda América Latina. Quem diria, hein?!

É claro que este é um exemplo meramente ilustrativo, mas é o caminho normalmente trilhado pelas empresas que sobrevivem aos anos iniciais de existência e prosperam.

Iniciam com uma receita irrisória e vão crescendo aos poucos.

À medida que os negócios vão se tornando maiores, é natural que a empresa tenha maiores dificuldades de se manter crescendo aceleradamente.

"É muito mais fácil multiplicar as receitas com vendas quando elas ainda estão na casa dos milhares ou dos primeiros milhões, que quando já somam bilhões."

Quando uma empresa **amadurece** e chega num **estágio** de receitas bem alto, começa a encontrar problemas como "para onde mais crescer". Já que a empresa estará satisfazendo a necessidade de muitos consumidores.

Mas perceba que a empresa de Joãozinho ainda está crescendo bastante! **Como descobrir se ela tem muitos anos ainda de crescimento alto pela frente?**

Então, nós vimos nas páginas anteriores alguns motores do crescimento das receitas.

Um dos mais importantes nesse caso é o market share. Caso a empresa de Joãozinho já possua uma participação de mercado muito elevada, é difícil de imaginar que continuará crescendo de forma elevada (pelo menos não dentro do Brasil).

Outro ponto que pode ser pesado é, se a empresa tem realmente a intenção de abrir lojas fora do Brasil. Isso certamente seria um motor para o seu crescimento. Embora a concorrência em países como os Estados Unidos talvez seja bem mais elevada.

É nesse momento que começamos a assumir algumas **premissas** sobre o quanto uma empresa pode crescer. Nessas premissas nós determinamos alguns **estágios de crescimento!**

A primeira coisa que precisamos identificar é, em que estágio de crescimento a empresa se encontra.

No caso da empresa de Joãozinho é bastante simples. Ela está num estágio de crescimento rápido. Lembra do que eu havia comentado anteriormente, o *double digit*?

O crescimento da barraquinha do Joãozinho vem sendo em média, nos últimos 5 anos, de 15% ao ano. É um crescimento ainda de dois dígitos, e pode haver um horizonte de crescimento amplo ainda para a empresa. **Digamos que o *market share* do negócio de Joãozinho no Brasil ainda seja de 5%.**

Podemos esperar, sim, que a sua empresa prospere ainda mais, se nos basearmos somente nestes números.

Obviamente, este crescimento acelerado não se manterá para sempre. **Em algum momento ele irá diminuir e a empresa vai entrar numa fase de estabilidade do crescimento, na qual não tende a aumentar muito as suas vendas ano a ano.**

Perceba que aqui a empresa de Joãozinho passará por outros estágios de crescimento. Nos primeiros anos pode manter seu crescimento elevado, depois disso terá um crescimento normal e, por fim, um crescimento lento (quando alcançar a "tal da estabilidade").

Agora, vamos supor que a empresa de Joãozinho tenha atualmente não uma receita de 4,66 bilhões, mas sim uma receita de mais de 25 bilhões, e que o *market share* de sua empresa no setor de barraquinhas de lanchonetes no Brasil seja de 30%.

Nesse caso, é de se esperar que as receitas não cresçam mais tão aceleradamente. Se imaginarmos que ultimamente (nos últimos 5 anos) essas receitas têm crescido em média 5%, é bem provável que esses resultados não venham a dar um "salto", mas sim se manter neste patamar de crescimento, ou cair ainda um pouco.

Na prática mais algumas coisas devem ser medidas, mas vejamos agora as espécies de empresas em relação ao crescimento!

Há essencialmente três espécies de empresas em relação ao seu **nível de maturidade:**

1. **Empresas de crescimento lento ou estável**
2. **Empresas de crescimento normal**
3. **Empresas de crescimento rápido**

Vamos entender cada uma delas!

Empresas de crescimento lento ou estável

Essas normalmente são empresas que já se consolidaram e não têm muito mais para onde crescer.

A fase de crescimento acelerado aqui já passou.

É comum que muitas dessas empresas paguem bons dividendos, já que muitas vezes não há outra utilidade mais interessante para seus lucros que não seja agraciar os sócios com a **distribuição** dos mesmos.

Se a empresa **guardasse o dinheiro para si**, ou seja, não distribuísse os lucros, muito provavelmente teria dificuldades de encontrar investimentos onde alocar esse dinheiro. Já que, pelo fato de já ser uma empresa muito grande no setor, seria muito difícil encontrar grandes oportunidades de negócios que gerassem um retorno interessante.

Como então proceder no Valuation dessas empresas?

Essas são empresas que possuem um ou dois estágios de crescimento no máximo.

O último estágio de crescimento de uma empresa nós chamamos de **PERPETUIDADE**. Essa é a fase em que a empresa alcança crescimento estável.

A premissa aqui é a de que a empresa
vai "durar para sempre".

O crescimento estável da empresa, por convenção, é o crescimento da economia como um todo (ou crescimento do PIB + inflação). **Mas não** utilizamos o crescimento do **PIB** do último ano, e sim um crescimento médio que se espera para o **PIB** no longo prazo. Além da inflação de longo prazo projetada.

A justificativa é a de que uma empresa não pode crescer mais do que a economia de um país para sempre.

Um valor que é de praxe para empresas brasileiras é o de 5% ao ano. Em alguns casos um pouco mais, em outros, um pouco menos.

Então, normalmente, para empresas de crescimento lento, utilizamos um crescimento de 5% ao ano para a empresa na perpetuidade. É este o crescimento que em tese ela terá "para sempre".

> "Ok, entendi, Mineiro! Mas são todas as empresas brasileiras que crescerão para sempre a 5%?"

Não, nem sempre. Já que há setores que se desenvolvem a ritmos mais elevados que outros dentro de uma economia. Mas esta é uma convenção do mercado, que é bastante útil nas nossas análises.

Um ponto importante aqui é que o Custo de Capital (o **WACC** que vimos em capítulo anterior) nunca deve ser menor que o crescimento na perpetuidade.

Vamos a um exemplo para que fique muito bem claro a ideia de um modelo de **Valuation** para empresas de crescimento lento:

A barraquinha do Joãozinho é uma empresa do ramo de lanchonetes que possui 50% do *market share* do setor. O crescimento das receitas vem decaindo ano após ano. Nos últimos 3 anos o crescimento das receitas foi em média de 5,8%. A empresa paga alguns bons dividendos.

Como projetar o crescimento no Valuation desta empresa?

Podemos ver que a empresa está bem próxima de sua estabilidade, ou seja, bem próxima daqueles 5% de crescimento médio. Não há muito mais para onde a empresa possa crescer, ao que parece.

Assim, assumiremos que, durante os dois primeiros anos, a empresa ainda crescerá aproximadamente 6% as suas receitas, e que depois disso alcançará a estabilidade, chegando a um **crescimento de 5% na perpetuidade**.

Veja que temos dois estágios de crescimento: Um primeiro estágio em que o crescimento é de 6%, e um último estágio onde o crescimento é de 5%.

As premissas com relação ao crescimento são muito **importantes**, e as responsáveis em grande parte pelo valor justo encontrado de uma empresa.

Se tivéssemos estipulado um crescimento médio de 10% durante a perpetuidade, seria de se esperar que o valor justo encontrado fosse muito maior.

Mas como vimos anteriormente, isto não seria razoável, já que as estimativas para o crescimento do PIB mais inflação se mantêm na base dos 5% por convenção.

Agora vamos dar uma conferida num **exemplo real**, de crescimento de uma empresa da Bolsa de Valores de crescimento lento: a Ambev. Vamos utilizar a nossa Supertabela que faz vários cálculos automaticamente.

A Ambev é uma empresa com *market share* elevado em seu setor, sendo a maior companhia do mundo em fabricação de cervejas em 2021.

Receitas	Crescimento das Receitas
R$	
R$32.231,03	0
R$35.079,11	9%
R$38.079,79	9%
R$46.720,14	23%
R$45.602,56	-2%
R$47.899,28	5%
R$51.231,34	5%
R$52.599,71	5%
R$58.379,00	11%
R$62.416,16	7%

Este foi o crescimento médio das receitas da Ambev desde 2012 até o acumulado nos últimos 12 meses (do 2º trimestre de 2020 ao 1º trimestre de 2021).

É impossível afirmarmos com certeza que o crescimento das receitas da empresa se manterá na média dos 7% como se observou nos últimos 12 meses (até o primeiro trimestre de 2021).

Mas uma premissa interessante é afirmarmos que nos próximos 2 anos haverá um crescimento de 6% e depois será alcançada a estabilidade, com um crescimento de 5% (da economia).

Como a empresa está exposta à economia global, já que tem presença em vários outros países, poderíamos utilizar a média de crescimento do PIB global, que gira em torno de 5% também na perpetuidade.

Utilizando a nossa Supertabela pudemos identificar que o WACC da empresa ficou no patamar de 9,47%.

Veja o crescimento das receitas em nossa Supertabela:

Var. Receita=	Receita=	Growth Receita
*	R$62.416,16	
R$3.744,97	R$66.161,13	6%
R$3.969,67	R$70.130,80	6%
R$3.506,54	R$73.637,34	5%
R$3.681,87	R$77.319,20	5%
R$3.865,96	R$81.185,16	5%

A partir dessa receita, temos de estimar as margens de lucro para começarmos a desbravar o valor justo da empresa.

Faremos isso mais adiante, porém adianto que não é algo tão complicado. Calma, que tudo tem sua hora... :)

Não sei se vocês repararam, mas na nossa Supertabela utilizei 5 anos para a projeção de crescimento das receitas.

Mas foram dois estágios de crescimento: um de 2 anos em que o crescimento projetado foi de 6%, e outro em que o crescimento projetado foi de 5% até a perpetuidade.

Se você quiser **projetar** um único crescimento até a perpetuidade, é só projetar um crescimento de 5% em todos os 5 anos.

Como disse, essa parte é uma **premissa**, e você tem de preencher a planilha naquele local para que a nossa Supertabela faça a sua mágica e calcule os valores automaticamente.

Empresas de crescimento normal

As empresas de **crescimento normal** são uma espécie intermediária entre as de crescimento lento e as de crescimento rápido.

São empresas que já estão bem encaminhadas para a maturidade. Seriam aquelas que possuem um crescimento médio de 8% a 10%. Não crescem mais tão rapidamente, porém têm mais alguns anos de crescimento acima da média da economia.

No caso delas, utilizamos uma de nossas Supertabelas com cinco anos de projeção de crescimento.

Em geral, vamos fazendo uma "escadinha" decrescente do crescimento das receitas.

Simplificando em termos práticos: Nos primeiros anos, normalmente assumimos um crescimento de 8% a 10%, e depois disso vamos diminuindo gradativamente até chegarmos no crescimento estável de 5%. Óbvio que isto varia de empresa para empresa, já que se devem analisar as perspectivas futuras dos negócios. Jamais encare como uma regra.

Vamos agora tratar das empresas de crescimento rápido.

Empresas de crescimento rápido

As empresas de crescimento rápido, como disse, são aquelas que vêm crescendo acima de dois dígitos ao ano.

Para elas utilizamos uma projeção mais longa de crescimento das receitas: 10 anos.

Essas empresas possuem três ou mais estágios de crescimento, e devemos fazer com elas a "escadinha" de decrescimento também, até que alcancem a estabilidade.

Aqui a coisa se torna um pouco mais "complicada", porque é difícil saber ao certo até que ponto a empresa irá crescer. Então precisamos nos basear numa estimativa bem realista.

Vamos ao exemplo da Lojas Renner!

A Lojas Renner até antes da pandemia da Covid-19 vinha tendo um elevado crescimento de suas receitas.

Receitas	Crescimento das Receitas
R$3.238,54	
R$3.862,51	19%
R$4.370,95	13%
R$5.216,82	19%
R$6.145,20	18%
R$6.451,58	5%
R$7.444,31	15%
R$8.426,54	13%
R$9.588,44	14%
R$7.537,18	-21%
R$8.934,71	19%

Até 2019, uma média de crescimento de 14% ao longo dos últimos 3 anos.

Porém, veja como as coisas são um pouco mais complexas: o setor de varejo de moda é extremamente pulverizado.

Em um relatório do Banco BTG Pactual de 2021, afirmava-se que a Lojas Renner possuía um *market share* de apenas 1,5%. Sendo que a empresa é uma das maiores do setor no país.

A pandemia teve um efeito negativo nas receitas e lucros da empresa, os quais tiveram uma queda importante, já que os shoppings ficaram fechados ou com capacidade restrita para o público durante um longo período. Consequentemente, as lojas da empresa (a qual concentra 90% de sua atividade em shoppings) tiveram menor movimento e venderam menos.

Mas repare numa coisa: o setor de varejo de moda é altamente fragmentado, e isso representa uma excelente oportunidade para empresas como a Renner.

A companhia do setor de moda e vestuário apresenta diversos **diferenciais competitivos**, como uma marca forte e um ótimo canal de **e-commerce**.

Além disso, com a pandemia, diversas outras lojas menores fecharam as suas portas. Isso criou um enorme vácuo no setor que pode ser preenchido em grande parte pela Lojas Renner. A empresa é bem gerida e possui um endividamento bem saudável.

É bem plausível de se imaginar que a empresa vai se expandir muito nos próximos anos.

Obviamente, em **Valuation** temos de tomar cuidado para não sermos "otimistas demais", mas no caso da Lojas Renner, devido ao movimento que tem ocorrido no setor, não é impossível de se imaginar que a empresa vá ganhar um bom terreno até mesmo por mais de 10 anos seguidos.

Nesse caso, como de praxe, ainda utilizamos uma projeção de 10 anos de crescimento. Fazemos isso porque não queremos extrapolar demais na nossa avaliação, tentando adivinhar muito à frente o que ocorrerá.

Vejamos então a projeção de crescimento considerada (a partir do segundo trimestre de 2021):

Fluxo de Caixa da Firma em Milhões

Var. de Receita=	Receita=	*Growth* Receita
	R$8.934,71	
R$1.786,94	R$10.721,65	20%
R$1.608,25	R$12.329,90	15%
R$1.849,48	R$14.179,38	15%
R$2.126,91	R$16.306,29	15%
2.119,82	18.426,11	13%
2.395,39	20.821,50	13%
R$2.498,58	R$ 23.320.09	12%
R$2.798,41	R$26.118,50	12%
R$3.134,22	R$29.252,72	12%
R$2.047,69	R$31.300,41	7%

No primeiro ano da projeção assumimos um crescimento alto de 20% devido à reabertura de shoppings ao público amplo em 2021. As outras premissas de crescimento são baseadas na ideia de que a Lojas Renner vai manter por um bom tempo seu crescimento acelerado.

Temos sempre de levar em consideração que o crescimento acelerado não dura para sempre.

Em algum momento a concorrência no setor pode se acirrar, com outras grandes empresas concorrentes como Arezzo, Grupo Soma e C&A também ganhando participação de mercado.

Alguns considerariam este custo de capital de 9,31% da Lojas Renner conservador, outros nem tanto. Buscamos um valor de base bastante realista.

Ainda completaremos a análise dela para que você tenha todos os detalhes da avaliação.

É ainda mais difícil expandirmos o crescimento da Lojas Renner para um horizonte maior do que 10 anos, por isso esses foram os anos de projeção, como já bem disse.

Após trabalharmos com o conceito de evolução do crescimento das receitas, precisamos trabalhar com a evolução de um outro indicador: a margem de lucros!

Nesse caso estamos tratando da chamada **MARGEM NOPAT.**

Vamos entender!

7.1 Margem NOPAT

Até agora tratamos da primeira parte da evolução dos lucros, que pode ser originada do crescimento das receitas. Porém, há mais uma forma pela qual uma empresa pode ser tornar mais rentável.

Essa maneira é: tornando-se mais eficiente!

Sim, a eficiência é uma medida importantíssima. Neste caso, medimos a eficiência da empresa por meio de suas margens de lucros.

Como o lucro mais importante para o nosso modelo de **Valuation** é o NOPAT, utilizamos aqui a margem NOPAT.

Sua fórmula é a seguinte:

Margem NOPAT = NOPAT / Receitas

Vamos a um exemplo para entender melhor a importância dessa margem de lucros!

Imagine que a barraquinha de Joãozinho teve uma receita de R$20.000,00 no último ano. Só que a empresa teve despesas importantes e também teve de pagar impostos.

Sendo assim, seu NOPAT foi de R$4.000,00.

Qual será a margem NOPAT do negócio de Joãozinho naquele ano?

Fazendo rapidamente a conta, encontramos uma margem NOPAT de 20% (R$4.000,00 / R$20.000,00 = 20%). Essa foi a eficiência da empresa de Joãozinho em transformar as suas receitas em lucros.

Agora, suponhamos que exista uma outra empresa do mesmo ramo de cachorro-quente na mesma cidade de Joãozinho. Essa empresa é a da Letícia.

Nesse mesmo ano, a empresa da Letícia teve receitas com vendas de R$20.000,00, só que o seu NOPAT foi de R$8.000,00.

A margem de lucro operacional depois dos impostos (NOPAT) da empresa dela foi de 40%. Ou seja, a empresa dela teve a mesma receita com vendas em relação à empresa de Joãozinho e ao mesmo tempo teve o dobro de lucro.

Isso significa que foi muito mais eficiente!

Sabe por quê?

Porque gastou muito menos (menos despesas) e assim lucrou mais.

No fim das contas, não adianta um negócio ter altas receitas, se o que sobra para a empresa na forma de lucros é muito pouco.

Não estou afirmando aqui que, no caso de Joãozinho o seu negócio é ineficiente. Teríamos de analisar uma série de outras barraquinhas para saber com algum grau de certeza, mas o fato é que a empresa de Letícia, pelo menos no último ano foi muito mais eficiente.

E como uma empresa se torna mais eficiente?

Existem diversas maneiras!

Mas quase todas envolvem cortar custos ou aumentar o valor dos produtos ou serviços ofertados sem perder muitas vendas.

Vamos imaginar dois exemplos:

1. Uma empresa do ramo de sucos naturais possui algumas máquinas que produzem os sucos de forma quase que instantânea e só tem um funcionário.

Outra empresa do mesmo ramo tem três funcionários para produzir esses sucos.

Ambas as empresas vendem a mesma quantidade de sucos e pelo mesmo preço.

As despesas da primeira empresa (a que utiliza as máquinas) são de R$10.000,00 e as suas receitas são de R$20.000,00. Ou seja, ela lucra R$10.000,00.

As despesas da segunda empresa (que tem de pagar três funcionários) somam R$15.000,00, e as suas receitas são de R$25.000,00. Sendo assim, ela lucra R$10.000,00 (como a primeira empresa).

Qual negócio é mais eficiente?

É só darmos uma boa olhada na margem de lucros de cada um. A margem de lucros da primeira empresa é:

10 mil / 20 mil = 50%

A margem de lucros da segunda empresa é:

10 mil / 25 mil = 40%

Repare que a primeira empresa teve menos receitas, mas é mais eficiente porque teve consideravelmente menos despesas!

Vamos agora a um segundo exemplo.

2. Há duas empresas de varejo de moda numa cidade.

A primeira empresa tem uma marca conhecida, a "Stars Vest", e a outra é uma marca genérica, chamada "Balaio do Brechó".

Cada uma dessas empresas cobra preços diferentes por suas roupas à venda.

A Stars Vest cobra bem mais caro do que a Balaio do Brechó, e vende muito menos peças de roupa.

Porém, a cada venda, os seus lucros aumentam consideravelmente.

Veja só:

A Stars Vest vende em média 2 mil peças por mês, e o custo médio para produzir as peças é de R$50,00.

Só que o preço médio das peças de roupa vendidas é de R$300,00.

A Stars Vest fatura assim, em média, R$600.000,00 por mês!

Se considerarmos que as despesas com a loja não são tão altas, já que ela possui menos vendedores (pois não há tanto movimento na loja), é de se imaginar que os lucros em relação às receitas com vendas sejam bem altos.

Digamos que as despesas totais no mês sejam de R$300.000,00.

Seus lucros serão assim de R$300.000,00, ou seja, é uma **margem de 50% das receitas.**

Agora, vamos analisar a marca genérica da cidade, a "Balaio do Brechó".

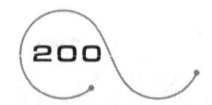

Essa empresa vende por volta de 20 mil peças de roupas no mês, e o preço médio das roupas é de R$50,00. Só que para produzir cada peça eles gastam em média R$30,00.

Como eles têm vários funcionários para atender o grande número de clientes todos os dias, as despesas aumentam consideravelmente. As receitas, em geral, giram em torno de 1 milhão de reais por mês, e as despesas em torno de R$800.000,00.

Logo, os lucros ficam na casa dos R$200.000,00 mensais. Sendo assim, a **margem de lucros será de 20%** (200 mil / 1 milhão).

Note que a Stars Vest tem receitas bem menores, vende muito menos e tem lucros e margens maiores do que a Balaio do Brechó.

Algumas empresas, por possuírem maior valor agregado em seus produtos (que nesse caso é a qualidade e o status que a marca Stars Vest possui) podem cobrar mais caro, e assim têm menores despesas em relação ao preço que cobram, transformando a empresa em um negócio mais lucrativo.

Empresas como a Coca-Cola fazem algo semelhante. Mas, neste caso, ela não só cobra mais caro como também vende em maior quantidade.

Suas **receitas** são mais elevadas e suas **margens** também. Não à toa Warren Buffett investiu na empresa e se deu muito bem quando ela possuía um preço extremamente atrativo em relação ao valor justo.

Há dois conceitos muito interessantes que nos ajudam a entender a eficiência das empresas.

São os conceitos de:

- **Alavancagem operacional**
- **Alavancagem financeira**

Vamos conhecê-los então!

Alavancagem operacional

A **alavancagem operacional** diz respeito ao quanto uma empresa possui de **custos fixos** em sua estrutura!

Eu explico: na barraquinha de Joãozinho, nós temos alguns custos que precisam ser incorridos de qualquer forma.

Digamos que Joãozinho não tem como vender seu cachorro-quente e hambúrguer se ele não alugar um espaço na feirinha, e que ainda tem de pagar o Pedrinho para ficar no balcão da loja.

Essas despesas acabam afetando seus lucros. Esses são os **custos fixos** da barraquinha de Joãozinho!

Eles existem independentemente de Joãozinho vender um único cachorro-quente ou hambúrguer.

Já os **custos variáveis** de suas barraquinhas são aqueles que só são contabilizados caso Joãozinho **efetue vendas**!

Ou seja, as salsichas utilizadas na produção dos cachorros-quentes e os pães, a quantia de milho utilizada, a batata palha etc. Repare que, à medida que Joãozinho vende mais cachorros-quentes maiores se tornam os seus **custos variáveis**.

Eles justamente variam em relação à quantidade produzida e vendida, diferente do que acontece com os custos fixos.

Então observe uma coisa:

Quanto maior for a quantidade de custos fixos de uma empresa, mais essa empresa precisa vender para conseguir cobrir estes custos.

Se uma empresa tem custos fixos de digamos, 1 bilhão de reais, é bem provável que ela precise vender muito mais que uma empresa que tem custos fixos de 100 milhões de reais, e é do mesmo porte.

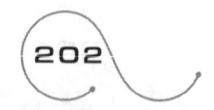

E olha o que é mais interessante:

A **alavancagem operacional** varia de setor para setor de empresas. Alguns setores são naturalmente mais alavancados, possuindo altos custos fixos. Já outros são bem menos alavancados operacionalmente e por isso são menos arriscados desse ponto de vista.

Por que uma empresa que tem muitos custos fixos é mais arriscada?

Por causa do seguinte: se uma empresa com altos custos fixos acaba tendo poucas vendas durante determinados período, é bem provável que seus resultados se tornem bem ruins, sendo que em alguns casos há até mesmo **prejuízos**.

Digamos que os custos fixos de uma empresa de tecnologia sejam de 2 milhões reais, e que suas receitas sejam em média de 20 milhões de reais.

Agora, imagine que exista uma outra empresa de metalurgia, cujos custos fixos são de 15 milhões de reais, e cuja receita varia muito de ano para ano. Há anos em que a receita pode chegar a mais de 50 milhões de reais, e outros em que a receita chega apenas a 10 milhões.

Vemos claramente que a empresa do ramo de metalurgia tende a sofrer muito mais quando as vendas são baixas. Sua chance de dar prejuízo é maior, e os cuidados devem ser redobrados para que a empresa não vá a falência.

Como medir o nível de alavancagem operacional?

Existe o chamado **Grau de Alavancagem Operacional (GAO)**. Ele é medido da seguinte forma:

$$GAO = \frac{\text{Variação \% do EBIT}}{\text{Variação \% das Receitas}}$$

O **EBIT**, como bem sabemos, é o lucro operacional, que vem depois das despesas operacionais na DRE. Ele é muito importante, pois a partir dele é que encontramos o **NOPAT**.

Quanto maior for a variação dos lucros em relação à variação das vendas, maior é o grau de alavancagem Operacional.

Vamos a um exemplo:

Vamos pegar aquelas duas empresas que comentamos sobre algumas linhas atrás!

Digamos que a empresa de tecnologia se chame **Hi Tec**, e tenha conquistado uma receita de 20 milhões em 2021 e de 30 milhões em 2022. Além disso, o seu EBIT foi de 15 milhões em 2021 e de 25,5 milhões em 2022.

Qual é o GAO da Hi Tec, conforme estes valores?

A variação percentual de receitas nós descobrimos subtraindo a de um ano pela do outro ano e dividindo pela receita do 1º ano. O mesmo é feito com o EBIT. A fórmula completa ficará assim:

GAO = [(25,5 - 15)/ 15] / [(30 - 20) / 20]
GAO = 1,4

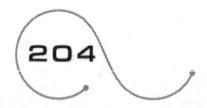

Agora vejamos o GAO da empresa de metalurgia, a qual se chama **Metal Slug**.

Vamos supor que as receitas da Metal Slug foram idênticas às da empresa de tecnologia, ou seja, 20 milhões de reais em 2021, e 30 milhões em 2022.

O EBIT em 2021 foi de 1 milhão, e em 2022 foi de 8 milhões. O GAO da Metal Slug ficará assim:

GAO = [(8 - 1) / 1] / [(30 - 20) / 20]

GAO = 14

Veja que o Grau de Alavancagem Operacional para o mesmo nível de receitas da Metal Slug foi 10 vezes maior que o da Hi Tec.

Isso pode ocorrer justamente porque os custos fixos da Metal Slug são muito mais elevados!

O GAO mede justamente esse nível de risco que os custos fixos de uma empresa são capazes de proporcionar. Em geral, as empresas com GAO elevado são aquelas que ganham mais na escala de vendas. Elas precisam produzir e vender em grande quantidade. Caso contrário podem dar grandes prejuízos.

São em geral setores que investem muito em plantas industriais, máquinas e equipamentos, e ainda grande número de funcionários.

Então as margens de lucros (que representam a **eficiência** da empresa) estão atreladas também ao **nível de alavancagem operacional.**

A tendência é que, nessas empresas mais alavancadas operacionalmente, as margens de lucro variem bem mais. Em especial em empresas cujos resultados são mais imprevisíveis ou cíclicos (ainda trataremos dessas empresas mais adiante)!

O outro tipo de alavancagem que uma empresa pode vir a possuir é a financeira.

Vamos então entendê-la!

Alavancagem Financeira

A alavancagem financeira, diferentemente da alavancagem operacional, que está ligada aos custos das atividades-fim da empresa, está relacionada às dívidas que a empresa contrai para financiar suas atividades.

Em geral, quanto mais dívidas uma empresa tem, mais juros ela paga. Então, para uma empresa ser **alavancada financeiramente** e lucrar muito com as suas atividades, **é essencial que os retornos em lucros sejam superiores aos juros.**

Por meio da fórmula do **Grau de Alavancagem Financeira (GAF)** nós conseguimos capturar *insights* sobre se a empresa está conseguindo compensar o fato de possuir dívidas, com lucros maiores. A ideia é simples:

Se uma empresa pediu dinheiro emprestado, contraindo assim dívidas, é natural que se espere que com este dinheiro emprestado ela faça bom proveito dos empréstimos, gerando lucros superiores aos juros pagos.

> Caso contrário, por que a empresa pegaria o dinheiro emprestado, para começo de conversa?

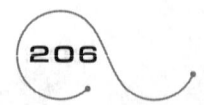

Não entrarei aqui no mérito da fórmula do Grau de Alavancagem Financeira, pois foge um pouco ao nosso escopo. Mas saiba que uma empresa que paga muitos juros pelos seus empréstimos, mas ao mesmo tempo não consegue lucrar satisfatoriamente, é uma empresa fadada a possuir menores margens de lucro líquido (a tal da Margem Líquida que vimos capítulos atrás). Assim, a empresa acaba sendo menos eficiente do ponto de vista da lucratividade.

Um último ponto importante para entendermos sobre margens de lucros é o fator **concorrência**. Praticamente toda empresa está num ambiente competitivo, brigando por espaço com outras empresas, e se tem algo que pode vir a acabar com as margens de lucros das empresas, é uma forte concorrência. Vejamos...

Concorrência

Como, afinal, uma empresa vê suas margens de lucros caírem devido à concorrência?

>Há mais de uma maneira, na verdade!

Três palavrinhas conseguem rapidamente nos dizer qual é a primeira forma pela qual a concorrência pode destruir margens de lucros de uma empresa: **Guerra de Preços**.

Se a empresa está "surfando uma onda" de crescimento de determinado setor bastante lucrativo e com pouca competição ainda, é importante termos o bom senso de entender que, na maioria das vezes, a concorrência vai surgir e pegar a sua fatia do bolo.

Isso não quer dizer que as empresas deste setor não sejam um bom investimento, porém cabe ressaltar que as margens muito elevadas de lucros podem cair consideravelmente quando diversos outros concorrentes aparecerem com preços mais competitivos pelo mesmo nível de produto ou serviço.

Especialmente se a empresa não tiver um grande diferencial, é de se esperar que as margens caiam justamente porque os produtos vendidos terão seus preços reduzidos.

A segunda maneira de a concorrência destruir as margens de lucros, e até mesmo as receitas de uma empresa, é criando **produtos substitutos**.

Isso é bastante comum no setor de tecnologia.

Uma empresa cria um produto tecnológico "revolucionário", porém alguns meses depois uma concorrente aparece **imitando** com um produto superior.

É difícil manter **vantagens competitivas** num setor quando do outro lado existem milhares de desenvolvedores capacitados no MIT loucos para transformar o seu produto em algo obsoleto da noite para o dia.

Não é à toa que empresas como Google e Apple investem pesado em **pessoas qualificadas**, justamente para ter os melhores ao seu lado. Já que se os maiores **talentos** estiverem do "outro lado", é bem provável que em alguns anos a empresa "tome um belo tombo" da concorrência.

A ameaça de concorrentes com produtos substitutos é especialmente devastadora nesse âmbito das empresas que **vivem de inovar**.

Setores como o de alimentos, ou o de bebidas, não sofrem tanto com isso, já que não há tanto como inovar "criando uma nova carne de boi" ou uma "nova cerveja". A mudança de paradigma, ou seja, as transformações nesses setores são mais lentas.

Vamos agora dar uma olhadinha na evolução das margens de lucros operacionais depois dos impostos (**NOPAT**) da **Lojas Renner** na nossa Supertabela (os dados estão em milhões de reais):

	Receita	Lucro Operacional (EBIT)	Impostos	Margem NOPAT	NOPAT
2011	R$3.238,54	R$472,63	-R$138,49	10%	R$334,14
2012	R$3.862,51	R$559,42	-R$153,42	11%	R$405,83
2013	R$4.370,95	R$650,44	-R$175,31	11%	R$475,13
2014	R$5.216,82	R$802,35	-R$236,76	11%	R$565,29
2015	R$6.145,20	R$933,25	-R$249,83	11%	R$683,42
2016	R$6.451,58	R$975,69	-R$247,32	11%	R$728,37
2017	R$7.444,34	R$1.087,24	-R$271,46	11%	R$815,78
2018	R$8.426,54	R$1.423,82	-R$305,06	13%	R$1.073,76
2019	R$9.588,44	R$1.643,65	-R$412,76	13%	R$1.230,89
2020	R$7.537,18	R$856,88	-R$104,49	10%	R$752,39
Últimos 12 meses	R$8.934,71	R$500,49	R$55,60	6%	R$556,09

Podemos notar que, durante o período de pandemia, a empresa teve uma redução das margens de lucros, diminuindo assim a sua **eficiência**.

Algo natural para a empresa no período, já que a grande maioria de suas lojas encontra-se em shoppings, os quais foram fechados, ou, ainda, tiveram sua capacidade de lotação restrita.

Com a **diminuição das vendas**, já era de se esperar que as margens caíssem.

Mas na nossa projeção da margem NOPAT para o futuro, não podemos considerar que a regra é o que ocorreu na pandemia, mas sim precisamos "olhar para o futuro", e nos apoiarmos no que é mais **provável** de acontecer.

No caso da Lojas Renner, devido ao exposto em capítulos anteriores (em que afirmamos que o segmento de moda e vestuário é muito fragmentado no Brasil, e que a empresa tem um baixíssimo *market share*), é de se imaginar que a empresa ganhe uma participação maior de mercado devido à qualidade de seus produtos e de sua gestão.

Com o crescimento da participação de mercado, podemos esperar que as vendas também cresçam. É bem provável ainda que a empresa aumente a sua eficiência com ganhos de escala.

Com isso, a margem NOPAT projetada foi a seguinte na nossa Supertabela:

Fluxo de Caixa da Firma (em milhões)

Var. de Receita =	Receita =	Growt Receita	Margem NOPAT	Data =
-	R$8.934,71			0
R$1.786,94	R$10.721,65	20%	13%	1
R$1.608,25	R$12.329,90	15%	13%	2
R$1.849,48	R$14.179,38	15%	13%	3
R$2.126,91	R$16.306,29	15%	13%	4
R$2.119,82	R$18.426,11	13%	13%	5
R$2.395,39	R$20.821,50	13%	13%	6
R$2.498,58	R$23.320,09	12%	14%	7
R$2.798,41	R$26.118,50	12%	14%	8
R$3.134,22	R$29.252,72	12%	14%	9
R$2.047,69	R$31.300,41	7%	14%	10 Crescimento perpétuo

As margens de 13% não são por acaso: elas remetem às margens dos anos de 2018 e 2019. Próximo do período da empresa se consolidar, foi utilizada uma margem NOPAT de 14%. Acreditamos que a empresa melhorará ainda mais a sua eficiência quando da expansão de sua rede.

Agora preciso mostrar a você mais uma importante ferramenta para avaliar o crescimento do Lucro Operacional depois dos impostos das empresas.

Trata-se de uma fórmula que pode ser utilizada para ajudar a definirmos este crescimento.

Embora a fórmula não capture tudo que é necessário para se avaliar o potencial de crescimento de uma empresa, ela pode ser útil para que não cometamos excessos!

Vamos dar uma olhada na fórmula do crescimento do NOPAT:

Crescimento esperado = do NOPAT / (Investimento Líquido + Variação da NCG) x ROIC
NOPAT

Veja que existem aí algumas informações novas!

A primeira delas é que este é um "**crescimento esperado**", o qual pode ou não acontecer. Ele é baseado, como veremos adiante, numa expectativa de retornos em lucros daquele dinheiro que a empresa investiu.

Lembrando que estes retornos podem ou não se concretizar na realidade, já que existem investimentos bem-feitos pelas empresas, mas pode ocorrer investimentos mal executados.

A segunda informação que pode trazer uma maior confusão agora é o tal do **ROIC** ou **Retorno sobre o Capital Investido** (*Return On Invested Capital*).

Ainda veremos o que isso significa!

Quanto à outra parte, não há nenhum mistério, certo?! Temos ali o **Investimento Líquido**, que nada mais é do que o **CAPEX menos a depreciação**. Ou seja, o quanto a empresa desembolsou de fato para "expandir" a empresa, já que consideramos as despesas com **depreciação** uma "**mera manutenção**" daquilo que já existe e não uma expansão.

Temos também a variação de **Necessidade de Capital de Giro**. Vimos isso em capítulo anterior. Essa é variação daquele dinheiro que a empresa utiliza para manter a empresa em funcionamento no seu dia a dia, sendo assim uma espécie de reinvestimento quando a variação é positiva.

O NOPAT também já sabemos do que se trata. É o lucro operacional depois dos impostos. Justamente aquele lucro que é mais útil no nosso modelo de **Valuation**.

E o tal do ROIC? O que seria isso?

Quanto ao ROIC, irei destinar um espaço para ele neste nosso livro. Tanto para ele quanto para o seu primo, o ROE.

Vejamos!

7.2 ROIC e o seu primo... o ROE

O **ROIC** é um **indicador de rentabilidade das empresas.**

Vou explicar!

Você deve estar lembrado que eu falei que há duas formas de as empresas financiarem suas atividades...

Eu sei, eu sei. Já falei isso dezenas de vezes, mas sempre é bom lembrar.

Uma dessas maneiras é por meio do **capital próprio** (dos donos do negócio), e a outra forma é por meio do **capital de terceiros** (os credores que emprestam dinheiro à empresa).

Nada de novo aqui, certo?!

Se nós somarmos todo o dinheiro e bens que os donos do negócio e os credores colocaram na empresa, nós descobriremos justamente o quê?

O capital total investido na empresa!

E o que nós queremos quando investimos o capital numa empresa?

Nós queremos que a empresa lucre.

Os credores querem que a empresa lucre porque assim ela conseguirá pagar os seus empréstimos e os juros, e os sócios querem que a empresa lucre porque assim eles enriquecerão junto com a empresa.

Essa é a ideia!

Sabendo dessas informações, quero apresentar a vocês a fórmula do "tal do ROIC":

$$ROIC = \frac{NOPAT}{Capital\ Investido}$$

O capital investido é a soma da dívida onerosa (capital de terceiros financiando a empresa) e do patrimônio líquido (capital dos sócios). O PL é justamente aquele do Balanço Patrimonial.

Agora, olha que interessante uma coisa:

Para um negócio efetivamente gerar valor, o seu ROIC precisa ser superior ao WACC.

> "Caramba, Mineiro, agora parece que você falou nada com nada."

Você vai entender como isso é bem simples. Para isso, vamos a um exemplo!

Vamos recordar a nossa trajetória com a barraquinha do Joãozinho. Já falamos bastante dela aqui.

Falamos que a barraquinha iniciou bem pequena, e nesse capítulo contamos uma história de seu crescimento. Hoje em dia a barraquinha tem uma receita de bilhões de reais.

Para ser mais exato, no exemplo dado anteriormente essa receita era de 25 bilhões de reais. Um valor altíssimo!

Sua empresa é a número 1 na América Latina no ramo de lanchonetes. Porém, de que adianta uma receita alta, se não sobra dinheiro algum para a empresa? Não basta ter altas receitas, o negócio tem de ser lucrativo.

Mas como medir quanto um negócio é lucrativo?

Isso vai depender de duas coisinhas:

1. **Quanto você investiu no negócio**
2. **Quanto esse negócio rendeu de lucros**

O melhor investimento do mundo seria aquele que você não dá nada e recebe muito dinheiro em troca, certo?!

Mas a verdade é que "não existe almoço grátis". "No pain, no gain", meus caros.

Se não há dor, não há ganho. E assim como nós, investidores, precisamos tirar dinheiro do bolso para investir e ver essa grana crescer, as empresas fazem o mesmo!

Quanto menos uma empresa precisa investir para ser lucrativa, melhor é para ela. Traduzindo: quanto maior o ROIC, melhor!

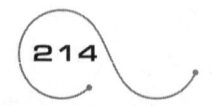

Se a empresa de Joãozinho tem um capital investido total de 10 bilhões de reais e o NOPAT (lucro operacional depois dos impostos) foi de 2 bilhões de reais, isso quer dizer que o ROIC da empresa foi de 20% (2 bilhões / 10 bilhões) naquele período.

Sendo assim, a **rentabilidade** sobre esse capital investido foi de 20%.

O ROIC é um indicador que varia de setor para setor. Existem setores que são bem mais lucrativos do que outros. Isso acontece devido às mais diversas razões.

Vamos a 2 delas:

1. **A competição no setor =** quanto maior é a concorrência entre as empresas, em geral, menor é o ROIC. Já que pode haver "guerra de preços" entre as empresas com a finalidade de atrair mais clientes, o que vem a reduzir a lucratividade.

2. **O nível de capital exigido =** alguns setores de empresas exigem maior capital investido. Por exemplo: uma empresa que exige fábricas e máquinas pesadas para produzir exigirá investimentos bem mais altos que uma corretora de seguros, que basta ter alguns computadores, salas e funcionários para que funcione.

Podemos dizer que o nível de competitividade num setor e o nível de capital exigido para investimento são os principais fatores que afetam o ROIC das empresas. Mas há outros.

Pois bem, vimos que o ROIC da empresa de Joãozinho é de 20%. Vamos imaginar que esse ROIC seja o "normal" para a empresa dele, e também para o setor da empresa como um todo.

Nos últimos 5 anos, a média do ROIC da barraquinha do Joãozinho foi de 20%.

Mas este valor é bom ou ruim, afinal?

Não sabemos ainda, porque temos de compará-lo com o custo de capital (WACC).

Mas por que comparar o ROIC com o custo de capital?

Ora, se a empresa está investindo o dinheiro no seu próprio negócio, nada mais justo que esperar que este reinvestimento seja mais lucrativo do que o custo de capital.

Lembra-se do conceito de custo de capital que trabalhamos lá atrás?

Este é o **custo do dinheiro** para uma empresa. Ele captura tanto o custo de oportunidade (que no caso seria investir em um ativo livre de risco) quanto o risco assumido de se investir nas ações da companhia!

Este custo representa o mínimo que uma empresa precisa ser lucrativa para que o negócio valha a pena!

Se uma empresa consegue ter um retorno sobre os seus investimentos (que no caso é o **ROIC**) **maior** do que o retorno mínimo exigido, nós dizemos que a empresa está **criando valor!**

Caso o **ROIC** seja **inferior** a este retorno mínimo exigido (o WACC), dizemos que a empresa está **destruindo valor.**

Com o tempo, as empresas que destroem valor tendem a perder valor (meio óbvio, né?).

Mas...

Nem sempre, só porque uma empresa tem um ROIC inferior ao WACC, quer dizer que a empresa é um mau investimento. Há outras questões a serem consideradas, especialmente em relação ao preço que se paga pelas ações da empresa.

Pode haver, sim, casos em que o ROIC está abaixo do WACC, porém mesmo assim a empresa tende a ser um bom investimento.

Isso acontece porque, mesmo nessas situações, o preço da ação se encontra bem abaixo do valor justo encontrado.

Claro que é aconselhável buscar empresas que geram mais valor com o tempo, mas isso não é uma regra absoluta, até porque as coisas podem tomar outros rumos.

Como vimos, **o custo de capital é algo que varia, à medida que as taxas de juros e o risco variam.** Além do mais, a lucratividade de algumas empresas pode também variar consideravelmente.

Por isso, atenção: não leve muito a sério essas "regras absolutas".

Então, se o WACC atual é de 10%, por exemplo, para a empresa de Joãozinho, e o seu ROIC é de 20%, a sua empresa estará **CRIANDO VALOR.**

E o primo do ROIC, o ROE? O que seria ele?

ROE

O **ROE** significa *Return On Equity* ou **Retorno sobre o Patrimônio Líquido** em bom português.

Este é também um indicador de rentabilidade dos negócios da empresa!

Mas é um pouco diferente do ROIC. A fórmula do ROE é a seguinte:

ROE = Lucro Líquido / Patrimônio Líquido

Veja que, assim como o ROIC, o ROE também se baseia em uma medida de lucro sobre o dinheiro que financia a empresa. Mais uma vez é um indicador do tipo quanto mais alto, melhor.

Só que no ROE, não utilizamos como base todo o dinheiro que financia a empresa, mas somente o capital próprio (nesse caso o valor contábil do **Patrimônio Líquido**).

O lucro utilizado não é o NOPAT aqui, mas sim o **Lucro Líquido**.

O lucro líquido é a última linha da DRE, e é dessa fatia que sobra o dinheiro que irá ser **distribuído** ou não para os acionistas por meio de dividendos.

O lucro líquido é sem dúvida uma medida importante.

"Mas qual é a diferença principal entre ROIC e ROE para nós avaliadores de empresas, Mineiro?"

A diferença principal é a seguinte:

Quando utilizamos o ROIC, nós temos a visão da empresa como um todo quando tratamos de rentabilidade.

No ROIC nós colocamos toda a empresa num "mesmo balaio", tanto credores quanto acionistas.

O lucro que utilizamos no ROIC é o lucro operacional depois dos impostos (NOPAT).

Esse lucro não considera as despesas ou receitas financeiras, porém a sua base de cálculo considera as dívidas e o patrimônio líquido.

A principal vantagem do **ROIC** é que ele é um indicador mais **abrangente**, pois consegue capturar o efeito do endividamento das empresas.

Ele é essencial no nosso modelo de **Valuation**, pois parte da visão geral da lucratividade da empresa, considerando tanto acionistas quanto os credores. O modelo de FCFF parte justamente dessa perspectiva, aquela de todos os investidores no negócio.

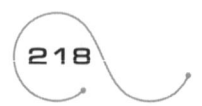

No nosso modelo de **Valuation** precisamos primeiro encontrar o valor justo total da empresa tanto para os acionistas quanto para os credores (chamado de **Valor Justo da Firma**). Só depois é que fazemos uma certa "mágica", em que finalmente transformamos esse Valor Justo da Firma no Valor Justo dos Acionistas.

O **Valor Justo dos Acionistas** é justamente o valor justo que queremos encontrar no **Valuation**.

Calma que ainda chegaremos lá!

E o ROE?

No ROE temos apenas a visão dos acionistas sobre os retornos de seu investimento. Só consideramos o retorno sobre o valor contábil do patrimônio investido.

A principal limitação do ROE é que ele não considera as dívidas. Dessa forma, podemos ter uma empresa com um ROE elevado, porém, se considerarmos as dívidas que financiam a companhia, o tal negócio que aparentemente é muito rentável, não se mostrará tão rentável assim.

Por isso, é bem legal analisar estes dois indicadores em conjunto: tanto o ROE quanto o ROIC.

O ROIC considera as dívidas da empresa na análise e mostra uma rentabilidade como um todo da empresa, e o ROE não considera as dívidas, e mostra a rentabilidade dos sócios da empresa.

Em nosso modelo de **Valuation** de FCFF, como estamos partindo da perspectiva não apenas dos acionistas (mas também dos credores), o ROE torna-se de certa forma dispensável.

Porém...

Ainda neste livro mostrarei um modelo de **Valuation** bastante importante voltado para empresas que pagam bons dividendos (ou seja, que distribuem boa parte de seus lucros) em que utilizaremos diretamente o ROE nas análises. Chegaremos lá também!

Ótimo! Vamos agora (para não perder o costume) a um **exemplo** de análise do ROE e do ROIC para isso ficar bem claro na sua mente.

Uma rede de pastelarias de um turco chamada Alá o Pastel possui um patrimônio líquido contábil de 1 bilhão de reais.

As dívidas onerosas somam 2 bilhões. No último ano o NOPAT foi de 270 milhões de reais. Já o lucro líquido foi de 190 milhões de reais.

Quais são o NOPAT e o ROIC da empresa nesse último ano? ROIC = 270 milhões / 3 bilhões

ROIC = 9%
ROE = 190 milhões / 1 bilhão ROE = 19%

Repare que num primeiro momento, se um investidor visualizasse apenas o ROE, poderia ser induzido a acreditar que este é um negócio muito mais lucrativo do que realmente é, já que a dívida tem um peso importante na estrutura financeira do negócio. Elas são o dobro do patrimônio líquido.

Ao considerarmos a dívida, a rentabilidade real do capital investido na empresa "não é essa Coca-Cola toda".

Isso ocorre muito em setores altamente alavancados financeiramente, então tenha atenção especial ao analisar a rentabilidade dessas empresas.

Unindo os conceitos: a fórmula do Crescimento

Você deve estar lembrado que vimos em algumas páginas atrás a nossa fórmula do crescimento esperado.

Essa fórmula pode nos gerar alguns insights legais, é bem verdade.

Vamos dar uma olhada nela na prática, para ver como funciona.

Uma rede de tabacarias, a Lá vem Fumaça, de um famoso trambiqueiro do Rio de Janeiro, investiu pesado em expansão no último ano.

O investimento líquido da empresa foi de cerca de 20 milhões de reais, e a variação da necessidade de capital de giro foi positiva em 1 milhão de reais.

O NOPAT da empresa no último ano foi de 30 milhões de reais.

Sabendo que o ROIC do negócio é em média de 20%, qual é a expectativa de crescimento dos lucros da empresa?

Usando a nossa fórmula nós temos:

$$\text{Crescimento esperado} = (21 \text{ milhões} / 30 \text{ milhões}) * 20\%$$
$$\text{Crescimento esperado} = 14\%$$

Esse crescimento esperado pode ser diretamente atribuído às receitas, pois indiretamente afetará o NOPAT na nossa projeção ao utilizarmos a Supertabela. Obviamente temos de ajustar as margens NOPAT para encontrarmos este lucro, como bem vimos anteriormente.

Vamos agora a um exemplo real disso, na nossa Supertabela. Vamos dar uma olhada nos números da **Lojas Renner!**

Até o segundo trimestre de 2021, os números são os que se seguem:

	2011	2012	2013	2014	2015
NOPAT	R$334,14	R$405,83	R$475,13	R$565,29	R$683,42
ROIC		21%	19%	17%	19%
Crescimento Real NOPAT		21,46%	17,08%	18,98%	20,90%
Receitas		R$3.238,54	R$3.862,51	R$4.370,95	R$5.216,82	R$6.145,20
Crescimento da Receita		19%	13%	19%	18%
Var.NCG			R$226,53	R$199,16	R$220,08
Invest. Líquido			R$283,18	R$240,72	R$339,73
Crescimento teórico NOPAT			20%	14%	16%

Primeiro quero que você note o seguinte:

> O ROIC da empresa sofreu uma grande diminuição de seu valor médio devido aos efeitos da Covid-19, e também em razão de algumas alterações contábeis que fizeram com que mais algumas contas acabassem se transformando em dívidas (isso aumentou o denominador na fórmula do ROIC e consequentemente o valor caiu).

O investimento líquido também sofreu uma profunda alteração com essas mudanças contábeis (já que o imobilizado foi afetado). Tivemos um aumento de 2 bilhões de um ano para o outro (2018 a 2019), mas isso não significou um investimento alto da empresa em si, mas sim a mudança na estrutura dos balanços.

Essas são algumas questões de "nerd" que discutiremos mais em nossa comunidade supercompleta de **Valuation**.

Não é foco deste livro entrar nessas discussões que levariam a mais páginas e páginas de assunto.

	2016	2017	2018	2019	2020	Últimos 12 meses
	R$728,37	R$815,78	R$1.073,76	R$1.230,89	R$752,39	R$556,09
	21%	18%	24%	17%	8%	4%
	6,58%	12,00%	31,62%	14,63%	-38,87%	-26,09%
	R$6.451,58	R$7.444,31	R$8.426,54	R$9.588,44	R$7.537,18	R$8.934,71
	5%	15%	13%	14%	-24%	19%
	-R$48,35	R$90,73	R$359,91	-R$233,37	R$607,07	R$346,66
	R$179,31	R$194,55	R$289,66	R$2.208,38	-R$42,97	R$864,79
	4%	6%	15%	27%	6%	8%

Fora estes detalhes, podemos notar que a Lojas Renner está investindo em crescimento, sim.

O investimento líquido tem sido no geral positivo e a variação da necessidade de capital de giro também.

Temos na nossa Supertabela o chamado crescimento teórico do NOPAT.

Cabe apontar que este crescimento pode não ocorrer de uma vez só, podendo ser diluído ao longo dos anos. Por isso, não é porque a fórmula apontou para determinado percentual de crescimento que ele inevitavelmente ocorrerá no ano seguinte.

Outro ponto de atenção é que as empresas têm diferentes maneiras de investir, e, por vezes, o **Capex** pode ser elevado (bem alto) em algum ano, e muito baixo em vários anos subsequentes.

É importante destacar, pois caso isto ocorra, não significa que a empresa parou de **investir**. Isso apenas pode nos informar que a empresa normalmente gosta de concentrar seus investimentos nos anos em que grandes oportunidades surgem.

Em geral, empresas que estão **concentrando** muito caixa ou tomando grande quantidade de dinheiro emprestado, são empresas que estão pensando em expansão. Porém, certamente há os casos de empresas que pegam dinheiro emprestado para pagar outras dívidas, e ainda as que acumulam caixa por questões de segurança financeira em períodos instáveis da economia.

Vamos chegando ao final deste importante capítulo no qual tratamos de crescimento!

Aqui abordamos vários conceitos importantes e extremamente úteis em **Valuation**.

No próximo capítulo iremos finalmente descobrir o grande "segredo" escondido:
O VALOR JUSTO!

Será o nosso capítulo sobre **PROJEÇÃO** dos fluxos de caixa.

VAMOS EM FRENTE!

8

Projetando
o valor

Finalmente, chegamos à cereja do bolo, ou à azeitona da pizza, se você for fã de azeitonas (até porque não tem como não ser fã de pizzas, não é?).

Enfim, chegou o momento de projetarmos no futuro "o dinheiro que sobra" para a empresa, nesse caso, os fluxos de caixa livres para a firma (FCFF — *free cash flow to firm*).

Já cheguei a apresentar a vocês a fórmula para encontrar o FCFF. É a seguinte:

FCFF = NOPAT + Depreciação – Reinvestimentos. Porém...

Essa aparente "facilidade" da fórmula esconde alguns detalhes, já que teremos de projetar cada uma dessas variáveis (NOPAT, depreciação e os reinvestimentos) separadamente.

"Agora é que o filho chora e a mãe não vê."

Estou brincando, pessoal, isso não é nada de outro planeta.

Para projetar o NOPAT precisamos projetar o crescimento das receitas, e a partir das receitas com vendas projetadas, nós extraímos o NOPAT utilizando a margem NOPAT (ou seja, o percentual de receitas que se sobrará como lucro operacional depois dos impostos).

No capítulo anterior já trabalhamos bastante com os conceitos de crescimento das receitas e margem de lucros.

Esses conhecimentos que transmiti a você no último capítulo serão a base para que consiga criar boas **premissas** de crescimento e margens de lucros.

São **insights** valiosíssimos!

Beleza!

A **projeção** do **crescimento** das receitas sempre inicia a partir da receita obtida nos últimos 12 meses. Depois projetamos as margens NOPAT dos 10 ou 5 anos seguintes (a depender do tipo de empresa avaliada).

O próximo passo é **projetar** a **depreciação** dos próximos anos!

Projetar a depreciação não é algo "lá tão complicado", já que é de se esperar que caso a empresa cresça, o número de ativos físicos também aumente, e assim a depreciação (que é o desgaste desses ativos) tende ao mesmo caminho.

Uma boa estimativa do aumento da depreciação pode ser a média de crescimento dela dos últimos anos.

Mas aqui também pode haver outros insights, como a média de proporção da depreciação em relação às receitas de anos anteriores. Podemos pensar na depreciação como uma fatia das receitas projetadas (é um outro ponto de vista).

Ainda podemos estimar o crescimento do Capex, e a partir disso estimar a depreciação.

Ambos andam de certa forma **lado a lado.**

Estimar a **evolução** da variação da **necessidade de capital de giro e do Capex** são os próximos passos da nossa projeção.

A variação da NCG, embora possa assustar com a sua fórmula relativamente grande, é mais facilmente projetada.

Podemos pegar uma média dessa variação em relação às receitas. Por exemplo, se a variação da NCG foi em geral positiva, e representou em média 3% do valor das receitas, podemos utilizar este valor de 3% das receitas para a nossa projeção.

No caso do **CAPEX**, a projeção normalmente **não é tão simples**. Os gastos com capital fixo são, em geral, os mais importantes para o crescimento de uma empresa.

Esses gastos são o pilar da expansão das companhias.

É praticamente impossível afirmarmos que a Lojas Renner, por exemplo, irá crescer, a menos que invista em novas lojas para a sua rede.

Ou que a Gerdau (metalúrgica) vai expandir suas operações, caso não invista em novas usinas.

Obviamente, há negócios que possuem um modelo de expansão que não necessita de tantos gastos com Capex. É o caso das franquias, por exemplo.

As franquias podem crescer sem investir "um centavo" em novas lojas. Nesse caso, em geral elas recebem um percentual dos lucros e/ou *royalties* pré-acordados em contrato. Os franqueados (empreendedores independentes que adquiriram o direito de abrir a franquia) é que fazem o investimento em ativos fixos.

Mas, no geral, a grande **maioria** das empresas precisa investir um bom percentual de seus lucros em Capex caso queiram crescer.

Porém...

Como projetar o Capex?

Esta é a pergunta de 1 milhão de dólares.

Geralmente, as empresas fazem investimentos de Capex em bloco.

Gastam muito em determinado ano e menos em anos subsequentes.

Temos algumas alternativas para conseguir boas **premissas** de Capex.

Uma delas é estimar, a partir do crescimento de receita esperado, quanto a mais a empresa precisará investir em Capex.

Basear o crescimento dos gastos com Capex no crescimento da receita.

Outra forma interessante é analisarmos a **história** que os gastos anteriores com Capex nos contam!

Se, por exemplo, a empresa vem há um bom tempo sem investir em ativos fixos, e se espera que a empresa aproveite um determinado momento de expansão do mercado, é de se imaginar que os gastos com Capex serão elevados num ano próximo.

Ou, ainda, caso a empresa tenha investido consideravelmente em Capex num último ano, é provável que ela fique alguns anos sem investir tão "pesado", caso o seu caixa tenha diminuído bastante devido a esta decisão.

Não há uma regra quando se trata de Capex. A projeção do Capex representa um dos maiores desafios em Valuation.

Outro insight bacana que diz respeito à projeção dos gastos com ativos fixos é o que muitos dos analistas fazem:

Utilizar um valor de crescimento uniforme para o Capex ao longo dos anos.

Esta pode ser uma alternativa prática e inteligente.

Já que é muito difícil prevermos exatamente em qual ano uma determinada empresa fará o investimento considerável em ativos fixos para financiar a sua expansão, **podemos apenas considerar que no longo prazo estes investimentos têm uma tendência de crescimento, já que se espera que a empresa cresça.**

Outro insight bastante relevante é que, **o Capex tem de ser maior que a depreciação.**

Se estamos falando de **empresas que acreditamos que crescerão no futuro**, temos de considerar que os seus gastos com ativos fixos serão maiores que as suas despesas que teoricamente servem para "manter o negócio no nível em que se encontra".

Essa é a ideia!

Após **projetarmos** toda "essa parada" (Receitas, NOPAT, Depreciação, NCG e Capex) para todos os anos de projeção na nossa Supertabela (que podem ser 10 ou 5 anos), nós encontramos o **FCFF** ("dinheiro que sobra" para empresa) de cada ano da projeção!

Então, somamos o valor de todos esses FCFF descontados pela taxa de desconto e encontramos o valor justo de firma.

Após isso temos mais algumas coisas a se fazer, mas antes vamos projetar os valores da Lojas Renner.

Nada melhor que um exemplo para que possamos entender do que se trata tudo que estamos realizando aqui no nosso livro.

São os seguintes **passos** para que possamos projetar os FCFF da empresa:

1. **Projetar crescimento das receitas**
2. **Projetar margem NOPAT**
3. **Projetar a depreciação**
4. **Projetar a NCG**
5. **Projetar o CAPEX**
6. **Descobrir o Valor Terminal ou Valor da Perpetuidade**

1º Passo: Projetando o crescimento das receitas

Qual será o crescimento das receitas da Lojas Renner nos próximos anos?

Não tenho bola de cristal, mas é de se esperar que o *market share* da empresa cresça consideravelmente, já que, como vimos nas últimas estimativas, ele é de ainda 1,5% aproximadamente em 2021 (Fonte: BTG Pactual) no setor.

Espera-se que com os efeitos da pandemia, em um **setor extremamente pulverizado (fragmentado)** como o de varejo de moda no Brasil, as empresas maiores e com diferenciais competitivos como a Lojas Renner consigam se estabelecer ainda mais, e preencher um vazio deixado por pequenas empresas que "quebraram na crise".

Se pegarmos a última receita da empresa (aquela dos últimos 12 meses), veremos que houve substancial diminuição. Isso não foi nada mais que os efeitos da crise pandêmica. Não podemos, portanto, acreditar que este é um "novo normal", já que os efeitos da pandemia tendem a ser temporários.

O que certamente podemos fazer é considerar que nos próximos 12 meses, a **tendência** é de um crescimento bastante alto nas receitas devido principalmente a **dois fatores:**

1. o cenário não deverá mais ser de pandemia e assim a circulação nos shoppings se tornará irrestrita;
2. existe uma forte **demanda** reprimida no segmento. Muitas pessoas deixaram de comprar roupas neste período conturbado, e assim podemos esperar que quando a situação se normalizar, elas voltem a comprar em grande quantidade novas peças.

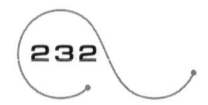

Por isso, a premissa que assumi é a de um crescimento no primeiro ano de 20% nas receitas, com a empresa batendo recorde nesse sentido.

Logo após este período imaginamos que a receita tenderá a ter um crescimento acelerado, porém mais "normal".

Estimei que, com os ganhos de *market share*, a empresa acabará tendo um crescimento de 15% nas receitas.

Após isso considerei um crescimento de mais 15% ao longo de 2 anos, 13% nos outros 2 anos seguintes, 12% nos 3 anos à frente, e no último ano da projeção de 10 anos, um crescimento de 7%, até que atinja a **estabilidade**.

Talvez agora você esteja imaginando:

"Parece que você exagerou neste crescimento, Mineiro! Essa média é bem mais alta que a média de crescimento histórica da empresa."

E de fato é!

Porém, a expectativa aqui é que a empresa ganhe uma fatia considerável de *market share*. Além disso, eu fui propositalmente um pouco mais otimista.

Sabe por quê?

Porque se, mesmo com essas premissas otimistas, eu não encontrar um valor justo atrativo para o negócio, ou seja, acima do preço de mercado, é bem provável que eu descarte o investimento neste momento.

Vamos ver como ficou a projeção de crescimento das receitas da **Lojas Renner** na nossa Supertabela:

Var. de Receita =	Receita =	Growt Receita
-	R$8.934,71	
R$1.786,94	R$10.721,65	20%
R$1.608,25	R$12.329,90	15%
R$1.849,48	R$14.179,38	15%
R$2.126,91	R$16.306,29	15%
R$2.119,82	R$18.426,11	13%
R$2.395,39	R$20.821,50	13%
R$2.498,58	R$23.320,09	12%
R$2.798,41	R$26.118,50	12%
R$3.134,22	R$29.525,72	12%
R$2.047,69	R$31.300,41	7%

Na perpetuidade consideramos um crescimento de 5,5% para a empresa, para que não seja maior que o crescimento do PIB do país mais a inflação projetada.

2º Passo: Projetando a margem NOPAT

Quais serão as margens de lucro da Lojas Renner?

A **margem NOPAT** que considerei para a Lojas Renner foi 13% ao longo de 6 anos, e depois de 14%.

Os números não foram meramente aleatórios. São baseados numa média que a empresa possuía em 2018 e 2019.

À medida que a empresa cresce suas receitas, também acreditamos que suas margens melhorarão, devido a **ganhos de escala nas vendas**.

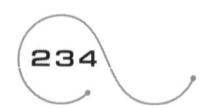

Veja a nossa projeção dos valores na Supertabela:

Fluxo de Caixa da Firma (em milhões)

Var. de Receita =	Receita =	Growt Receita	Margem NOPAT	Data =	NOPAT[1]
-	R$8.934,71			0	
R$1.786,94	R$10.721,65	20%	13%	1	R$1.393,81
R$1.608,25	R$12.329,90	15%	13%	2	R$1.602,89
R$1.849,48	R$14.179,38	15%	13%	3	R$1.834,32
R$2.126,91	R$16.306,29	15%	13%	4	R$2.119,82
R$2.119,82	R$18.426,11	13%	13%	5	R$2.395,39
R$2.395,39	R$20.821,50	13%	13%	6	R$2.706,80
R$2.498,58	R$23.320,09	12%	14%	7	R$3.264,81
R$2.798,41	R$26.118,50	12%	14%	8	R$3.656,59
R$3.134,22	R$29.5252,72	12%	14%	9	R$4.095,38
R$2.047,69	R$31.300,41	7%	14%	10	R$4.382,06
				Crescimento perpétuo	

Note que o crescimento das receitas e a margem NOPAT são o que definem o Lucro Operacional Depois dos Impostos (NOPAT) da empresa.

As receitas, desde o ano 1 até o ano 10 triplicaram de valor na nossa projeção.

Detalhe é que, desde 2011 até 2019, as receitas da Lojas Renner aproximadamente triplicaram também, saindo de um valor de aproximadamente 3,23 bilhões, até o valor de cerca de 9,6 bilhões de reais.

O crescimento que projetamos para os próximos 10 anos é de certa forma similar, já que a empresa tem um horizonte ainda bastante interessante no seu setor de atuação.

---

[1] (Net Operating Profit After Taxes) ou lucro operacional após impostos.

3º Passo: Projetando a depreciação

Qual a depreciação projetada para a Lojas Renner?

Ao analisarmos o **histórico** da depreciação da empresa, vemos um crescimento considerável nessas despesas. Tínhamos uma despesa com depreciação e amortizações por volta de 132 milhões de reais ao ano em 2012, e em 2021 este valor soma mais de 800 bilhões de reais.

Certamente chama a atenção tal crescimento.

Variação do Capex	2012	Var.	2013	Var.	2014	Var.
Depreciação	132,95	26%	167,44	27%	212,73	24%

Variação do Capex	2015	Var.	2016	Var.	2017	Var.
Depreciação	264,78	18%	311,26	6%	329,05	-4%

Variação do Capex	2018	Var.	2019	Var.	2020	Var.
Depreciação	314,57	132%	730,09	8%	791,04	7%

Variação do Capex	Últimos 12 meses
Depreciação	843,27

Porém, cabe aqui uma informação adicional.

Passamos por algumas mudanças na contabilidade que acabaram provocando um salto grande na depreciação de 2018 para 2019.

Este aumento repentino se deu a essas alterações contábeis.

Então, imaginarmos um crescimento da depreciação com base neste crescimento pode não ser a alternativa mais inteligente.

Imagina-se que, caso não houvesse esta alteração contábil, a depreciação da Lojas Renner atualmente seria de aproximadamente 3 vezes o valor que possuía em 2012.

Então podemos **projetar um crescimento da depreciação que até mesmo reflita o crescimento das receitas**, imaginando que a **expansão** trará maiores despesas com depreciação dos ativos fixos.

Projetei as seguintes premissas para a depreciação na nossa Supertabela:

Data =	NOPAT[2]	Depreciação =
0		
1	R$1.393,81	800
2	R$1.602,89	900
3	R$1.834,32	1.000
4	R$2.119,82	1.100
5	R$2.395,39	1.200
6	R$2.706,80	1.400
7	R$3.264,81	1.500
8	R$3.656,59	1.700
9	R$4.095,38	1.900
10	R$4.382,06	2.100
Crescimento perpétuo		

Veja que o crescimento da depreciação acabou num valor, ao final da projeção, ligeiramente inferior do que 3 vezes o valor da depreciação atual.

Eu parti também da **ideia de que a depreciação neste primeiro ano pouco se alterará**, e busquei um **crescimento contínuo** dela ao longo dos anos.

---

[2] Net Operating Profit After Taxes ou Lucro Operacional após Impostos.

4º Passo: Projetando a variação de NCG

Qual será a nossa variação de NCG projetada para o futuro da Lojas Renner?

Vejamos:
temos os valores da NCG na nossa Supertabela.

Pudemos constatar que a variação de NCG correspondeu em média a 3% das receitas no longo prazo.

A Lojas Renner normalmente destina a mais de NCG, 3% das receitas ano após ano.

Para nossa projeção, este valor médio é interessante, pois mostra uma **tendência**.

É natural ainda que, quando a empresa se expande, ela destine a maior parte de dinheiro para despesas corriqueiras em novas lojas.

Assumindo este valor de 3% das receitas, temos os seguintes valores de variação da NCG na nossa projeção:

Data =	NOPAT[3]	Depreciação =	(Variação NCG)[4] =
0			
1	R$1.393,81	800	-R$321,65
2	R$1.602,89	900	-R$369,90
3	R$1.834,32	1.000	-R$425,38
4	R$2.119,82	1.100	-R$489,19
5	R$2.395,39	1.200	-R$552,78
6	R$2.706,80	1.400	-R$624,65
7	R$3.264,81	1.500	-R$699,65
8	R$3.656,59	1.700	-R$783,55
9	R$4.095,38	1.900	-R$877,58
10	R$4.382,06	2.100	-R$939,01
Crescimento perpétuo			

5º Passo: Projetando o CAPEX

Bora neste momento projetar o Capex da Lojas Renner!

A regrinha interessante de se adotar para o Capex é a de que ele não deve ser menor que a depreciação.

Além disso, é importante que ele seja substancialmente mais alto que a depreciação, caso estejamos acreditando numa expansão da empresa no longo prazo.

---

[3] Net Operating Profit After Taxes ou Lucro Operacional após Impostos.
[4] Necessidade de Capital de Giro.

Vamos observar o crescimento histórico do Capex da Lojas Renner:

Variação do Capex	2012	Var.	2013	Var.
Depreciação	132,95	26%	167,44	27%
Ativo Imobilizado e Intangível	1102	283,18	1.385,55	240,72
CAPEX			450,62	
Capex / Depreciação			2,69	

Variação do Capex	2014	Var.	2015	Var.
Depreciação	212,73	24%	264,78	18%
Ativo Imobilizado e Intangível	1.626,27	339,73	1.966,00	179,31
CAPEX	453,45		604,51	
Capex / Depreciação	2,13		2,28	

Variação do Capex	2016	Var.	2017	Var.
Depreciação	311,26	6%	329,05	-4%
Ativo Imobilizado e Intangível	2.145,31	194,55	2.339,86	289,66
CAPEX	490,57		523,60	
Capex / Depreciação	1,58		1,59	

Variação do Capex	2018	Var.	2019	Var.
Depreciação	314,57	13%	730,09	8%
Ativo Imobilizado e Intangível	2.629,52	2.208,38	4.834,91	-42,97
CAPEX	604,23		2.938,47	
Capex / Depreciação	1,92		4,02	

Variação do Capex	2020	Var.	Últimos 12 meses
Depreciação	729,04	7%	843,27
Ativo Imobilizado e Intangível	4.794,93	864,79	5.659,72
CAPEX	748,07		1.708,06
Capex / Depreciação	0,95		2,025515927

Se excluirmos o aumento substancial do Capex de 2018 para 2019 devido a algumas mudanças na contabilidade, veremos que desde 2013 até 2020 o crescimento dos investimentos em ativos fixos não foi elevado na mesma proporção do que as receitas.

Porém, nos últimos 12 meses podemos enxergar um crescimento considerável do Capex.

Devido ao horizonte de crescimento que planejamos para a Lojas Renner, não é impossível de se imaginar que o Capex crescerá a uma **taxa considerável** nos próximos anos.

Porém...

Prefiro partir de um valor de Capex ligeiramente superior ao valor encontrado em 2020, já que o valor dos últimos 12 meses (até o primeiro trimestre de 2021) aparentemente se trata de um gasto mais pontual (**um investimento concentrado de expansão**).

Não significa que ele vai se repetir ano após ano. Estes são os valores de nossa projeção do Capex:

Data =	NOPAT[5]	Depreciação =	(Variação NCG[6]) =	(Capex) =
0				
1	R$1.393,81	800	-R$321,65	-900
2	R$1.602,89	900	-R$369,90	-1.000
3	R$1.834,32	1.000	-R$425,38	-1.200
4	R$2.119,82	1.100	-R$489,19	-1.400
5	R$2.395,39	1.200	-R$552,78	-1.500
6	R$2.706,80	1.400	-R$624,65	-1.600
7	R$3.264,81	1.500	-R$699,65	-1.800
8	R$3.656,59	1.700	-R$783,55	-2.000

(continua)

[5] Net Operating Profit After Taxes ou Lucro Operacional após Impostos.
[6] Necessidade De Capital de Giro.

(continuação)

9	R$4.095,38	1.900	-R$877,58	-2.200
10	R$4.382,06	2.100	-R$939,01	-2.400
Crescimento perpétuo				

Ah... e detalhe:

Os números da NCG e do Capex têm de ser preenchidos com valores negativos em nossa Supertabela.

Por exemplo:

- a variação da NCG projetada, eu simplesmente multipliquei a receita por 3% negativos (-3%);
- no Capex. eu simplesmente preenchi valores negativos colocando um sinal de menos à frente deles.

O Capex e a variação de NCG são reinvestimentos da empresa.

Vocês podem notar que, com relação ao Capex, utilizamos valores ligeiramente superiores à depreciação. Como esperamos que a empresa se expanda, nada mais óbvio que imaginar um crescimento do valor investido em ativos fixos.

Também procurei representar os valores com um crescimento constante, mostrando uma tendência de aumento de investimentos no longo prazo.

Com essas informações, nós conseguimos projetar os fluxos de caixa livres para a firma, ao longo dos 10 anos de projeção futura.

Veja só:

Data =	NOPAT[7]	Depreciação =	(Variação NCG)[8] =	(Capex) =	FCF[9] =
0					
1	R$1.393,81	800	-R$321,65	-900	R$972,17
2	R$1.602,89	900	-R$369,90	-1.000	R$1.132,99
3	R$1.834,32	1.000	-R$425,38	-1.200	R$1.217,94
4	R$2.119,82	1.100	-R$489,19	-1.400	R$1.330,63
5	R$2.395,39	1.200	-R$552,78	-1.500	R$1.542,61
6	R$2.706,80	1.400	-R$624,65	-1.600	R$1.882,15
7	R$3.264,81	1.500	-R$699,65	-1.800	R$2.265,21
8	R$3.656,59	1.700	-R$783,55	-2.000	R$2.573,03
9	R$4.095,38	1.900	-R$877,58	-2.200	R$2.917,80
10	R$4.382,06	2.100	-R$939,01	-2.400	R$3.143,04
Crescimento perpétuo					R$50.394,91

Projetamos os valores futuros até o ano 10. Porém...

Se vocês repararem, há um "lugar" ali chamado de **CRESCIMENTO PERPÉTUO**.

Vamos ver do que se trata!

Uma última consideração que faço sobre o Capex projetado é que, em determinados casos, temos de estudar a chamada **capacidade ociosa da empresa.**

O que seria a tal da capacidade ociosa?

Imagine que uma empresa de calçados investiu pesado numa fábrica.

---

[7] Net Operating Profit After Taxes ou Lucro Operacional após Impostos.
[8] Necessidade De Capital de Giro.
[9] Fluxo de Caixa da Firma.

Eles fabricam atualmente 40 mil pares de sapatos por dia. A demanda pelos calçados não para, e a empresa tem necessidade de crescer a sua produção!

Será que agora é a hora de expandir a fábrica ou construir uma outra?

A verdade é que depende!

Se essa fábrica que a empresa possui e produz 40 mil pares de sapatos, na verdade, conseguiria produzir até 100 mil pares de sapatos, é bem provável que a empresa não necessite aumentar suas fábricas. Note que a fábrica da empresa está produzindo abaixo de sua capacidade, ou seja, a **fábrica tem muita capacidade ociosa**.

A empresa, dessa forma, não precisa investir muito mais para construir uma nova fábrica. **Ela consegue "se virar com o que tem"**.

Os gastos com Capex serão reduzidos devido a essa capacidade ociosa de sua fábrica.

6º Passo: O Valor Terminal ou Valor na Perpetuidade (o "último FCFF")

Inevitavelmente, chega o momento em que uma empresa alcança o seu **apogeu**, o seu **ápice** de crescimento.

Depois deste momento, torna-se "mais previsível" imaginar o crescimento da empresa.

Quando uma empresa chega nessa fase, quer dizer que os melhores momentos de expansão já passaram.

Ora, o que é mais razoável imaginar?

Que uma empresa que fatura por volta de 100 milhões de reais ao ano em um determinado setor irá triplicar de tamanho em poucos anos?

Ou que uma que fatura 30 bilhões de reais no mesmo setor irá triplicar de tamanho em receitas em poucos anos?

Para uma empresa menor é muito mais fácil dobrar, triplicar, quintuplicar suas receitas que para uma empresa que já fatura dezenas de bilhões de reais e possui uma fatia de mercado considerável no seu setor.

No caso da Lojas Renner, vimos que a sua participação de mercado é pequena, e que há uma **avenida de crescimento grande pela frente.**

Porém, na nossa estrutura de **Valuation**, procurei não prolongar muito esse chamado "crescimento extraordinário" (o crescimento antes da fase de perpetuidade) para que não "extrapolemos" demais a nossa análise.

Caso quiséssemos prolongar a nossa projeção para mais de 10 anos, seria plenamente possível, mas não é o recomendado pelos grandes mestres do valor, pois a avaliação se torna **subjetiva** "até demais".

Obviamente, para investidores com uma filosofia de *buy and hold*, pode compensar comprar ações da Lojas Renner, visto que a empresa tem uma esteira de crescimento interessante para o longo prazo. Mas em **Valuation**, normalmente, procuramos alvos com um horizonte mais curto de valorização em geral.

Em geral, não algo para segurar por 10 ou 20 anos, embora possamos utilizar avaliações com base nessa filosofia também (muitos as utilizam).

O valor terminal ou perpétuo é justamente uma estimativa do quanto a empresa irá gerar de caixa para sempre.

Trazemos esse valor de caixa gerado "para sempre" a valor presente também. Descontamos este valor, trazendo-o ao ano 10, e depois o trazemos ao ano 0 (ou melhor dizendo, ao dia de hoje).

Vamos dar uma bela olhada então na **fórmula do valor terminal:**

$$VT = \frac{\{NOPAT \text{ do ano } 10 * [(1-\text{Taxa de Reinvestimento})*(1+\text{Crescimento Perpétuo})]\}}{(WACC - \text{Crescimento Perpétuo})}$$

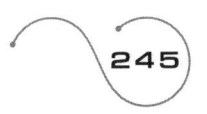

Vamos entender essa fórmula por partes!

A primeira coisa que precisamos entender é o **NOPAT do ano 10**.

Por que o utilizamos?

Quando vamos descobrir o valor perpétuo de um negócio, nós precisamos partir do NOPAT no ponto em que o crescimento da empresa se tornará **estável**.

E nós elegemos o ano 10 da projeção como este momento.

Se nossa projeção fosse de 5 anos apenas, o ano 5 seria o dito-cujo.

Após encontrarmos o NOPAT do ano 10, precisamos descobrir a **taxa de reinvestimento na perpetuidade!** Atenção, pois este valor é fundamental.

Para descobrir essa taxa de reinvestimento não é tão difícil assim. Basta determinarmos qual será o **ROIC "para sempre"** e o **crescimento "para sempre"**.

A fórmula fica assim:

Taxa de Reinvestimento Perpétua = Crescimento Perpétuo / ROIC Perpétuo

Note que **quanto maior for a rentabilidade da empresa, menor será a sua taxa de reinvestimento necessária** para que continue crescendo.

O crescimento perpétuo assumido como premissa para a Lojas Renner é o **crescimento esperado da economia** para o Brasil no longo prazo, que é de 5% mais um adicional de 0,5% devido ao seu potencial dentro de um setor fragmentado. **Sendo assim 5,5%.**

O ROIC perpétuo assumido foi de 15%. Um valor ligeiramente inferior ao ROIC de 2019, quando começamos a sentir os efeitos das mudanças contábeis relativas ao endividamento.

Devido a essas mudanças na Contabilidade, o ROIC tornou-se menor, mas ao mesmo tempo a taxa de desconto também caiu com o aumento do endividamento. Essa queda na taxa de desconto meio que "compensou" o fato de o ROIC ter diminuído.

O valor do ROIC perpétuo a ser utilizado pode ainda ser baseado numa média do setor.

Porém, devido à praticidade, optamos por nos basear na premissa de que o ROIC será próximo ao daquele de 2019, já que o horizonte de crescimento no setor é bem extenso, e é plausível de se pensar que a **rentabilidade** será **mantida** no longuíssimo prazo.

Veja como fica em nossa Supertabela:

Informações Relevantes	
ROIC (média 3 anos)=	16,77%
ROIC perpétuo	15%
Média real de crescimento do NOPAT (5 períodos)	-5,91%
Margem NOPAT	12%
Crescimento na perpetuidade	5,50%
Margem NOPAT média nos últimos 5 anos	12%

Sabendo que o ROIC da perpetuidade é de 15%, e que o crescimento esperado para a perpetuidade é de 5,5%, nós temos a seguinte necessidade de reinvestimento da empresa no longo prazo:

Taxa de Reinvestimento = 5,5% / 15%

Taxa de Reinvestimento = 37% aproximadamente

Isso quer dizer que a empresa precisa reinvestir 37% de seu NOPAT no longuíssimo prazo para que mantenha um crescimento de 5,5% ao ano, caso o ROIC se mantenha em 15%.

Reinvestimento na PERPETUIDADE (Reinvestimento/FCFF)	37%

Tudo isso é calculado automaticamente pela nossa Supertabela. Basta apenas colocarmos o valor do ROIC na perpetuidade e a taxa de crescimento esperada na perpetuidade.

Assim temos todos os ingredientes para a nossa fórmula do Valor Terminal (ou Valor da Perpetuidade)!

Vamos relembrá-la:

$$VT = \frac{\{NOPAT \text{ do ano } 10 * [(1-\text{Taxa de Reinvestimento})*(1+\text{Crescimento Perpétuo})]\}}{(WACC - \text{Crescimento Perpétuo})}$$

Inserindo todos os dados para a Lojas Renner, nós temos:

VT = {4339,53 * [(1 - 37%) * (1 + 5,5%)]} / (9,31% - 5,5%)

Valor Terminal da Lojas Renner = 76.916,79

Teste de Consistência da Perpetuidade = 76.916,79

Descobrimos assim todos os FCFF (Fluxos de Caixa Livres) da Lojas Renner por meio das premissas que utilizamos.

Fica assim a nossa projeção:

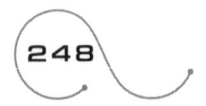

Teste de Consistência da Perpetuidade = 76.916,79

A reflexão sobre o Valor Terminal

Você talvez tenha reparado que o valor terminal encontrado é bem alto em relação aos outros fluxos de caixa.

Existe uma analogia bem bacana para que possamos compreendê-lo ainda melhor. É a analogia do "Pote de Pedras".

Vamos entender:

Imagine um pote de vidro. Agora suponha que vamos encher esse pote com pedras. Primeiro, vamos colocando algumas pedras maiores. Pedra por pedra vai entrando no pote, tornando-o cada vez mais cheio.

Com o tempo, vamos diminuindo o tamanho das pedras colocadas no pote. Chega um momento em que o pote está quase cheio e as pedras que entram no pote são tão pequenas (e continuam diminuindo), de tal forma que o pote nunca se complete.

Agora imagine que este pote se chama "Valor Justo", e que cada pedra colocada no pote é um Fluxo de Caixa Livre Descontado.

Pronto!

O Valor Terminal é justamente a soma de todas as pedrinhas colocadas no pote após determinada quantidade de anos projetados. Simples assim!

Como o WACC se mantém constante, mas o crescimento das receitas decai, temos que, em algum momento no futuro, os fluxos de caixa tendem a perder substancialmente seu valor (graças à taxa de desconto que cresce exponencialmente).

Existem inclusive críticas ao modelo de **Valuation** de FCD devido a isto. Já que o valor terminal pertence a um horizonte de tempo muito longo e imprevisível.

Certamente, é impossível afirmarmos com certeza que uma empresa sobreviverá para sempre, ou que ela não crescerá muito além do previsto, sendo que para muitas empresas que guardam maiores incertezas em relação ao seu futuro, não faz tanto sentido a utilização do modelo de Fluxo de Caixa Descontado.

É o caso, por exemplo, de empresas que passam por grandes dificuldades financeiras, as quais temos pouquíssima certeza se vão continuar existindo no curto ou médio prazos.

Neste livro, ainda discutiremos um pouco o caso dessas empresas. Porém...

Nosso foco maior é no modelo de **FCD**.

Um argumento forte a favor do FCD e do **Valor Terminal** é que o Valor da Perpetuidade é altamente **dependente** dos valores anteriores a ele. Ou seja, as premissas anteriores contam muito para a perpetuidade.

Podemos dessa forma afirmar que este Valor Terminal não vem do puro acaso, mas sim de um **embasamento** elaborado a respeito do crescimento anterior da empresa, e ainda de perspectivas futuras sobre o setor de atuação da companhia e dela mesma em si.

Um problema maior pode surgir, para nós, avaliadores, quando o cenário de crescimento extraordinário da empresa aponta para um período muito maior que 10 anos.

É o que pode acontecer no caso de empresas como a Lojas Renner em 2021. Uma empresa com fortes diferenciais competitivos, mas que possui uma participação de mercado muito baixa ainda (1,5%), num setor que não passa por grandes transformações revolucionárias que podem mudar tudo "da noite para o dia".

Não aumentamos a série de anos de projeção para não extrapolarmos demais na análise, mas certamente a Lojas Renner pode crescer de maneira acentuada talvez por 20 anos.

Mantenho a forte opinião de que o **Valuation** pode ser utilizado como uma estratégia de investimentos em ações para curto, médio e longo prazos. Considero aqui curto prazo um período abaixo de 1 ano.

Nosso papel, como investidores, é buscar empresas que estejam visivelmente desvalorizadas perto de seu potencial, admitindo um certo nível de incerteza.

Então, alto lá, meus consagrados!

O valor terminal ainda não é o valor justo da empresa.

Nós precisamos agora trazer toda "essa bagaça" para o **valor presente**, utilizando a taxa de desconto que se apoia no **WACC** (custo de capital).

Na nossa Supertabela, projetaremos o Custo de Capital ao longo dos 10 anos, e também para a perpetuidade.

Projetando o custo de capital

O custo de capital vai mudar ao longo dos anos de projeção? Olha, muito provavelmente, sim.

À medida que a economia evolui ao longo dos anos é evidente que alterações nas taxas de juros terão impactos significativos no WACC.

Além disso, em geral, as empresas vão se tornando maiores e mais maduras, e com as incertezas relativas ao crescimento se desfazendo, é natural que uma empresa comece a se endividar mais (na maioria das vezes de uma forma saudável), já que as suas receitas se tornam mais previsíveis.

Vimos que o **aumento no endividamento pode inclusive reduzir o custo de capital**, e isso é "bem legal" para os acionistas, já que a taxa de desconto cai e a empresa passa a valer mais ("quem diria, né?")!

Porém, nas nossas análises, pode não ser conveniente imaginar que a empresa irá aumentar ou diminuir o seu endividamento ao longo dos anos.

Em alguns casos, isso pode **extrapolar** muito a avaliação, e na maioria das vezes, quanto mais simples for o **Valuation**, mas as teses acabam sendo corroboradas pelo tempo.

A projeção que farei na Lojas Renner manterá a estrutura financeira no mesmo nível que está.

Basta então pegarmos o valor do WACC que descobrimos e colocarmos ele na **projeção**.

Fica assim:

Data=	NOPAT[10]	Dep.[11] =	(Variação NCG)[12] =	(Capex) =	FCF[13] =	Estágios de VACC
0						
1	R$1.393,81	800	-R$321,65	-900	R$972,17	9,31%
2	R$1.602,89	900	-R$369,90	-1.000	R$1.132,99	9,31%
3	R$1.834,32	1.000	-R$425,38	-1.200	R$1.217,94	9,31%
4	R$2.119,82	1.100	-R$489,19	-1.400	R$1.330,63	9,31%
5	R$2.395,39	1.200	-R$552,78	-1.500	R$1.542,61	9,31%
6	R$2.706,80	1.400	-R$624,65	-1.600	R$1.882,15	9,31%
7	R$3.264,81	1.500	-R$699,65	-1.800	R$2.265,21	9,31%
8	R$3.656,59	1.700	-R$783,55	-2.000	R$2.573,03	9,31%
9	R$4.095,38	1.900	-R$877,58	-2.200	R$2.917,80	9,31%
10	R$4.382,06	2.100	-R$939,01	-2.400	R$3.143,04	9,31%
Crescimento perpétuo					R$76.848,93	9,31%

---

[10] Net Operating Profit After Taxes ou Lucro Operacional após Impostos.
[11] Depreciação.
[12] Necessidade de Capital de Giro.
[13] Fluxo de Caixa da Firma.

O WACC projetado para todos os anos foi de 9,31%. Esse é o custo de capital do dia 10/09/2021.

A taxa de desconto é calculada automaticamente pela Supertabela, e os resultados dos fluxos descontados veremos a seguir!

8.1 O valor de firma

Quando descontamos todos os FCFF a valor presente, temos a possibilidade de encontrar o **Valor Justo de Firma**.

O valor justo de firma é o valor do negócio como um todo, sem retirarmos ainda o peso de suas dívidas!

Lembra-se da história que contei a vocês várias vezes? De que temos duas partes que financiam o negócio?

Pois bem, nós, enquanto investidores em ações, somos os acionistas. Somos donos de pedaços da empresa. Do outro lado há os credores, os quais têm direito a receber os seus empréstimos de volta.

O valor de firma considera tanto o valor da empresa para os acionistas quanto o valor dos empréstimos que pertence aos credores.

Quando queremos descobrir o valor justo do negócio apenas para nós, acionistas, temos de subtrair do valor de firma as dívidas onerosas.

Mas primeiro vamos ver a **fórmula** do valor de firma:

Valor de Firma = Soma de todos os FCFF descontados da projeção

Vamos ver como fica a **fórmula** da **Lojas Renner**:

Você pode se assustar um pouco nessa parte, porém fique tranquilo, pois, como já disse, os cálculos são todos feitos de forma automática.

Valor de Firma da Lojas Renner =
[(**972,17**)/(1+ 0,0931)^1] + [(**1132,99**)/(1+ 0,0931)^2] + [(**1217,94**)/(1+ 0,0931)^3] + [(**1330,63**)/(1+ 0,0931)^4]
+ [(**1542,61**)/(1+ 0,0931)^5] + [(**1882,15**)/(1+ 0,0931)^6] + [(**2265,21**)/(1+ 0,0931)^7] + [(**2573,103**)/(1+ 0,0931)^8] + [(**2917,80**)/(1+ 0,0931)^9] + [(**3143,04**)/(1+ 0,0931)^10] + [(**76916,79**)/(1+ 0,0931)^10]

Valor de Firma da Lojas Renner = 42,46 bilhões de reais aproximadamente.

Veja que descontamos cada um dos FCFF a valor presente. É este cálculo que a nossa Supertabela realiza. Agora precisamos descobrir o **Valor do Acionista!**

Esse de fato é o valor que indicará o nosso **Preço Justo da Ação**. Vejamos!

8.2 Valor justo do acionista

Para encontrar o Valor Justo para nós, investidores, que mantemos participações na empresa, utilizamos a seguinte **fórmula:**

Valor do Acionista = Valor de Firma - Dívidas + Efeito Caixa

Vou explicar cada uma das variáveis, vamos lá!

O valor de firma já descobrimos anteriormente. Ele é a soma de todos os FCFF.

Só que no FCFF existe também o **dinheiro que pertence aos credores**. Esse dinheiro dos credores não pertence aos acionistas e por isso **tem de ser subtraído do valor de firma.**

Excluímos assim as dívidas. O efeito caixa é também bastante simples.

O **caixa** da empresa e as aplicações financeiras de curto prazo são aquele dinheiro que está "parado" na conta bancária da companhia, ou ainda a "grana" investida em algum investimento seguro que tem um baixo rendimento e que pode ser resgatado a qualquer hora.

Esse dinheiro não está aplicado no negócio!

Ou seja, não é um ativo gerador de caixa. Como vimos, são **ativos não operacionais.**

O que fazer com eles?

Diversos autores têm opiniões diferentes sobre o que fazer com o Caixa, mas a melhor alternativa (em nossa opinião) foi sugerida pelos grandes mestres Alexandre Póvoa e Damodaran.

Precisamos somar estes ativos não operacionais de volta ao valor de firma para encontrarmos o valor do acionista.

Porém...

Para que isto aconteça, é necessário **reestimar** o Beta.

Isso mesmo!

Para somar o Caixa de volta ao valor de firma, precisamos considerar que o caixa "não existe" quando estivermos calculando o Beta!

A ideia é a seguinte: se somarmos simplesmente o Caixa ao valor de firma, poderemos estar **superestimando** a capacidade desse caixa gerar valor para a empresa.

Da mesma forma, se nós não incluirmos os ativos não operacionais no nosso valor de firma, poderemos estar **subestimando** a riqueza do Caixa.

Uma alternativa inteligente é então **detectar qual é a relevância do caixa da empresa.**

Essa "relevância" pode ser identificada por meio da **proporção** entre caixa e ativo.

Mais uma vez, a nossa tabela faz isso tudo de forma automática!

"Bom, Mineiro, mas o que seria um caixa relevante? Existe alguma porcentagem de caixa sobre o ativo total da empresa que é considerada relevante?"

Então...

Póvoa (2019) definiu um percentual de 25% do caixa sobre o ativo, como um valor relevante.

Eu, particularmente, utilizo um percentual de 10%, já como relevante. **Porém, a nossa Supertabela lhe dá a possibilidade de colocar o valor que quiser como "caixa relevante".**

Embora a relevância do caixa varie de analista para analista, o Caixa não costuma fazer uma diferença abissal nas análises, especialmente porque o seu efeito de aumento do Valor de Firma cai bastante quando recalculamos o Beta da empresa.

O Beta sem o caixa tende a ficar mais alto. Isso aumenta o WACC e, consequentemente, a taxa de desconto. Ou seja, os fluxos de caixa diminuem, porém o caixa é somado depois ao Valor de Firma.

Vejamos então a fórmula que exclui o Efeito Caixa do Beta:

Beta sem efeito caixa = Beta da ação / (1 - Caixa / Ativo)

Sendo assim, caso tenhamos descoberto, por exemplo, que o Beta (alavancado) de uma empresa é de 1,2 e que a proporção de Caixa em relação ao Ativo é de 20%, teremos o seguinte:

Beta sem o efeito caixa = 1,2 / (1 - 0,2) Beta sem o efeito caixa = 1,5

Observe que o Beta sem efeito Caixa aumenta.

Enquanto isso, nós aumentamos o valor de firma com o caixa da empresa.

Vamos supor que o Valor de Firma dessa empresa é de 4 bilhões de reais. Suas dívidas somam 500 milhões de reais. Seu Valor do Acionista daria assim 3,5 bilhões, se não considerarmos o efeito caixa.

O caixa soma 400 milhões de reais.

Vamos supor que, com novo Beta (de 1,5), este valor de firma cai para digamos 3,7 bilhões.

Subtraindo a dívida temos 3,2 bilhões de reais, e somando agora o Caixa nós temos um valor justo do acionista de 3,6 bilhões de reais.

O cálculo fica assim:

Valor do Acionista = 3,7 bilhões - 0,5 bilhões + 0,4 bilhões
Valor do Acionista = 3,6 bilhões de reais

E se quisermos saber qual é o preço da ação da empresa? Muito simples!

Basta dividir o Valor do Acionista pelo número de ações totais emitidas pela empresa:

Supondo que existam 100 milhões de ações dessa empresa.

Valor Justo da Ação = 3,6 bilhões / 100 milhões
Valor Justo da Ação = 36 reais

Assim chegamos ao valor justo das ações de uma empresa!

Vamos então avaliar a Lojas Renner com tudo isso que aprendemos agora.

A primeira coisa é detectar o efeito caixa na empresa, vamos ver se ele existe ou não, e o que temos de observar para detectar na nossa Supertabela.

O efeito caixa fica lá na planilha do Ke (Custo de Capital Próprio), veja só:

Caixa/Ativo	30,00%
Beta sem Caixa	1,58
Beta com Caixa	1,11
Caixa considerado relevante	10%

Descobrimos que o **Beta da Lojas Renner é de 1,11.**

Porém, nele há o efeito do Caixa.

Então, se quisermos somar o Caixa ao valor de firma precisamos calcular o Beta sem esse efeito.

A nossa Supertabela calcula automaticamente o valor, e encontramos assim um **Beta sem efeito Caixa de 1,58.**

Veja que há uma parte da planilha que é destinada a colocarmos o nível de caixa que consideramos relevante. Nesse caso, coloquei um nível de caixa de **10%** sobre os ativos como **relevante.**

Note que o nível de caixa da Lojas Renner em 10/09/2021 sobre os ativos era de 30%.

Ou seja, houve "relevância suficiente" para que utilizássemos o efeito caixa. **Sempre bom lembrar que a nossa Supertabela já faz tudo isso para nós!**

E adivinhe só!

Ao desconsiderarmos o efeito do Caixa sobre o Beta da Lojas Renner, consequentemente o custo de capital irá subir.

No caso da nossa empresa avaliada, o novo custo de capital será de 11,31%.

Então, temos de projetá-lo na nossa Supertabela. É muito simples.

Em vez de utilizarmos o WACC anterior de 9,31%, nós projetaremos o novo WACC, de 11,31%.

Ficará assim nas projeções:

Data =	NOPAT[14] =	Dep.[15] =	(Variação NCG)[16] =	(Capex) =	FCF[17] =	Estágios de VACC	Valor da Firma
0							R$27.040,97
1	R$1.393,81	800	-R$321,65	-900	R$972,17	11,31%	R$873,39
2	R$1.602,89	900	-R$369,90	-1.000	R$1.132,99	9,31%	R$914,45
3	R$1.834,32	1.000	-R$425,38	-1.200	R$1.217,94	9,31%	R$883,13
4	R$2.119,82	1.100	-R$489,19	-1.400	R$1.330,63	9,31%	R$866,80
5	R$2.395,39	1.200	-R$552,78	-1.500	R$1.542,61	9,31%	R$902,79
6	R$2.706,80	1.400	-R$624,65	-1.600	R$1.882,15	9,31%	R$989,58
7	R$3.264,81	1.500	-R$699,65	-1.800	R$2.265,21	9,31%	R$1.069,96
8	R$3.656,59	1.700	-R$783,55	-2.000	R$2.573,03	9,31%	R$1.091,87
9	R$4.095,38	1.900	-R$877,58	-2.200	R$2.917,80	9,31%	R$1.112,37
10	R$4.382,06	2.100	-R$939,01	-2.400	R$3.143,04	9,31%	R$1.076,49
Crescimento perpétuo					R$50.394,91	9,31%	R$17.260,16

Usaremos o valor de 11,31% em todos os anos da projeção.

Depois que todo este cálculo é executado na planilha, o valor do caixa é somado (ou não) ao valor de firma na planilha de FCD!

Fica assim em nossa Supertabela:

Valor da firma	R$27.040,97
Dívida financeira	R$5.876,02
Efeito Caixa	R$5.614,76
Valor do acionista	R$26.779,72
WAAC	R$11,31

---

[14] Net Operating Profit After Taxes ou Lucro Operacional após Impostos.
[15] Depreciação.
[16] Necessidade de Capital de Giro.
[17] Fluxo de Caixa da Firma.

Repare que nós subtraímos a dívida onerosa (ou "financeira") e adicionamos o Caixa, já que ele é relevante para a Lojas Renner!

O valor do acionista encontrado é de 26,78 bilhões de reais aproximadamente para a Lojas Renner em 10/09/2021.

Que momento, meus amigos!

Chegamos ao "aparente" **Valor justo do negócio**, e agora basta encontrar o preço justo da ação e compará-lo ao preço da ação no mercado. Após isso farei mais algumas considerações importantes.

Para encontrar o valor justo da ação da Lojas Renner, basta dividirmos o valor de mercado pelo número de ações emitidas.

Esses dados são encontrados em plataformas como a Status Invest ou no site da Fundamentus.

Veja na nossa Supertabela como fica a comparação entre valor justo da ação e valor de mercado:

Número total de ações (em milhões)	898,507875
Valor de mercado	R$32.582,66
Downside	-17,81%
Cotação atual da ação	R$36,26
Valor justo da ação	R$29,80

O valor de mercado da Lojas Renner era de 32,58 bilhões aproximadamente em 10/09/2021.

Sendo que a cotação da ação no mercado fechou em 36,26 reais neste dia.

O **Valor justo da ação** encontrado é inferior à cotação da ação no dia 10/09/2021.

Por isso temos escrito ali na planilha o termo *downside*. Quando temos um *downside*, significa que o valor justo encontrado está abaixo do preço da ação no mercado.

Neste caso temos um *downside* de 17,81% aproximadamente. Isso nos mostra que o preço de mercado está 17,81% mais caro do que o preço justo encontrado.

Caso o preço justo da ação encontrado estivesse acima do valor de mercado, teríamos o chamado upside. Nesse caso podemos em tese afirmar que a ação está "barata".

Teríamos margem de segurança no investimento caso esta fosse a situação.

Bora neste momento ver algumas considerações importantes sobre **Valuation**!

8.3 Considerações sobre o valor

A primeira coisa que gostaria de dizer aqui é que você tem todo o direito de não concordar comigo.

Isso mesmo!

Valuation não é uma ciência exata que busca encontrar um valor absoluto e certo para a empresa.

O que queremos é encontrar um valor justo plausível, um valor o máximo realista possível e que está inserido em um determinado contexto econômico de taxas de juros e competitividade entre as companhias.

Por estarmos tratando de projeções futuras, é óbvio que as coisas irão mudar, e que a grande maioria de nossas previsões não irá se confirmar exatamente como imaginamos.

Por isso, temos de lidar com um cenário altamente imprevisível. Prever o futuro é uma tarefa bastante subjetiva.

Sabendo disso, como você lidaria com a possibilidade de que suas previsões talvez estivessem erradas, sendo que provavelmente estão?

O que fazer para lidar com o cenário de incerteza futura e ainda assim conseguir lucrar nos seus investimentos?

Felizmente, existe uma forma de proceder!

E você não vai se impressionar talvez com essas três palavrinhas, as quais inclusive já havia escrito antes:

MARGEM DE SEGURANÇA!

A chave está em exigir uma margem de segurança maior no investimento.

Buscar investimentos cujo *upside* seja bastante **evidente**.

Uma regra de bolso diz para investirmos em algo que tenha pelo menos um *upside* (margem de segurança) de 30% para um cenário conservador.

Aliás, ainda não comentei com vocês essa história de "cenários". Podem ficar tranquilos que explicarei mais adiante. Apenas saibam, por enquanto, que podemos estimar diferentes cenários na nossa avaliação.

Desde um cenário conservador, tanto para o desempenho da empresa quanto para o custo de capital (no qual a empresa tende a valer menos), a até mesmo cenários mais otimistas, no qual a empresa cresce além do esperado e o custo de capital é mais baixo.

Chamamos essa avaliação de cenários de teste de sensibilidade!

Resumindo a história: o que queremos é um *upside* interessante mesmo para um cenário conservador.

"Margem de segurança é o que há!"

Aí vem a pergunta!

A Lojas Renner seria uma boa empresa para se investir no dia 10/09/2021 ao nos basearmos em nosso **Valuation**?

Para mim, André Albernaz, não, não seria. Mas isso tem mais a ver com a forma como eu invisto.

Sabe por quê?

Porque, em minha opinião, não temos uma clara oportunidade de "ação descontada".

O cenário em que projetamos o **Valuation** da Lojas Renner foi um cenário considerado neutro ou base. E mesmo nesse cenário, que é mais otimista que o cenário conservador, a empresa não mostrou um *upside* superior a 30%.

Mas isso significa, então, que a Lojas Renner seria um mau investimento?

Não exatamente!

O mercado possui consciência própria no curto prazo. De repente as ações da Lojas Renner podem pular dos R$36,26 para os R$60,00, embora isso seja improvável.

Porém, **não queremos virar reféns do acaso**. Quanto menos pudermos contar com a sorte, melhor é.

Além disso, há outras estratégias de investimentos nas quais as ações da Lojas Renner podem se encaixar bem.

Há defensores do *buy and hold* que afirmariam que, devido ao fato de a empresa estar num setor em que há alto potencial de ganho de *market share*, e que por causa de outros aspectos qualitativos que fazem com que a empresa tenha grandes vantagens competitivas, é bem provável que as ações da empresa valorizem muito ainda ao longo dos anos.

O *buy and hold* é uma outra filosofia de investimentos, voltada para um outro perfil de público. O *buy and hold* normalmente diz aos seus seguidores que eles devem buscar comprar ações de boas empresas (com "bons fundamentos econômicos") a um preço não "tão alto", e segurar essas ações por muitos e muitos anos, por vezes mais de décadas.

É um método de investimentos mais prático e simples, voltado para um tipo de investidor mais passivo, que não tem tanto tempo de estudar e avaliar empresas.

Obviamente, o *buy and hold* pode ser combinado ao Valuation. Alguém que quer segurar ações por um prazo mais longo pode querer descobrir se essas ações "não estão muito caras", ou mesmo se estão "baratas" naquele momento.

O **Valuation** (quando utilizado por investidores) tem como horizonte de prazo de investimentos, normalmente, não anos e anos a fio, mas sim alguns meses, geralmente até 1 ano.

Queremos encontrar oportunidade de investimentos bem claras, com uma grande chance de gerar retorno. Por vezes parece um "pique-esconde", onde queremos encontrar a ação "barata".

Se você não é totalmente novo no mundo dos investimentos, já deve ter visto aqueles "picaretas" que ficam falando de uma ação "escondida" que vai "valorizar 10 vezes".

Ao fazer **Valuation**, você busca oportunidades boas de ganhos com margem de segurança alta, mas isso não significa que você vai comprar uma ação e ela vai valorizar 10 vezes como os "vendedores de sonhos" tentam vender.

Normalmente trabalhamos com um preço-alvo.

Esse preço-alvo normalmente coincide com o valor que estabelecemos como justo para a empresa no cenário neutro (ou base) da avaliação.

E já adianto que, quase nunca (ou nunca) esse preço-alvo é 10 vezes o valor da ação. Sinto em desapontá-lo nesse sentido.

Se fosse fácil encontrar uma ação que valoriza rápido 10 vezes o preço que vale, creio que a Bolsa de Valores seria a maior geradora de milionários e bilionários no curto prazo que já se viu, e o que vemos é bem o oposto (muitos perdendo dinheiro freneticamente na Bolsa de Valores como se estivessem jogando jogos de azar — e da maneira como "investem", realmente estão).

É raridade encontrar uma ação que tem potencial de dobrar de valor no curto prazo, quem diria potencial de valorizar 3, 4, 5 ou 10 vezes.

Fique atento a este discurso enganador.

O que você talvez esteja se perguntando agora é:

Como encontrar ações de empresas com alto potencial de valorização (mesmo que não seja para valorizar 10 vezes o seu preço)?

Existe uma forma, sim!

Chama-se *screening process*. Em bom português significa "processo de triagem". É o popular **"filtrar ações"**.

Tem como encontrar, por meio de diversos processos de filtragem, aquelas empresas com maiores probabilidades de conter um ótimo *upside*.

Vamos entender melhor o filtro de ações.

8.4 Filtro de ações

O **filtro de ações** não deve ser utilizado para escolher as ações nas quais colocaremos o nosso "suado dinheirinho", ou as quais recomendaremos aos nossos clientes.

Na verdade, o filtro de ações é uma etapa inicial em que procuramos empresas que possuem maior potencial de valorização. Nessa etapa, nós avaliamos a quais empresas daremos "maior atenção".

Porém, já adianto algo a você:

"Não adianta filtrar maravilhosamente bem as ações e não entender as empresas selecionadas nas quais utilizaremos o FCD."

Após filtrar e selecionar a ação na qual você quer dedicar maior atenção, é importante buscar compreender o negócio em que a empresa atua, seu setor e uma outra coisa importantíssima: **qual das Supertabelas utilizar para avaliar a empresa!**

Sim, há mais de uma Supertabela. Uma para cada tipo de empresa. Na verdade, são seis Supertabelas.

Porém, antes que você pense em jogar tudo para o alto e desistir, fique tranquilo, as tabelas são muito parecidas entre si. A lógica delas é bastante semelhante. Não há por que se desesperar, ok?

Ainda explicarei as diferenças entre elas, e as diferenças entre as empresas as quais cada Supertabela se refere. Voltando ao filtro de ações, é importante que você saiba que há diversos sites nos quais podemos utilizar os filtros.

Destaco dois sites gratuitos (por enquanto):

- **Status Invest**
- **Fundamentus**

Vou mostrar a vocês um **exemplo** de filtro na Status Invest.

Veja este exemplo de filtragem no dia 25/07/2021 em que busquei empresas cujo/a:

1. Preço estivesse sendo negociado de 4 a 16 vezes o Lucro Líquido.
2. Margem Líquida fosse superior a 10% nos últimos 12 meses.
3. Dívida Líquida fosse de no máximo 6 vezes o Patrimônio Líquido.
4. Dívida Líquida fosse de no máximo 3,5 vezes o EBITDA (Lucro Operacional antes da Depreciação e Amortização).
5. ROE fosse acima de 10%.

Criei uma série de **condições** para que pudesse encontrar mais facilmente uma **oportunidade**.

Esse filtro pode ser encontrado em **busca avançada** da Status Invest.

Além disso, cabe ressaltar que não iremos nos aprofundar tanto no filtro de ações, pois ele está mais no escopo da Análise Fundamentalista.

Nosso foco aqui é **Valuation**.

Porém, é importante você se atentar ao fazer um bom filtro de ações. Ele é muito útil e **nos poupa muito trabalho** de encontrar as melhores oportunidades do mercado.

Em nossa comunidade de **Valuation** falamos mais profundamente sobre os filtros de ações que nos ajudam a encontrar oportunidades na Bolsa de Valores.

Temos lá uma tabela exclusiva de filtragem de ações, a qual utiliza a combinação de dois indicadores: um de preço (maior possibilidade de a ação se encontrar "barata") e o outro de rentabilidade (lucratividade do negócio).

Essa é uma mistura explosiva, que pode nos fornecer uma lista com alto potencial de valorização. Obviamente ainda precisamos fazer o **Valuation** específico das empresas.

Porém, possuir uma lista assim nos possibilita concentrar em oportunidades mais interessantes.

Chegamos agora a um grande momento em nossas avaliações!

Agora é a hora de abordar os diferentes tipos de empresas sobre a ótica do **Valuation**.

Pois é...

Nem todo **Valuation** é igual, até mesmo porque nem toda empresa é igual ou mesmo parecida.

Existem algumas características que diferenciam empresas de empresas quando vamos fazer a avaliação delas.

Por exemplo: existem empresas que não têm lucros nem um pouco previsíveis. São empresas que, por exemplo, têm os seus resultados atrelados a algum preço de commodity.

É o caso de empresas que exportam petróleo. O seu valor tende a encolher quando o preço do petróleo está muito baixo, e a aumentar quando o barril de petróleo está sendo negociado a valores nas alturas.

No próximo capítulo vou lhe mostrar o que fazer para avaliar cada uma dessas espécies de empresas de forma mais eficaz!

9

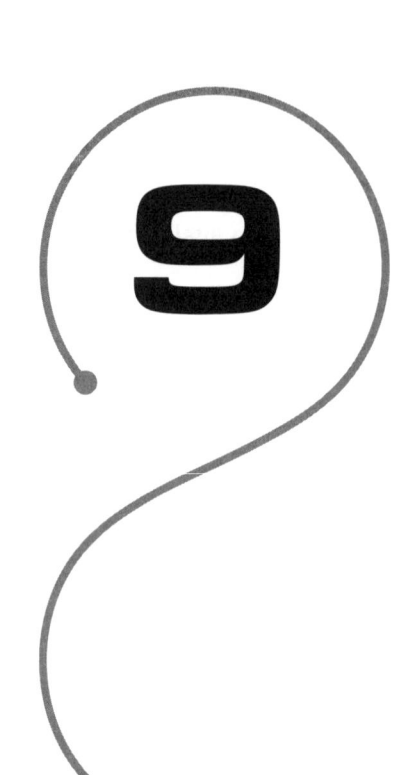

Diferentes negócios diferentes avaliações

Confessa vai...

Você não esperava que toda empresa deveria ser avaliada da mesma maneira.

E você está certo!

Realmente, há diferentes "tipos" de avaliação de empresas que exigem de nós um pouco mais de empenho, e às vezes até mesmo um pouco menos de "esforço" na avaliação (ou seja, são mais simples de se avaliar o valor justo).

Vamos começar então definindo quais são os diferentes "tipos" de empresas na avaliação:

1. **Empresas "normais" em fase de crescimento rápido**
2. **Empresas "normais" em fase de crescimento estável**
3. **Empresas cíclicas**
4. **Empresas intangíveis**
5. **Empresas boas pagadoras de dividendos**
6. **Empresas em situação financeira comprometida**

Invariavelmente, as empresas que avaliaremos se encaixarão em uma dessas categorias.

Vamos entender cada um desses tipos de empresas a serem avaliadas.

9.1 Empresas "normais" em fase de crescimento rápido

O que será que eu quis dizer com este "normais"?

Este "normais" significa que esta empresa não pode ser do tipo cíclica (explicarei isso mais à frente), nem uma empresa do setor financeiro, não pode ser uma empresa rica em "ativos intangíveis" (ainda explicarei melhor essa história) e não pode ser uma empresa do tipo "boa pagadora de dividendos".

Este é o sentido de "normais" neste caso.

Aqui estamos tratando de empresas que vêm crescendo na faixa de dois dígitos ao ano, ou seja, consistentemente mais que 10% ao ano.

A Lojas Renner do nosso exemplo no livro é uma empresa assim! Ela vinha crescendo consistentemente os seus lucros e receitas ao longo dos anos a taxas elevadas, e ainda havia perspectivas de se manter este crescimento por um longo período também.

Para estas empresas utilizamos um horizonte de projeção de 10 anos normalmente, como o que utilizamos para a Lojas Renner.

9.2 Empresas "normais" em fase de crescimento estável

Mais uma vez trata-se de empresas "normais"...

A diferença aqui é que essas empresas já alcançaram um nível maior de estabilidade no seu crescimento.

São empresas que não crescem mais na faixa dos dois dígitos anuais, mas sim algo em torno de 5% a 9% na média dos últimos anos. Elas normalmente alcançaram um nível maior de participação de mercado, e não têm muito mais para onde crescer.

São empresas como a Ambev, a qual mostramos também em exemplo anterior no livro. A Ambev já possui uma participação de mercado muito grande no setor de bebidas, e não é conveniente imaginar que uma empresa deste porte irá "dobrar" de tamanho em pouco tempo.

Para essas empresas, utilizamos como praxe uma projeção de 3 a 5 anos. Particularmente, na Mineiro Invest, utilizamos uma projeção de 5 anos na nossa Supertabela. Mas não é uma regra.

Há quem utilize aqui até mesmo projeções de um único ano, somente a perpetuidade ou valor terminal do FCFF.

9.3 Empresas cíclicas

"Agora que a parada começa a ficar sinistra!" Estou brincando, não é lá tão difícil assim.

Vamos entender inicialmente o que são empresas cíclicas.

As empresas cíclicas são aquelas que têm os seus resultados profundamente afetados por determinados "ciclos de preços das commodities" ou pelo "ciclo de crédito".

Os ciclos de preços de commodities são simples de entender, embora impossíveis de serem previstos. Primeiro, vamos ao que significa commodity.

As commodities são produtos básicos que possuem pouquíssima diferenciação entre si. O produto que você compra de uma empresa é praticamente idêntico ao que você compra de outra.

São exemplos de commodities:

1. **soja**
2. **milho**
3. **algodão**
4. **petróleo**
5. **minério de ferro**
6. **celulose**

Geralmente, essas empresas que vendem commodities são exportadoras. Ou seja, vendem suas commodities para alimentar a indústria de outros países.

Quando o mundo demanda muito uma determinada commodity, o preço dela tende a subir. Por exemplo, ocorre o seguinte:

Vamos supor que a China passa por um momento de grande expansão em sua indústria. A construção civil, a indústria automotiva e de manufatura estão a todo vapor no país asiático!

Com isso, eles necessitam de muito minério de ferro para ajudar neste grande crescimento. Sendo assim, recorrem justamente a quem? Justamente às empresas que **exportam** minério de ferro (já que na China não há minério suficiente para cobrir a gigantesca demanda do país).

O Brasil é inclusive um dos maiores **exportadores** de minério do mundo.

Com os chineses comprando cada vez mais minério para utilização em sua indústria, nada mais natural que o preço do minério suba. É a lei da oferta e demanda atuando, meus amigos.

Quando esse tipo de situação acontece de forma acentuada, dizemos que há um **"ciclo de alta do preço do minério"**.

Com o preço do minério "nas alturas" e uma grande demanda por este produto, empresas exportadoras de minério, como a Vale do Rio Doce, se **beneficiam** muito. Os seus lucros aumentam consideravelmente, pois estão vendendo minério mais caro e em maior quantidade.

Os preços das ações nestes ciclos de altas também tendem a sofrer impacto, porém aqui todo cuidado é pouco! Sabe por quê?

Porque os investidores costumam exagerar na dose de otimismo quando as empresas estão "surfando uma onda" de alta de preços de suas commodities comercializadas, e também a exagerar na dose de "pessimismo" quando o preço das commodities começa a despencar devido à **desaceleração econômica**.

Com isso, quando as coisas estão "dando muito certo", o preço das ações de empresas que são beneficiadas pela alta de preços das commodities costuma se elevar "demais", e quando as coisas "começam a dar errado", os preços despencam de uma vez.

Há um velho ditado que diz: "O mercado sobe de escada e desce de elevador."

É exatamente o que acontece com as ações dessas empresas. Quando as expectativas são muito positivas, os preços vão subindo gradualmente, até atingirem um topo (que nunca sabemos quando chegará). Após o topo, o preço vai "ladeira abaixo" em questão de semanas ou até mesmo dias.

Nessas ações, o cuidado deve ser redobrado e, mais do que nunca, um **Valuation** bem-feito é necessário, para que nós não fiquemos perdidos.

São empresas nas quais os potenciais de ganhos são muito altos, mas ao mesmo tempo o **potencial de perda de patrimônio é elevadíssimo**.

As **janelas de oportunidade** para comprar ações dessas empresas ocorrem de tempos em tempos, depois que o mercado "castiga" muito os preços das ações (elas ficam mais "baratas"). Mesmo assim deve-se ter cuidado para escolher empresas que possuem grande chance de continuar a exercer suas atividades (já que muitas vão à **falência** nos períodos de "vacas magras").

Vamos imaginar agora a situação de uma empresa brasileira que exporta soja. Quando o preço da soja dispara no mundo, essa empresa se beneficia muito. Suas receitas e lucros tendem a ser mais volumosos.

Quando preço da soja cai, o inverso acontece. A empresa acaba passando por um período de "vacas magras", em que suas receitas tendem a serem baixas e a empresa pode até mesmo vir a ter prejuízo.

Este é mais um caso de empresa afetada pelo ciclo de preço de commodities.

Essas empresas são ainda mais difíceis de serem avaliadas, já que suas receitas e seus lucros variam muito.

Não temos como definir um crescimento uniforme e estável das receitas e lucros no médio prazo para essas empresas como conseguimos fazer com outras.

Já explicarei o que temos de fazer para avaliar essas empresas, mas antes gostaria de comentar sobre as empresas fortemente suscetíveis aos **ciclos de crédito.**

Os ciclos de crédito estão ligados às taxas de juros. Já cheguei a comentar sobre elas com vocês. As taxas de juros também estão suscetíveis a ciclos.

Como comentei, **quando há muito dinheiro em circulação, a inflação cresce e os governos têm de atuar aumentando as taxas de juros, incentivando as pessoas a pouparem** (e consequentemente não gastarem).

O ciclo de crédito diz respeito ao custo do dinheiro. Quando os empréstimos estão baratos, as pessoas têm mais acesso a esses empréstimos.

Elas conseguem financiar mais facilmente a sua casa ou o seu carro, por exemplo.

Não precisam "vender a alma ao banco" (pagando juros "obscenos") para conseguirem adquirir alguns destes bens que possuem valor mais elevado.

E quem é que mais se beneficia quando os juros de financiamentos, por exemplo, estão mais baixos (além dos consumidores, é claro)?

As empresas que ofertam bens que normalmente exigem boas condições de financiamento para serem mais vendidos.

Ou seja, empresas que fabricam automóveis, construtoras, imobiliárias e fábricas de autopeças.

Essas são algumas das empresas que se beneficiam dos **ciclos de crédito barato.**

São essas as empresas que normalmente aumentam mais as suas vendas quando as condições de financiamento estão excelentes para os consumidores. Essas empresas são cíclicas também, porém obedecem a outro ciclo, o ciclo de crédito.

Há alguns outros setores que também são muito influenciados pelos ciclos de crédito.

Um deles é o setor de **Bancos de Investimentos.** Quando o custo do dinheiro é mais baixo, as pessoas tendem a investir mais em renda variável, e esses bancos de investimentos (como o BTG Pactual, por exemplo), conseguem auferir lucros maiores vindos das comissões de seus serviços.

Também há outros setores de empresas os quais são bastante afetados pelos ciclos de crédito, porém não de forma tão significativa a ponto de serem setores de empresas altamente dependentes dos ciclos. É o caso de setores de varejo.

As pessoas tendem a consumir mais produtos no geral quando os empréstimos estão mais baratos, mas não necessariamente uma empresa varejista de moda e vestuário, digamos, vai "sofrer muito" com juros mais altos na economia.

A dependência do ciclo neste caso é menor, já que roupas, normalmente, não são "cortadas das listas" dos consumidores mesmo quando o país passa por um momento de custos mais altos dos empréstimos.

É um bem de certa forma mais "básico" do que um carro, por exemplo.

Já para a aquisição de imóveis a coisa muda de figura!

Só Deus e os brasileiros sabem como algum percentual (%) a mais nos juros de um financiamento de longo prazo para a compra de uma casa, por vezes é a diferença entre pagar 200 mil reais ou 500 mil reais no total pela casa própria.

É por isso que os **setores de empresas ligados à construção civil são altamente dependentes do ciclo de crédito**. As vendas de imóveis aumentam demais em períodos em que financiar um imóvel está mais "barato".

Agora vem a questão!

O que muda da avaliação de empresas altamente cíclicas, para as empresas que não são cíclicas?

Há uma série de diferenças na avaliação de empresas cíclicas para as "menos cíclicas".

Vou enumerar as principais diferenças para que você possa utilizar em seu **Valuation**:

Deve ser feita uma normalização dos lucros

Não podemos simplesmente projetar as receitas e lucros como de maneira a refletir um crescimento uniforme. Sabemos que em algum momento o preço da commodity ou as taxas de juros tendem a mudar e a empresa vai se recuperar ou encolher de acordo com essa mudança.

Já que não temos como saber para onde as taxas de juros ou o preço da commodity "está indo" (se vão "subir ou cair"), **o ideal é projetar alguns poucos anos as receitas e os lucros. E na perpetuidade, não nos basearmos numa "perspectiva" muito otimista para o futuro.**

O bom senso é que, **se o ciclo for de alta, não extrapolemos mais do que 1 ou 2 anos de lucros extraordinários**. Logo após esse período devemos projetar um período de baixa, e finalmente na perpetuidade um cenário de "receitas e lucros médios" (normalizados).

Essa é uma avaliação inteligente que não o fará "perder muito dinheiro" nessas empresas. Os maiores erros dos investidores, e até mesmo de analistas (que intencionalmente são "otimistas", pois querem vender mais relatórios) são projetar lucros extraordinários "para sempre" nessas empresas, sendo que **invariavelmente ocorrerão ciclos de baixa**.

Não seja o tolo que faz depois tudo o que o sábio fez primeiro. Mantenha-se afastado dessas empresas quando todos especulam que "tudo irá dar certo".

Em empresas cíclicas nós entramos para multiplicar o capital investido. **Entrar próximo ao topo para conquistar de 20% a 40% de lucro com um investimento desses é arriscadíssimo!**

Muitos cometem este erro por ganância.

Isso é causa de perda permanente de capital.

Temos de procurar adquirir ações de empresas cíclicas quando as expectativas ainda não são tão elevadas.

Lembre-se da regra: Expectativas elevadas = preços elevados em relação ao valor!

Analisamos prazos mais longos para compreender a fase em que estamos no ciclo e quanto tempo em média duram os ciclos

É interessante quando possuímos dados de pelo menos 10 anos sobre estas empresas.

Um dado que pode ser interessante também é o **crescimento médio da receita desde um ciclo de alta até o outro**. Isso porque por mais que as empresas sejam cíclicas e se expandam e encolham de tempos em tempos, em geral há uma tendência média de alta do crescimento das receitas.

Já que, se uma empresa aproveitou para expandir muito as suas atividades no ciclo de alta, ela poderá ter poder financeiro suficiente para aproveitar ainda mais o próximo ciclo.

Imagine uma empresa que obteve receitas de 100 milhões de reais de 2002 até 2007 num determinado ciclo de alta da commodity.

Após este ciclo, vamos imaginar que houve 5 anos de "baixa" dos preços da commodity, sendo que a empresa inclusive teve prejuízo em vários anos.

Finalmente, em 2012, os preços voltaram a subir, mas desta vez a empresa tinha um poder financeiro de investimento muito maior. Ela acumulou riqueza daqueles "bons tempos" até 2007.

De 2013 em diante suas receitas foram de mais de 200 milhões de reais, representando um crescimento expressivo. Após este crescimento, em 2016 houve um novo ciclo de baixa que durou até 2019. De 2020 em diante o preço da commodity começou a se recuperar e as perspectivas para a demanda nos próximos anos são bastante favoráveis.

Veja que, por mais que a empresa tenha passado por "maus bocados" em alguns anos, a sua receita no ciclo de alta seguinte foi consideravelmente maior.

As empresas cíclicas normalmente aproveitam os "booms econômicos" para expandir suas atividades. Isso faz com que quando há um novo ciclo de alta, a empresa esteja preparada para "voar ainda mais alto".

Chamamos a tendência de crescimento de longo prazo dessas empresas de **"tendência secular"**. É uma tendência de longo prazo que está

muito além das variações dos preços das commodities no mundo ou das taxas de juros no país.

Obviamente, empresas menores têm potencial de crescimento superior ao de empresas já mais consolidadas. Mas seja qual for a empresa cíclica, em algum momento a tendência é a de que os preços encolham e depois multipliquem de valor devido ao pessimismo e otimismo exagerados de mercado.

A sugestão é que você compre quando o mercado é pessimista, e aguarde quando o otimismo retornar para vender. **O Valuation é um aliado precioso nessa jornada.**

Endividamento é um indicador ainda mais importante na análise de empresas cíclicas

Como essas empresas invariavelmente passarão por períodos turbulentos, nada mais inteligente que verificar se há grandes chances de sobreviver a estes períodos. Por isso, é fundamental que as **dívidas** sejam controladas.

A maior causa de falência entre as empresas são as dívidas.

Concluindo...

Ao analisar estas empresas preste atenção à normalização dos lucros, ao momento do ciclo e ao endividamento. Isto lhe dará uma base forte para tomar decisões mais inteligentes.

No mais, em nossa comunidade de **Valuation** (da Mineiro Invest), nós tratamos de maneira mais aprofundada a avaliação dessas empresas. Lá apresento como fazer na prática este tipo de avaliação que requer um pouco mais de empenho de nossa parte!

Há, inclusive, outra forma de avaliar empresas cíclicas, especialmente as que comercializam commodities, que utiliza um outro modelo de **Valuation: o modelo de opções reais.**

Não aprofundarei nele neste livro, já que é algo mais específico e não muito utilizado por quem está iniciando seus passos no **Valuation**. Mas tratamos dele em nossa comunidade também. Lá inclusive disponibilizaremos a Supertabela para o uso deste modelo!

9.4 Empresas intangíveis

A contabilidade é uma ciência muito útil na Avaliação de Empresas, disso não temos a menor dúvida!

Porém...

Em alguns casos as regras contábeis podem gerar algumas distorções importantes!

Vou explicar.

Existem algumas empresas que possuem gastos importantes que deveriam gerar ativos no Balanço Patrimonial. Mas a contabilidade não os registra.

Vou dar um exemplo: imagine que uma empresa farmacêutica chamada Vacina na Coxa tenha passado anos pesquisando uma importante vacina para uma doença nova chamada "Kriptonite".

Essa empresa investiu milhões e milhões com pesquisa e desenvolvimento, pagando pessoal especializado para realizar estudos e mais estudos, até finalmente encontrar a fórmula que previne a Kriptonite.

Essa fórmula irá gerar bilhões de reais de receitas para a empresa. É um ativo valiosíssimo, mas...

Quando a empresa termina de desenvolver a fórmula, ela não pode simplesmente contabilizar esta fórmula no Balanço Patrimonial!

Aqueles milhões e milhões de reais foram considerados despesas por anos a fio, mas quando finalmente a vacina para Kriptonite é desenvolvida, **ela não vale nada para a contabilidade.**

Ora, isso gera uma enorme distorção nas nossas avaliações de empresa, já que se a vacina para Kriptonite vai gerar muita receita para a empresa, ela deveria estar contabilizada no Balanço Patrimonial como um ativo operacional fixo. E não só isso, este investimento de anos e anos para criar a fórmula da vacina deveria ainda ser considerado um investimento de capital (Capex).

Pois bem, como corrigir essa distorção?

Felizmente, existe uma maneira recomendada para corrigir esse "problema".

Precisamos transformar aqueles gastos, que a empresa teve com Pesquisa e Desenvolvimento (P&D) para criar sua vacina, em um ativo!

Isso mesmo! Precisamos transformar todos aqueles gastos ao longo dos anos em um ativo intangível (no nosso exemplo seria a fórmula da vacina).

Só que esse ativo, como um ativo imobilizado (um carro, por exemplo), tem de ser "depreciado". Neste caso, dizemos que o ativo será **amortizado**. Significa basicamente o seguinte...

Assumimos que estes gastos com **pesquisa e desenvolvimento** têm uma espécie de "**prazo de validade**" em que são capazes de gerar **retorno** para empresa.

Sabe por quê?

Porque com o tempo, os ativos aos quais eles deram origem "vão perdendo valor", e novos gastos serão necessários para que a empresa não fique para trás das concorrentes.

No caso da vacina contra Kriptonite, é só imaginar que com o tempo, várias outras empresas do ramo farmacêutico irão disponibilizar a vacina. Além disso, à medida que as pessoas forem tomando as vacinas, o público-alvo pode começar a reduzir (já que quase todo mundo está ficando vacinado).

A **amortização** dos gastos com pesquisa e desenvolvimento é dessa forma uma alternativa conservadora para que possamos padronizar nossas análises de empresas dessa espécie.

Se estivéssemos falando, por exemplo, do desenvolvimento de um produto tecnológico, temos de amortizar os gastos com P&D, porque é de se imaginar que a empresa tenha de gastar cada vez mais para que os seus produtos não se tornem obsoletos (ultrapassados).

Agora, qual seria o período apropriado para amortização???

Um carro, por exemplo, pode ter uma **vida útil** para a empresa de 10 ou 15 anos.

Na nossa Supertabela, eu admiti que estes gastos que geram ativos intangíveis possuem **três prazos possíveis de validade** (vida útil).

São eles:

1. 5 anos
2. 7 anos
3. 10 anos

Essas foram as possibilidades as quais utilizei para **amortização** desses ativos!

"Entendi, Mineiro! Mas ainda estou meio confuso. O que afinal eu tenho que fazer com esses gastos? Faz um passo a passo aí!"

Seu pedido é uma ordem, meu jovem "gafanhoto".

Vou mostrar por meio de um **exemplo** o que fazer, tá legal?

Imagine que existe uma empresa de tecnologia que monta celulares militares.

Essa empresa se chama **"Tropa de Smartphone"**.

A empresa, em 5 anos, teve os seguintes resultados apurados por meio de sua DRE:

2017 - Receitas = 20 milhões de reais.

Despesas com P&D = 5 milhões de reais NOPAT = 3 milhões de reais.

2018 - Receitas = 30 milhões de reais.

Despesas com P&D = 8 milhões de reais NOPAT = 5 milhões de reais.

2019 - Receitas = 40 milhões de reais.

Despesas com P&D = 10 milhões de reais NOPAT = 7 milhões de reais.

2020 - Receitas = 55 milhões de reais.

Despesas com P&D = 14 milhões de reais NOPAT = 9 milhões de reais.

2021 - Receitas = 70 milhões de reais.

Despesas com P&D = 20 milhões de reais NOPAT = 13 milhões de reais.

A pergunta que te faço é: esses dados estão corretos? **Deveríamos nos basear nesse NOPAT para o Valuation da empresa?**

E a resposta é NÃO!

Temos de transformar estes gastos de P&D em ativos!

E para transformá-los em ativos, esses gastos não podem virar despesas.

E adivinha o que acontece caso esses gastos não virem despesas???

Eles serão novamente somados aos lucros.

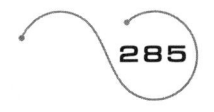

Isso mesmo!

"Então quer dizer que esse NOPAT, o lucro líquido, o lucro operacional, o EBITDA, estão todos 'errados', Mineiro?"

Sim! Precisamos **ajustá-los**.

E para ajustá-los da forma correta precisamos definir qual será a vida útil destes gastos que são transformados em ativos. Aí está o desafio.

Qual será a vida útil mais interessante para estes gastos com P&D da empresa "Tropa de Smartphone"?

Lembra que eu falei que a nossa Supertabela nos dá três opções (5, 7 ou 10 anos)?

Então, como celulares se tornam ultrapassados de forma "mais rápida" (sempre estão lançando uma novidade), definimos que a vida amortizável destes gastos com P&D será de 5 anos.

Beleza! O que fazer agora?

Agora temos de somar todos os gastos de cada ano ao seu respectivo lucro e criar uma outra despesa que será a amortização dos ativos "intangíveis" gerados.

Vamos ver como fica o "rolê": No ano de 2017, os gastos com P&D foram de 5 milhões de reais. O NOPAT neste ano foi de 3 milhões de reais.

Porém...

Como nós vamos transformar estes gastos com P&D em ativos que serão amortizados, precisamos somá-los ao NOPAT.

O novo NOPAT da empresa será de 8 milhões de reais.

No ano de 2018 (ano seguinte), nós precisamos considerar uma despesa com amortização de 1 milhão de reais. Como o gasto com P&D que foi transformado em ativo no anterior foi de 5 milhões, e a vida amortizável é de 5 anos, temos o seguinte cálculo para essa nova despesa:

Nova despesa com amortização = 5 milhões / 5 anos

Muito simples, né!

E no ano de 2018, qual foi então o NOPAT ajustado?

Sabendo que o NOPAT sem ser ajustado de 2018 foi de 5 milhões de reais, e que as despesas com P&D, que devem ser transformadas em ativo, foram de 8 milhões, será o seguinte:

NOPAT ajustado de 2018 = 5 milhões + 8 milhões - 1 milhão
NOPAT ajustado de 2018 = 12 milhões

E em 2019?

Qual será o novo NOPAT?

Agora as amortizações começam a acumular.

Perceba...

Temos de calcular a nova despesa com amortização do ano de 2017 e a do ano de 2018!

Fica assim:

Sabemos que a do ano de 2017 é de 1 milhão de reais. A de 2018 é de 8 milhões divididos por 5 anos.

O resultado será de 1,6 milhão.

Então as despesas acumuladas de amortização (2017 e 2018) serão de 2,6 milhões (1 + 1,6).

O NOPAT "sem ser ajustado" foi de 7 milhões de reais, e as despesas com P&D foram de 10 milhões de reais.

Vejamos então o NOPAT ajustado:

NOPAT ajustado de 2019 = 7 milhões + 10 milhões - 2,6 milhões
NOPAT ajustado de 2019 = 14,4 milhões de reais.

Podemos ir fazendo o mesmo sucessivamente com todos os anos seguintes.

Nossa Supertabela faz todo o "trabalho sujo" para a gente! É ou não é uma maravilha?!

Basta colocarmos os dados na planilha do efeito intangível e a mágica toda acontece.

Os dados a serem colocados são em geral os gastos históricos ano a ano com P&D.

O CAPEX sofre também grandes alterações de forma automática.

O novo CAPEX irá considerar estes gastos com P&D, como investimentos em capital, já que possuem durabilidade e são gastos de investimentos capazes de gerar retornos com as atividades da empresa.

No caso da "Tropa de Smartphone", é o investimento necessário para a criação de seus ativos mais importantes para comercialização: os celulares de militares.

Mas agora tenho de trazer outra informação importante a você: **estes gastos que viram ativos intangíveis não precisam se resumir a apenas os gastos com P&D.**

Há algumas empresas que criam marcas fortes, por exemplo, com enormes gastos com marketing. Ou que criam um time altamente especializado, com enormes gastos com treinamento de pessoal.

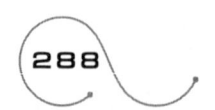

Essa marca e essa "capacidade dos colaboradores" podem, em teoria, ser transformadas também em **ativos intangíveis**. Tanto uma marca forte e reconhecida quanto um pessoal qualificado e bem treinado podem ser os diferenciais competitivos principais de determinados negócios.

Porém, aqui vai do **bom senso** do avaliador.

Nem sempre estes gastos devem constituir ativos intangíveis. Somente deve-se considerá-los em empresas cujos gastos nesse sentido estejam profundamente relacionados ao retorno dos negócios.

Esse tipo de conteúdo é mais específico, e trabalhamos o mesmo com mais profundidade na nossa comunidade de **Valuation** da Mineiro Invest.

Em nosso curso da Mineiro Invest de **Valuation** também mostramos como utilizar a Supertabela de empresas ricas em ativos intangíveis.

Lembrando aqui que, com ativos intangíveis neste contexto não estou falando dos intangíveis no Balanço Patrimonial, mas sim das despesas na DRE que podem ser transformadas em ativos!

9.5 Empresas boas pagadoras de dividendos

Primeiro, o que são empresas boas pagadoras de dividendos?

Essas empresas são aquelas que distribuem seus lucros de forma recorrente a seus sócios!

Ou seja, aquelas empresas que estão sempre **pingando** um dinheiro na conta dos seus fiéis investidores.

Lembra que eu falei anteriormente neste livro que as empresas têm duas opções sobre o que fazer com o lucro que recebem?

Elas podem reinvestir nos seus negócios, ou podem gratificar os seus sócios, os acionistas (nós, investidores em ações)!

O fato é que, normalmente, as empresas que já são mais consolidadas, líderes em seus setores, podem muitas vezes se dar ao luxo de distribuir seus lucros, justamente por não terem muito mais o que fazer com todo o bolo de dinheiro que ganham.

Imagine uma empresa do ramo de alimentos que possui uma participação de mercado de 60% no ramo de laticínios, o qual é o seu forte. A não ser que a empresa queira se expandir para outro ramo, dificilmente ela terá como crescer ainda mais no seu setor.

Como ela provavelmente está em uma **posição confortável** em relação à concorrência, poderia distribuir parte considerável de seus lucros e reter um percentual menor para continuar "tocando as suas atividades".

Especialmente empresas de grande sucesso, em situações financeiras bastante tranquilas, são as que distribuem grande parte de seus lucros aos acionistas.

O interessante é que essas empresas podem se avaliadas justamente pela sua capacidade de distribuir lucros aos acionistas. Já que normalmente os investidores adquirem ações dessas empresas com a finalidade de receber essas gratificações.

Mas como avaliá-las?

Na verdade, a lógica para se avaliar empresas boas pagadoras de dividendos não é muito diferente da lógica que utilizamos para avaliar as outras empresas utilizando o modelo de fluxo de caixa descontado.

A principal diferença aqui é que, no caso, **não será o fluxo de caixa da firma que será descontado, mas sim os dividendos**.

O modelo é inclusive chamado de **modelo de dividendos descontados**. Ou, ainda, **modelo de Gordon**.

Trata-se de um modelo amplamente conhecido e muito útil na análise de empresas.

Vamos conhecê-lo então!

Modelo de Gordon

O modelo de dividendos descontados, ou modelo de Gordon, é bastante semelhante ao nosso modelo de FCD utilizado no livro, o FCFF.

Há, entretanto, algumas diferenças, principalmente relativas a:

1. **Premissas de crescimento**
2. **Custo de capital**
3. **Fluxos de caixa**

Vamos ver cada uma dessas diferenças!

Premissas de crescimento do modelo de Gordon

A fórmula utilizada para apurarmos o **crescimento** do modelo de Gordon é bastante diferente daquela utilizada no FCFF.

No modelo FCFF a fórmula era a seguinte:

$$\text{Crescimento Esperado do Nopat} = \frac{\text{(Investimento Líquido+Variação da NCG)}}{\text{(NOPAT)}} \times \text{ROIC}$$

Já no modelo de Gordon, a fórmula é esta: **Crescimento dos Dividendos = (1 - Payout) x ROE**

Bem mais simples, né? Vamos entender essa história!

Quando falamos de dividendos, estamos pensando exclusivamente no acionista.

Aqui não consideramos os credores (que financiam a empresa via empréstimos). Então, não precisamos considerar o peso das dívidas que, por exemplo, existe depois de apurarmos o Valor de Firma.

O fluxo de caixa livre aqui são os dividendos!

Como indicador de Rentabilidade nós utilizaremos o ROE, justamente porque o "retorno sobre o patrimônio líquido" diz respeito ao retorno para os acionistas (donos do negócio).

O **tal do *payout*** é o percentual do Lucro Líquido que é distribuído para os acionistas. Por exemplo:

Se uma empresa teve um Lucro Líquido de 1 milhão de reais, e distribuiu para os seus acionistas R$400.000,00, o payout da empresa foi de 40% durante aquele período.

A **fórmula** do *payout* é bem simples:

Payout **= Lucros Distribuídos / Lucro Líquido**

Vamos a um **exemplo** fictício que deixa bem claro a ideia de crescimento dos dividendos:

O banco nordestino "Timbú Rei" já é bastante consolidado na região.

São mais de 40 anos de história.

Atualmente, o Banco distribui em média 50% de seu lucro líquido. O ROE do banco é de 12% em média.

Qual é o crescimento dos dividendos esperado para o banco "Timbú Rei"?

Basta utilizarmos a nossa fórmula:

Crescimento dos dividendos = (1 - 50%) x 12% Crescimento dos dividendos = 6%.

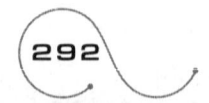

Para a perpetuidade podemos estimar que o banco cresça por volta de 3%. Assim, precisamos aqui descobrir o nível de *payout* do Banco (o quanto ele distribuiria de seus lucros), para termos uma noção melhor dos dividendos distribuídos.

Fica assim:

3% = (1 - *payout* perpétuo) x 12%

Payout perpétuo = 1 - (3% / 12%) *payout* perpétuo = 75%

Isso significa que, em teoria, para o banco manter um crescimento de 3% "para sempre", ele terá de reinvestir 25% de seus lucros, distribuindo no máximo 75%.

Essas são as diferenças relativas à apuração do crescimento.

Uma coisa a qual também chamo atenção é que, nesse caso, **nós partiremos dos últimos dividendos distribuídos pela empresa**. Na verdade, pelos **dividendos distribuídos nos últimos 12 meses**.

Pode ficar tranquilo que a nossa Supertabela fará isso para nós.

Só tenho de ressaltar aqui que é interessante pegar os dados que formarão a base para os dividendos "direto da fonte" (ou seja, nos relatórios da empresa).

Um dado importante que precisamos capturar é o chamado lucro por ação. Este lucro por ação pode variar bastante, até mesmo porque as empresas podem decidir fazer **inplits** ou **splits** de ações.

O que seria isso?

As empresas podem decidir, por exemplo, dobrar o número e ações no mercado, porém sem captar nenhum dinheiro. Parece bruxaria, mas não é. Esse é o "*split* de ações".

A lógica é que, devido ao fato de a quantidade de ações dobrar de tamanho, o preço dessas ações será diminuído no mercado. Assim a empresa mantém o seu valor de mercado.

Em tese não muda nada, porque os investidores continuam com o mesmo dinheiro investido na empresa, só que agora possuem o dobro de ações pela metade do preço anterior. É o famoso "metade do dobro".

Algumas empresas aumentam o número de ações dessa forma justamente para facilitar, por vezes, que o investidor pessoa física consiga comprar ações da companhia.

Se o preço das ações aumentou muito ao longo dos anos, pode ser que, se não passar por "divisões do preço", chegue a preços estratosféricos na casa até mesmo dos milhares de reais, tornando assim inviável que boa parte dos investidores "pequenos" consigam comprar ações.

O inverso pode também acontecer (embora seja mais incomum), de a empresa dobrar o preço das ações, por exemplo, e reduzir pela metade a quantidade delas. Nesse caso temos o chamado *inplit* de ações.

Enfim...

Tudo isso pode afetar o chamado **lucro por ação**, que nada mais é do que o Lucro Líquido dividido pela quantidade de ações em circulação.

Ahhh... E tem outra coisa que pode afetar o Lucro por Ação!

Se a empresa **recompra suas próprias ações**, os dividendos distribuídos aumentam por ação.

Sabe por quê? Porque assim teremos menos ações em circulação, já que várias agora serão detidas pela empresa.

Se há menos ações para as quais a companhia pode distribuir seus lucros, nada mais natural que o lucro por ação aumente.

Resumindo...

Ao analisar a evolução dos dividendos e lucro por ação, é fundamental descobrir se não houve recompra de ações em grande quantidade, ou, ainda, aumento ou diminuição de ações devido a *inplits* e *splits*.

Esses dados existem nos relatórios da empresa, e na nossa comunidade de **Valuation** eu aprofundo mais nessa análise com vocês.

Custo de capital

Essa diferença entre as avaliações convencionais com o FCFF e a do modelo de Gordon é bem simples.

Já que no modelo de Gordon a perspectiva é apenas dos acionistas, pois estamos considerando somente os dividendos distribuídos como fluxo de caixa, temos de utilizar o custo de capital próprio (Ke) como custo de capital na nossa avaliação ao invés do WACC.

Isso mesmo!

Utilizaremos só o Ke.

E para calcular o Ke não muda nada.

Então vamos a terceira, e não menos importante, diferença entre o modelo de Gordon e o de FCFF.

Fluxo de caixa

Como já bem disse anteriormente, o fluxo de caixa livre aqui no caso das empresas pagadoras de dividendos são justamente os dividendos.

Partimos dos dividendos distribuídos nos últimos 12 meses e estipulamos um crescimento uniforme para ele, assim como fazemos no FCFF.

A diferença aqui é que não precisamos mexer com NCG, CAPEX e Depreciação.

Isso certamente torna o modelo de Gordon muito mais simples!

A principal crítica em torno do modelo de Gordon é a dificuldade de estimar o peso da dívida para algumas empresas, já que não trabalha com o Valor de Firma, mas somente com os fluxos diretos de dividendos.

Porém, este é, sem dúvida, o modelo mais interessante e prático para empresas que já são consolidadas e distribuem seus lucros de forma recorrente. Sendo inclusive amplamente utilizado para se avaliar bancos.

Vejamos um exemplo então de empresa avaliada por meio do modelo de Dividendos Descontados!

Analisamos o maior banco da América Latina em 2021, o Itaú...

1º Passo: Passar os dados da contabilidade para a Supertabela

A primeira parte foi passar os dados contábeis para a nossa Supertabela.

Nada de novo aqui! É a mesma coisa praticamente que fizemos com a Lojas Renner, a qual analisamos anteriormente.

Um único adendo aqui é que a tabela de bancos é um pouco diferente. O Balanço Patrimonial é diferente, e temos de utilizar uma Supertabela específica de empresas financeiras (a qual, felizmente, nós, da Mineiro Invest, desenvolvemos) para que possamos copiar e colar os dados de forma eficiente.

2º Passo: Passar os valores históricos de cotação dos últimos 3 anos do Banco para a tabela com a finalidade de encontrar o Beta

Vai ficar deste jeito em nossa Supertabela:

Número total de ações (em milhões)	898,507875
Valor de mercado	R$32.592,66
Downside	0
Cotação atual da ação	R$36,26
Valor justo da ação	R$29,81

Como talvez você tenha notado, também peguei os dados de cotações históricas de alguns bancos concorrentes do Itaú.

Você não necessariamente precisa utilizar esses dados. Eu os coloquei na tabela somente para fins de comparar os Betas, deixando-a um pouco mais completa, mas você não é obrigado a fazer o mesmo.

Lembrando que esses dados podem ser encontrados no site: br.advfn.com

3º Passo: Estimar o custo de capital

Nada de outro mundo! Já vimos tudo isto no capítulo sobre taxa de desconto.

Precisamos apenas estimar o Ke. É ele que nos importa no modelo de Gordon.

O Ke do Itaú ficou assim no dia 30/06/2021:

Custo de capital próprio	8,73%
Bonds 10 anos	1,23%
Riscos Br	2,98%
Beta	0,90
Prêmio de risco do mercado	5,00%

Como pudemos averiguar pelos cálculos da tabela, o custo de capital do Itaú ficou em 8,73%.

4º Passo: Pegar os dados de lucro por ação e *payout* do Itaú dos últimos 10 anos

Bom, eu sei que esta parte pode ser um pouco mais monótona, já que você terá de baixar cada um dos relatórios e encontrar o *payout* e lucro por ação de cada ano, além de examinar se houve recompra ou emissão de novas ações que afetaram significativamente o LPA (lucro por ação).

Mas é bastante recomendado que se faça isso, já que dessa forma você terá dados "direto da fonte", além de mais informações para sua análise.

Porém, caso você queira, em vez de pegar os dados nos relatórios da empresa, pode utilizar aqueles obtidos em sites como a **Status Invest**. Eles costumam possuir o histórico de lucro por ação, *payout* e distribuição de dividendos das empresas. Esses dados são facilmente encontrados lá.

É de se chamar atenção a queda abrupta do LPA do Itaú de 2018 a 2021.

Por isso, chequei nos relatórios da empresa que a mesma realizou um desdobramento de ações, multiplicando o número de ações existentes por 1,5.

Em 26/11/2018 houve um aumento de 50% no número de ações.

Isso explica por que o LPA teve uma queda tão acentuada logo após o período, mesmo com os lucros em ascendência.

Após preencher essa parte da tabela, fica assim:

	LPA[1]	Payout[2]
2011		38,91%
2012	R$2,76	33,64%
2013	R$3,27	36,36%
2014	R$3,90	32%
2015	R$4,21	45%
2016	R$3,61	49%
2017	R$3,52	63%
2018	R$3,81	89%
2019	R$2,73	66%

Automaticamente, os dividendos (e recompras) já são preenchidos abaixo:

Evolução do DY por ação

R$*   R$0,91   R$1,19   R$1,26   R$1,89   R$1,78   R$2,92   R$3,40

No caso do Banco Itaú, foi possível de utilizar o *payout* que considera as **recompras** de ações.

Como as recompras de ações fazem com que o valor de dividendos distribuídos por ação suba, nada mais justo do que considerá-las como uma espécie de **distribuição indireta dos lucros**.

---

[1] O LPA do último período pode ser o acumulado dos trimestres.
[2] Pode considerar a recompra de ações.

5º Passo: Projeção

Nessa parte precisamos projetar os dividendos futuros. Óbvio que aqui exige-se também bom senso do avaliador. Precisamos descobrir qual é o crescimento mais plausível para os dividendos.

Essa parte pode se tornar bastante complexa para o nosso grande Banco Itaú, já que o setor em 2021 passa por um cenário de incertezas, em que diversas *fintechs* estão "revolucionando" o mercado de serviços financeiros.

Além disso, considerarmos como base os dividendos de 2020 para a projeção não faz muito sentido, já que se tratou de um ano bastante atípico. Tivemos uma pandemia e os resultados dos bancos obviamente foram impactados.

Nesse sentido, acreditamos ser interessante tomarmos como base inicial um valor pouco inferior aos proventos de 2019.

Em 2019 o **lucro líquido** do Itaú foi recorde, num período em que as taxas de juros estavam consideravelmente baixas e empréstimos se tornaram mais baratos. Mais pessoas investindo e o banco vendendo mais serviços. Tudo de bom para o Itaú.

Utilizei como base na projeção o valor de proventos de R$1,60 por ação.

Essa é uma escolha arbitrária baseada em argumentos sólidos de que a empresa irá retomar a sua lucratividade histórica e continuar a pagar bons dividendos.

Além disso, consideramos que após um ano, os proventos aumentarão consideravelmente (retomando a normalidade de crescimento), sendo que a empresa irá distribuir na perpetuidade algo em torno de R$2,22.

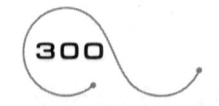

Fica assim na Supertabela:

Data =	Proventos por ação	Taxa de crescimento dos proventos	Estágios de Kr	Fluxos descontados dos proventos
0	R$1,60			
1	R$1,64	15%	8,73%	1.69
2	R$1,93	5%	8,73%	1.63
3	R$2,03	5%	8,73%	1.58
4	R$2,09	3%	8,73%	1.49
5	R$2,15	3%	8,73%	1.42
Crescimento perpétuo	R$2,22	3%	8,73%	25.46

O valor justo da ação ITUB3 encontrado baseado nessas premissas foi de R$33,27 em 31/07/2021.

Número total de ações	R$9.804,10
Valor justo da ação	R$33,27
Valor de mercado	282.489
Upside	15,48%
Cotação atual da ação	R$28,81

Novamente cabe afirmar aqui:

Não estou recomendando que você compre ou venda ações do ITAÚ.

Tudo depende de sua visão da avaliação e da estratégia de investimentos adotada.

Seguindo a metodologia da Mineiro Invest (que é a de comprar ações extremamente descontadas), não faz muito sentido comprar as ações do Itaú, pois buscamos alternativas de investimentos cujo potencial de valorização maior se dê no médio prazo.

Nesse sentido, as ações do Itaú, apesar de mostrarem um preço ligeiramente atrativo, não satisfazem nossa metodologia. Porém, quero deixar aqui explícito o seguinte:

> "Não necessariamente o preço das ações não irá subir muito além do valor justo que estipulamos. O mercado pode discordar de nossas previsões, e normalmente ele faz isso (tanto valorizando mais as ações, quanto desvalorizando)."

Em **Valuation**, principalmente, temos de evitar estar muito equivocados. É por isso que gostamos tanto de margem de segurança (*upside*) elevada.

Caso você consiga encontrar ações de empresas muito descontadas para seus investimentos, é bem provável que com o tempo tenha uma sucessão de acertos.

Esse é o caminho: acertar muito mais que errar e não tomar riscos desnecessários (por mais que por vezes preços que você considerou altos possam se tornar mais altos ainda).

9.6 Empresas em situação financeira comprometida

Para essas empresas utilizamos a mesma quantidade de anos de projeção que nas empresas de crescimento rápido. Ou seja, 10 anos. As empresas que passam por dificuldades financeiras normalmente são as mais difíceis de serem avaliadas, mas vamos lá!

A primeira coisa que você deve saber é que existe um outro modelo que é mais recomendado para a avaliação dessas empresas, embora o modelo de fluxo de caixa descontado também seja capaz de, por vezes, nos ajudar a avaliar o valor justo destas companhias.

O modelo que é recomendado para avaliação de empresas em recuperação é chamado de **Opções Reais**. Utiliza-se muito este modelo porque grande parte das empresas que se encontram em situações financeiras bastante comprometidas não é capaz de sobreviver.

E o modelo de opções reais consegue mais facilmente capturar esse efeito da **possibilidade de falência**. Não vou adentrar muito no modelo de opções reais, já que foge do escopo deste livro, o qual quer direcionar você a utilizar o modelo de FCD com competência.

Quando vamos utilizar o modelo de FCD para avaliar empresas em situação financeira comprometida, precisamos projetar na nossa Supertabela (que será idêntica à de empresas de crescimento rápido) os anos em que o FCFF será negativo.

Após um período de prejuízos contínuos é necessário estimar a partir de qual ano os fluxos de caixa serão positivos.

É um processo de **"normalização" dos lucros** da empresa que passa por dificuldades.

Obviamente, o risco aqui é estarmos errados, e a empresa ir à falência.

Com a normalização dos lucros, temos de imaginar que o custo de capital diminuirá ao longo dos anos, já que a empresa conseguirá melhorar seu rating (nota de risco de crédito), e consequentemente os empréstimos se tornarão mais baratos.

Resumindo, os passos são os seguintes:

1. **Projetar os prejuízos até um certo ano**
2. **Projetar os FCFF positivos**
3. **Diminuir o custo de capital à medida que a empresa se torna mais "segura"**
4. **Projetar a perpetuidade com FCFF normalizado**

O cuidado principal é o seguinte:

"Considerar o peso de que a empresa pode ir à falência."

Temos de ter esse cuidado porque se nos basearmos exclusivamente numa projeção otimista do valor justo (onde a empresa se recupera da "crise"), podemos sempre estimar negócios com grande chance de falência como "oportunidades de ouro".

Algo que pode ser útil é imaginar cenários. Um em que a empresa se recupera, e o outro em que a empresa vai a falência.

Estimar uma probabilidade de ambos ocorrerem e ponderar o valor justo destes dois cenários.

Encontrar um "valor justo médio". Assim, poderíamos em tese capturar o risco de falência.

Embora não seja a melhor alternativa do mundo, pode ser útil quando queremos utilizar o modelo de FCD para calcular o valor justo de empresas em recuperação e não nos tornarmos muito enviesados na avaliação.

Ainda assim reitero: o modelo de opções reais pode se tornar uma alternativa melhor nesse sentido. Ele captura o risco elevado de falência de forma mais competente.

Concluindo...

Nós vimos que diferentes empresas possuem diferentes maneiras de serem avaliadas.

É importante ter essa consciência para que evitemos erros grosseiros de avaliação, e possamos avaliar cada negócio de forma personalizada. Temos diferentes Supertabelas para diferentes tipos de avaliação.

Algumas empresas representam desafios maiores de análise. Já outras são mais facilmente avaliadas.

São seis as categorias de empresas cujas avaliações diferem umas das outras. Veja só:

1. **Empresas "normais" em fase de crescimento rápido**
2. **Empresas "normais" em fase de crescimento estável**
3. **Empresas cíclicas**
4. **Empresas intangíveis**
5. **Empresas boas pagadoras de dividendos**
6. **Empresas em situação financeira comprometida**

Duas das classificações são relativas ao crescimento das empresas.

As outras dizem respeito a características específicas das empresas, como recorrência em pagamento de bons dividendos, investimentos em intangíveis e forte correlação com ciclos econômicos.

Vimos neste capítulo as principais diferenças entre estas empresas e como analisá-las.

Espero que você tenha feito bom proveito!

No próximo capítulo, irei tratar com você de um outro modelo de análise muito interessante para empresas, chamado **TIR** (taxa interna de retorno).

Nos vemos lá!

10

TIR: Taxa interna de retorno

A **TIR** é um **método alternativo para se avaliar a possível rentabilidade de um investimento.**

Vamos a um **exemplo**!

Imagine que Joãozinho quer estimar quanto seu projeto da barraquinha será rentável.

Vamos supor que ele acredita que o projeto dure 5 anos.

Joãozinho estimou que o "dinheiro que sobra" para ele do projeto será de:

- **2 mil reais no ano 1**
- **3 mil reais no ano 2**
- **5 mil reais no ano 3**
- **8 mil reais no ano 4**
- **10 mil reais no ano 5**

Vamos supor que o valor inicial investido por Joãozinho foi de 10 mil reais.

A questão é: Qual é a rentabilidade média deste projeto da barraquinha?

Bem, é bastante simples!

Precisamos utilizar a **fórmula da TIR no Excel.**

É uma fórmula bastante simples de ser executada no programa.

A **equação** é a seguinte:

$$0 = VPL = + \sum_{I=1}^{N} \frac{Fluxo\ de\ Caixa\ N}{(1+TIR)t}$$

Veja as variáveis da equação:

FC = Fluxos de caixa

i = período de cada investimento

N = período final do investimento

Felizmente, a nossa Supertabela já tem tudo pronto neste sentido para que possamos encontrar a TIR.

No caso do Joãozinho, a TIR encontrada foi de 34,15%. Veja:

	Fluxos de Caixa
Investimento inicial (cotação da ação)	-R$10.000,00
FCFE 1	R$2.000,00
FCFE 2	R$3.000,00
FCFE 3	R$5.000,00
FCFE 4	R$8.000,00
FCFE 5	R$10.000,00

Taxa de retorno   34,15%

Mas o que essa taxa de retorno de 34,15% quer dizer, afinal de contas?

Ela diz que, caso as previsões em relação ao investimento se mantiverem, o projeto de Joãozinho renderá em média 34,15% ao ano de retorno.

Mas só a TIR, de maneira isolada, não fornece aquilo que precisamos para uma análise mais completa.

Precisamos comparar a TIR com o que chamamos de **TMA** ou taxa mínima de atratividade.

Aqui entra certo nível maior de subjetividade.

Sabe por quê?

A taxa mínima de atratividade é o retorno mínimo que você define para um projeto.

Vamos supor que você investiu num comércio. Abriu uma padaria. Você poderia ficar muito contente com um retorno médio anual de 10% do seu investimento. Por outro lado, o Sebastião, que também investiu numa padaria pode ficar contente com um retorno de 15% pelo menos.

A taxa mínima de atratividade varia de investidor para investidor. Alguns utilizam as taxas de investimentos mais seguros, como Tesouro Selic de Longo Prazo. Mas não há exatamente uma regra aqui.

E quando é recomendado afinal utilizarmos a TIR para avaliar uma ação?

Olha, **a TIR elimina em parte a subjetividade do chamado Custo de Capital que vimos anteriormente. Os fluxos de caixa que entram no cálculo da TIR não serão descontados.**

Particularmente, a TIR é um modelo muito útil em investimentos de longo prazo. Para empresas que acreditamos que terão uma longa vida e cujos resultados são mais previsíveis, a TIR é uma alternativa muito interessante.

Mesmo para empresas cíclicas, a TIR se mostra um modelo bastante útil. Sobretudo em empresas com maior segurança de que continuarão suas atividades.

Ao avaliar uma empresa utilizando a TIR, temos de considerar uma taxa mínima de atratividade.

Vejamos o caso do Banco Itaú, o qual analisamos anteriormente. Vamos considerar como fluxos de caixa do Banco, os dividendos estimados para o futuro!

Ficará desse jeito em nossa Supertabela:

	Fluxos de Caixa
Investimento inicial (cotação da ação)	-R$28,81
FCFE 1	R$1,04
FCFE 2	R$1,93
FCFE 3	R$2,03
FCFE 4	R$2,09
FCFE 5	R$2,15
Perpetuidade	R$73,89

Note que o investimento inicial é o preço pago na ação.

O FCFE é o fluxo de caixa direto para nosso bolso enquanto acionistas.

E na perpetuidade nós definimos o valor seguindo a fórmula:

Perpetuidade da TIR = dividendos perpétuos / (TMA - crescimento perpétuo)

Perceba que quanto mais alta for a TMA, menor será o valor perpétuo e menor tende a ser o retorno do investimento. Por isso, exige-se bom senso quanto a escolha da TMA.

Se colocarmos uma TMA muito acima do que o mercado acredita ser o "certo", qualquer investimento tende a ser considerado "ruim".

Por outro lado, caso a TMA fique muito baixa, qualquer investimento poderá ser visto como "excelente".

Tendo isso em vista, **tenha bom senso na escolha da TMA de seus investimentos.**

Resolvi mostrar isso para você na prática. Vamos ver o caso do Banco Itaú!

Vou utilizar diferentes TMA para este investimento.

A primeira TMA, que inclusive é a referência da tabela anterior, foi de 6%. A TIR ficou consideravelmente alta, veja só:

Taxa de retorno	21,41%
TMA (taxa mínima de atratividade)	6%

Sendo que o custo de capital encontrado no dia 31/07/2021 foi de 8,73%; poderíamos dizer que essa TMA é bastante conservadora.

Podemos estimar uma TMA maior para este projeto, como, por exemplo, de 8%.

Nesse caso, a TIR para o Banco Itaú na nossa Supertabela ficaria assim:

	Fluxos de Caixa
Investimento inicial (cotação da ação)	-R$28,81
FCFE 1	R$1,84
FCFE 2	R$1,93
FCFE 3	R$2,03
FCFE 4	R$2,09
FCFE 5	R$2,15
Perpetuidade	R$44,33

Taxa interna de retorno	12,61%
TMA (taxa mínima de atratividade)	8%

Com uma simples mudança na TMA, a TIR cai quase para a metade. Se formos além, e exigirmos um retorno mínimo médio de 10% para o nosso investimento no Banco Itaú, a TIR será de apenas 7,64%.

	Fluxos de Caixas
Investimento inicial (cotação da ação)	-R$28,81
FCFE 1	R$1,84
FCFE 2	R$1,93
FCFE 3	R$2,03
FCFE 4	R$2,09
FCFE 5	R$2,15
Perpetuidade	R$31,67

Taxa Interna de Retorno	7,34%
TMA (Taxa Mínima de Atratividade)	90%

Obviamente, **a TMA de consenso entre os investidores varia conforme suas expectativas.**

A recomendação é a de que você se atenha a aquela TMA que definiu para o investimento e a mantenha.

Nesse caso, **você só venderia a ação caso a TIR estimada acabe se tornando menor que a TMA que você estipulou. Então é importante manter-se acompanhando o investimento.**

Uma regra de bolso é que a TMA jamais seja inferior a 6%. Esta taxa é a média de rendimento histórico dos títulos mais seguros do mundo, os *Bonds* (títulos da dívida) americanos.

Embora nos últimos 10 anos (até 2021) esta média tenha se mantido no patamar dos 2,5% de rentabilidade anual, é aconselhável que olhemos um horizonte mais longo de análise, para que não nos tornemos excessivamente otimistas.

Este valor não é uma regra, já que para alguns investimentos faz sentido utilizarmos taxas maiores devido a um risco maior.

O Itaú, por exemplo, enfrenta uma "revolução" no setor financeiro. Vários bancos digitais têm surgido oferecendo serviços financeiros gratuitos. Há uma espécie de incerteza no ar.

É claro que é difícil uma instituição como o Itaú ir à falência da noite para o dia. A "revolução" tem acontecido, mas é gradual. Então, nesse sentido, bancos de renome e grande participação de mercado como o Itaú podem ainda não ficar para trás nessa disputa por clientes.

De todo modo, **vale considerar este risco nas suas análises, e exigir assim uma TMA mais elevada**, já que os dividendos podem acabar se tornando incertos em algum momento futuro.

Isso vai de seu bom senso, o qual se ganha com prática e estudo.

Bem, espero que você tenha compreendido o conteúdo sobre a TIR.

Em nossa comunidade de **Valuation** da Mineiro Invest tratamos da TIR de modo mais aprofundado, mostrando também como ela funciona para as empresas que analisamos utilizando o FCFF.

Há algumas diferenças em relação às empresas pagadoras de dividendos. Mas a boa notícia é que a nossa Supertabela já faz todo o trabalho pesado.

No nosso próximo e último capítulo trataremos de algumas "curiosidades para nerds" e do principal "mito" em Valuation. Até já...

11
Curiosidades e o mito da análise relativa

Vamos começar falando sobre duas curiosidades de Nerds na matéria de **Valuation**.

Se liga na primeira!

11.1 Testando a consistência do crescimento

Será que todo o crescimento é possível?

Afinal, qualquer um pode simplesmente preencher uma planilha com os valores que quiser e vender um relatório de investimentos baseado nisso.

Para procurar reduzir esse tipo de "problema", existem alguns **testes de consistência** que podemos fazer para averiguar se o crescimento que indicamos para um negócio é de fato **plausível.**

Vimos que o crescimento está ligado ao reinvestimento que a empresa faz, e também ao nível de rentabilidade que este reinvestimento possui, certo?

A fórmula do crescimento que vimos anteriormente é uma das fórmulas que podemos utilizar como teste de consistência.

Porém...

Há uma outra fórmula importantíssima para nossa avaliação: a fórmula do teste de consistência na perpetuidade!

"Meu Deus, Mineiro! Agora fiquei um pouco perdido! O que é isso de teste de consistência da perpetuidade?"

A fórmula do teste de consistência na perpetuidade é fundamental principalmente para definirmos um percentual de reinvestimento necessário na fase de estabilidade de crescimento da empresa.

É mais ou menos dizer o seguinte: a Coca-Cola alcançou a estabilidade, mas agora imagina-se que ela crescerá a uma taxa de 4% ao ano.

Baseando-se numa rentabilidade prevista de 20% (ROIC) para a Coca-Cola no longo prazo, qual seria o reinvestimento necessário anual para que a empresa cresça em média exatamente os 4%?

Essa é a pergunta que fazemos aqui!

Queremos saber qual o percentual dos lucros tem de ser reinvestido na empresa para que ela consiga alcançar o nível de crescimento almejado na perpetuidade.

Uma coisa é certa: se a Coca-Cola parar de reinvestir dinheiro "da noite para o dia", é óbvio que a empresa vai encolher de tamanho.

Então, se estamos dizendo que a empresa vai crescer a uma taxa uniforme de 4% "para sempre", é óbvio que a empresa precisa continuar reinvestindo parte de seus lucros. **Nem tudo vai para o bolso dos acionistas.**

Vejamos então a fórmula que descobre quanto a empresa precisa reinvestir de percentual dos lucros para que alcance o crescimento perpétuo:

Teste de Consistência

FCFF Perpétuo x (1 - Reinvestimento) x (1 + Crescimento Perpétuo) para a perpetuidade / (WACC - Crescimento Perpétuo)=

Já vimos cada uma das variáveis da fórmula nos capítulos anteriores, então não há nenhum segredo quanto a isso.

Aqui você não precisará "esquentar a cabeça" com o cálculo, já que a nossa Supertabela faz tudo o que precisamos!

O FCFF perpétuo é o fluxo de caixa livre para firma do último ano da projeção.

Ele será multiplicado por 1 menos os reinvestimentos necessários para se manter o nível de crescimento em 3%.

O reinvestimento é descoberto através da fórmula:

Reinvestimento perpétuo = Crescimento perpétuo / ROIC perpétuo

Então, se considerarmos uma rentabilidade perpétua para os negócios da empresa de 10% e um crescimento na fase estável de 3%, o reinvestimento necessário será de 30% (3% / 10%).

E depois multiplicamos esse valor pelo crescimento na perpetuidade (1 + crescimento na perpetuidade).

Por fim, temos de dividir o valor encontrado pelo custo de capital menos o crescimento perpétuo.

Assim chegamos no valor perpétuo mais plausível da empresa!

Este valor é mais bem embasado, pois considera a rentabilidade do negócio como a propulsora do crescimento quando a empresa reinveste o dinheiro em suas atividades.

Agora gostaria de tratar sobre um outro aspecto do **Valuation** que comentei com vocês anteriormente: os testes de sensibilidade!

11.2 Testes de sensibilidade

Os testes de sensibilidade não são um teste onde você vê cenas emocionantes de filmes e descobre se é sensível ou não o suficiente para chorar.

Brincadeiras à parte, os testes de sensibilidade são muito importantes!

Eles, em geral, são testes para estimar outros cenários possíveis do valor justo da ação. Há dois principais fatores que afetam o preço justo de uma empresa. Um deles é o crescimento dos lucros!

Podemos estimar que o crescimento de determinada empresa vai ser maior ou menor que o previsto, e enxergar cenários de possibilidades.

Normalmente adotamos três cenários:

>Um cenário neutro, um cenário pessimista
>e um cenário otimista.

Particularmente, preferimos, na Mineiro Invest, nos concentrar no cenário neutro, e não mexer demais nas premissas de crescimento, a não ser quando queremos ajustar um cenário ligeiramente mais conservador. Se ficarmos muito "neuróticos", é bem provável que não venhamos a investir em nada.

O outro fator que muda bastante o valor justo de um negócio é o WACC (custo de capital).

Para estimarmos então o efeito de possíveis (e até mesmo prováveis) alterações do custo de capital no curto e médio prazo, nós utilizamos uma chamada **Matriz de Sensibilidade**.

Com ela nós conseguimos criar uma espécie de **INTERVALO** onde o **valor justo** de uma empresa se encontra.

Nesse intervalo buscamos aumentar e diminuir o custo de capital até determinado nível. **No caso de nossa matriz, aumentamos o WACC em 0,75% de um lado e diminuímos em 0,75% do outro.**

Vamos ver no nosso exemplo da **Lojas Renner**!

Matriz de Sensibilidade (WACC)

10,56%	10,81%	11,06%	11,31%	11,56%	11,81%	12,06%
R$31,57	R$30,97	R$30,38	R$29,80	R$29,23	R$28,68	R$28,14

Perceba que o nosso WACC central é aquele utilizado na projeção.

Os outros WACC vão aumentando ou diminuindo gradativamente em 0,25%, até atingirem o limite de 0,75% negativo ou positivo.

A matriz de sensibilidade é uma alternativa inteligente, mas não significa que uma mudança significativa nas taxas de juros não vai ocorrer, fazendo com que o preço das ações como um todo caiam ou subam consideravelmente.

Podemos notar que, mesmo no cenário mais "otimista" de WACC para a Lojas Renner (10,56%), o preço justo da ação é inferior ao preço de mercado (temos *downside*).

Como já disse a você mais de uma vez: **consideramos que exigir uma boa margem de segurança é muito importante, especialmente para investimentos de curto ou médio prazos!**

Temos muito menos dores de cabeça de decisões equivocadas quando se exige uma boa margem e encontramos investimentos com esta característica.

11.3 O mito da análise relativa

O que é a tal da análise relativa?

Olha, não sei se você começou a estudar avaliação de empresas já há algum tempo, mas a análise relativa é normalmente a "porta de entrada" para quem está aprendendo a analisar empresas.

A análise relativa é baseada nos chamados **múltiplos de mercado**.

E o que seriam esses tais múltiplos de mercado?

Vou explicar...

Os múltiplos são valores que tese representam quantos anos as empresas levariam para retornar o seu preço em lucros ou receitas.

"Vige, Mineiro. Ainda não entendi."

Vou exemplificar para que fique mais fácil de entender:

Imagine que as ações da empresa do Joãozinho valem R$10,00 cada, e que existam 1 milhão de ações.

O valor de mercado da empresa do Joãozinho será de 10 milhões de reais, certo?!

Agora suponha que o lucro líquido (aquele depois de apurarmos todas as despesas) da empresa de Joãozinho foi de 1 milhão de reais.

"Ok, então de um lado temos o valor de mercado da empresa do Joãozinho e do outro temos um lucro de 1 milhão de reais apurado no último ano, Mineiro. E agora?"

Agora temos de dividir esse valor de mercado pelo lucro líquido. Assim encontramos o mais famoso múltiplo de mercado, o **"Preço sobre Lucro" ou simplesmente P/L.**

Nesse caso o P/L dá 10 (10 / 1).

O que isso significa, afinal de contas?

Isso significa que, caso a empresa mantenha a mesma lucratividade, ela levaria 10 anos para retornar o seu investimento na forma de lucro líquido.

Então você já pode ter percebido algumas coisas:

1. Quanto menos tempo a empresa demorar para retornar o investimento, melhor é. Ou seja, em teoria, quanto menor é o múltiplo, melhor é. Já que é bom quando investimos em algo e rapidamente este investimento é capaz de gerar lucros.
2. Quanto maior for o lucro, menor será o P/L. Quanto maior for o preço (valor de mercado), maior será o P/L; Queremos, em tese, pagar um preço baixo por algo que retorna bons lucros. Esse é o sinônimo de bom investimento.

E não existe somente o P/L.

Há inúmeros outros múltiplos de mercado que podemos avaliar.

Temos também o chamado EV/EBIT. Este múltiplo mede em quanto tempo a empresa seria capaz de retornar o investimento tanto para os acionistas quanto para os credores.

O EBIT é o lucro operacional, e vem antes do lucro líquido.

O EV (*enterprise value*) é o chamado valor de firma, e sua fórmula se dá pela soma do valor de mercado com a dívida líquida das empresas. Fica assim:

Cotação DE MERCADO	R$36,26
Valor JUSTO BASE	R$29,79
Valor justo conservador	R$21,15
Up ou down (valor conservador)	-42%

WACC									Crescimento perpétuo Growth
9,31%	R$42,23	R$43,21	R$44,29	R$45,51	R$46,88	R$48,44	R$50,23	R$52,31	R$54,75
9,81%	R$37,82	R$38,52	R$39,30	R$40,16	R$41,11	R$42,18	R$43,39	R$44,75	R$76,32
10,31%	R$34,17	R$34,69	R$35,26	R$35,87	R$36,55	R$37,30	R$38,13	R$39,06	R$40,10
10,81%	R$31,12	R$31,50	R$31,91	R$32,36	R$32,85	R$33,38	R$33,96	R$34,61	R$35,32
11,31%	R$28,52	R$28,81	R$29,11	R$29,44	R$29,79	R$30,17	R$30,58	R$31,03	R$31,53
11,81%	R$26,29	R$26,50	R$26,76	R$26,96	R$27,22	R$27,49	R$27,79	R$28,11	R$28,45
12,31%	R$24,35	R$24,50	R$24,70	R$24,84	R$25,03	R$25,22	R$25,43	R$25,66	R$25,90
12,81%	R$22,65	R$22,76	R$22,91	R$23,01	R$23,14	R$23,28	R$23,43	R$23,59	R$23,76
13,31%	R$21,15	R$21,23	R$21,35	R$21,40	R$21,50	R$21,60	R$21,70	R$21,81	R$21,93
	4,50%	4,75%	5,00%	5,25%	5,50%	5,75%	6,00%	6,25%	6,50%

Temos aí uma lógica semelhante ao P/L. Quanto menor o EV/EBIT, em tese melhor é para o investidor.

> "Entendi, Mineiro. Então parece muito simples achar empresas boas para se investir... É só olhar o P/L, ou qualquer outro múltiplo!"

É aí que muitos se enganam.

Na verdade, os múltiplos quando olhados de forma isolada no momento que estamos procurando empresas para se investir, podem enganar bastante.

Isso porque:

1. Os lucros das empresas não costumam se manter. Algumas empresas verão seus lucros subirem exponencialmente. Outras verão seus lucros diminuírem inevitavelmente (caso, por exemplo, das empresas cíclicas).
2. Um determinado ano de lucro alto pode ser a "exceção" e não a regra. A empresa pode simplesmente ter o que chamamos de "receitas não recorrentes". Esses **não recorrentes** são receitas eventuais, as quais tendem a não se repetir ao longo dos anos.

Por exemplo: uma empresa pode ter recebido altas receitas de "créditos fiscais" num determinado ano (devoluções de impostos).

Essas **receitas podem "inflar" o lucro**, fazendo com que os múltiplos da empresa se tornem "baixos".

Isso engana alguns investidores, que acabam investindo na empresa com a expectativa de que esses lucros venham a se manter. O que é algo bem improvável.

Mas o que muitos dos avaliadores de empresas fazem com os múltiplos é **comparar** aqueles de empresas de um mesmo setor para definir se determinada empresa está **"cara" ou "barata"**.

Veja só:

Digamos que apuramos que a barraquinha de Joãozinho tem um múltiplo de 25 para o P/L.

Analisamos outras empresas do mesmo setor de cachorros-quentes e descobrimos que o múltiplo dessas empresas é de 35 em média.

Muitos avaliadores de empresas olhariam para a situação e diriam:

> "Olha... A empresa do Joãozinho está muito barata. Basta compararmos o seu múltiplo P/L com outras empresas do setor. O P/L da barraquinha do Joãozinho aponta para um excelente investimento."

Pensar assim tem uma série de "problemas".

Os primeiros se referem justamente àquelas questões que apontei anteriormente.

Pode ser que os lucros da empresa do Joãozinho variem muito no futuro. **Temos assim de analisar as perspectivas futuras de seus negócios.**

Há ainda as chamadas receitas não recorrentes que podem estar influenciando os resultados.

Além disso, é preciso verificar se o setor inteiro não está mal precificado.

Talvez todas as empresas do setor estejam "caras demais" frente à sua capacidade de gerar retornos.

Um **Valuation** bem-feito consegue ir à "raiz do problema", no "X da questão".

É uma avaliação muito mais completa, e nela conseguimos de fato verificar o potencial de geração de caixa de um negócio.

A questão então é:

Os múltiplos são inúteis?

Não, não são.

Na verdade, eles podem ser muito úteis até mesmo no **Valuation**.

Eles são excelentes **filtros de ações**. Como bem vimos aqui no livro, quando falamos de *screening process* **(processo de filtragem de ações)**.

Eles ajudam a **garimpar** ações baratas que podem estar "soltas por aí".

Além disso, há maneiras de se investir com base em múltiplos.

Mas para isso, **você necessita criar uma carteira diversificada baseada em um processo de filtragem de ações e ser disciplinado**, repetindo o processo de escolha de ações ao longo dos anos para que gere resultados satisfatórios.

É de fato outra maneira de investir (**inclusive temos um curso sobre**), que inclusive grandes mestres dos investimentos utilizam. Nomes como Joel Greenblatt e a galera do Clube do Valor, pela qual tenho grande respeito.

Mas quando se trata de escolher ações individuais, sem diversificar e repetir o processo sistematicamente ao longo dos anos, **basear-se em múltiplos pode se tornar uma enorme "furada"**.

Fica a dica então, meus jovens!

Conclusão

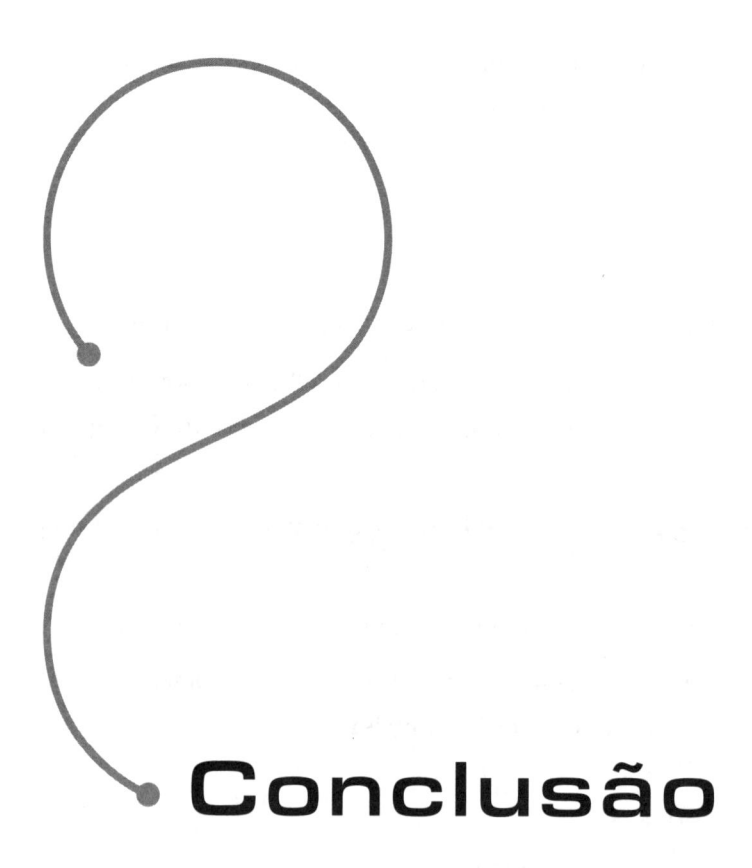

Foi uma longa jornada até aqui, meus amigos, principalmente para quem está iniciando seu caminho em finanças, e para quem grande parte deste conteúdo é novidade.

Neste livro busquei tornar essa jornada a mais proveitosa possível. E, além disso, a mais confortável possível também.

Valuation não é um conteúdo extremamente simples, mas quando utilizamos exemplos simples, o entendimento é mais rápido e prazeroso.

É exatamente isto que buscamos aqui.

"O livro de **Valuation** mais didático do Brasil" faz jus a seu nome.

Com o livro e nossas Supertabelas, você já será plenamente capaz de começar de forma prática no universo da avaliação de empresas.

Há diversos outros livros de Valuation que recomendo fortemente a sua leitura. Destaco três:

- *Valuation* (Damodaran)
- *Avaliação de Empresas* (Damodaran)
- *Valuation: como precificar ações* (Alexandre Póvoa)

Esses três livros foram base para a construção desta preciosidade da Mineiro Invest: *O livro de Valuation mais didático do Brasil*.

Percebemos que no país faltam livros com apelo à **didática**, especialmente para quem está iniciando neste caminho.

Quando comecei a estudar contabilidade e avaliação de empresas há alguns anos, tive grande dificuldade justamente porque faltavam materiais que contavam com exemplos simples de serem compreendidos.

Muito do conteúdo que você viu neste livro é a tentativa de fazê-lo não passar por essa enorme dificuldade que tive no passado, e que não gostaria que meus alunos passassem pela mesma.

É engraçado, **mas eu passava horas refletindo sobre alguma dúvida que tinha, pois não encontrava na internet quem explicasse de forma simples.**

Foi por meio do aprendizado de conceitos mais básicos que fui capaz de, depois de muito tempo, conseguir compreender conceitos como capital de giro, Capex e taxa de desconto que vimos aqui.

Ah, se eu tivesse lido *O livro de Valuation mais didático do Brasil*, **isso teria me poupado muito tempo!**

Mas, ao mesmo tempo, não me sinto infeliz por isso. Por outro lado, todo esse tempo de reflexão e dedicação foi excelente para que pudesse conseguir utilizar conceitos mais sofisticados em situações mais simples, como as que vimos aqui em nosso livro.

Curiosamente, dizem que conseguimos nos tornar realmente bons num assunto quando conseguimos explicá-lo até mesmo para uma criança.

A ideia deste livro é justamente essa.

Fico imensamente feliz por passar tudo isso a você!

Nos vemos em mais livros, cursos, palestras e conteúdo da Mineiro.

Um grande abraço e TAMO JUNTO!

Referências bibliográficas

ASSAF NETO, Alexandre. *Estrutura e análise de balanços:* um enfoque econômico-financeiro. 12. ed. São Paulo: Atlas, 2020.

BUFFETT, Mary; CLARK, David. *Warren Buffett e a análise de balanços:* como identificar empresas com vantagem competitiva de longo prazo por meio de suas demonstrações financeiras. Rio de Janeiro: Sextante, 2020.

COPELAND, Tom; KOLLER, Tim; MURRIN, Jack. *Avaliação de empresas Valuation:* calculando e gerenciando o valor das empresas. 3. ed. São Paulo: Pearson, 2002.

DA SILVA, André Luiz Carvalhal. *Governança corporativa e o sucesso empresarial:* melhores práticas para aumentar o valor da firma. 2. ed. São Paulo: Saraiva, 2014.

DAMODARAN, Aswath. *Avaliação de empresas.* 2. ed. São Paulo: Pearson, 2007.

DAMODARAN, Aswath. *Valuation:* como avaliar empresas e escolher as melhores ações. Rio de Janeiro: LTC, 2012.

GRAHAM, Benjamin. *O investidor inteligente:* o guia clássico para ganhar dinheiro na Bolsa. Rio de Janeiro: Harper Collins, 2020.

KOBORI, José. *Análise fundamentalista*: como obter uma performance superior e consistente no mercado de ações. 2. ed. Rio de Janeiro: Alta Books, 2019.

MARKS, Howard. *Dominando o ciclo de mercado:* aprenda a reconhecer padrões para investir com segurança. Rio de Janeiro: Alta Books, 2019.

MARKS, Howard. *O mais importante para o investidor:* lições de um gênio do mercado financeiro. São Paulo: Edipro, 2020.

POVOA, Alexandre. *Valuation:* como precificar ações. 2. ed. São Paulo: Atlas, 2020.

SIEGEL, Jeremy. *Investindo em ações no longo prazo:* o guia indispensável do investidor do mercado financeiro. 5. ed. Porto Alegre: Bookman, 2015.

SWENSEN, David. *Desbravando a gestão de portfólios:* uma abordagem não convencional para o investimento institucional. 2. ed. São Paulo: BEI, 2021.

WICKERT, Michael; SERRA, Ricardo Goulart. *Valuation:* guia fundamental e modelagem em Excel. São Paulo: Atlas, 2019.

Índice

A

acionistas
  majoritários, 61
  minoritários, 60
ações
  cotações históricas das, 98
  definição, 8
  downside, 262
  em tesouraria, 15
  filtro de, 267–269
  índice Ibovespa, 97
  inplit de, 294
  janelas de oportunidade, 275
  lucro por, 293–294
  metade do dobro, 294
  o que representa, 5
  ordinárias, 61
  preço de, 94
    volatilidade, 94
  preferenciais, 61
  split de, 294
  Tag Along, 61–62
  taxa de desconto, 91
  utilidade do investimento em, 4, 7
valor justo, 5, 8
valor justo do acionista, 254–256
alavancagem, 125
  financeira, 206–207
  operacional, 202–203
  grau de alavancagem financeira (GAF), 206–207
amortização, 158–159
análise de empresas, 281, 291
análise relativa, 320–325
ativo, 14
  aplicações de recursos, 15
  circulante, 22
    contas a receber, 22
    estoque, 20, 22
  circulante operacional, 139
  livre de risco, 86, 87
  não circulante, 23
    imobilizados, 30
    intangíveis, 31
    investimentos, 31
    realizável a longo prazo, 30
  operacional, 16
  vida útil, 151

B

balanço patrimonial, 13
  bens e direitos, 13–14
  conta
    ativo, 14
      circulante, 22
      não circulante, 23
    passivo, 14
      circulante, 24
      não circulante, 23
      tipos de contas, 15, 24
    patrimônio líquido (PL), 15
  depreciação acumulada, 151
  equação do, 19
  estrutura de um, 19
  função, 13
  obrigações, 14
banco contas movimento, 20
benefício fiscal da dívida, 102
bens
  e direitos
    ativo de uma empresa, 14
    imobilizados, 30
    realizável a longo prazo, 30
    utilidade dos, 3
Beta, 94
  como melhorar o, 97
  cotações históricas das ações, 98
  de mercado, 101
  desalavancado, 100–101
    em alavancado, fórmula, 102
  do mercado é 1, 98
  endividamento, 100
  gratuito, 98
  maior o, 97
  medidor de volatilidade, 95
  regras do, 95–96
BNDES, 121
bolsa de valores, 25, 96, 124
  Ibovespa, 96
buy and hold, 265

C

calote, 88, 117
Capex, 153
  como projetar o, 230
capital de giro, 134–146
capital de terceiros, 18, 114
  fórmula, 114
capital intelectual, 179
capital investido, 213
capital próprio, 16
capital social, 16
CAPM, 85
  fórmula, 86
CDI, taxa, 115
CDS, 91
  Risco-Brasil, 91
ciclo de alta do preço, 274
ciclo de crédito, 276–277
commodities, 273
concorrência, 172–174, 207–208
contabilidade, 10–51, 282
  alavancagem
    financeira, 206–207
    operacional, 202–203
  benefício fiscal da dívida, 102
  curto prazo, 22
  custo de capital
    afetado por variáveis, 80

custo de oportunidade, 74
custo médio ponderado de capital, 73
dados consolidados, 46
dados contábeis, 12–13
  balanço patrimonial, 13–31
  demonstração de resultados do exercício, 32–51
debêntures, 39
definição, 11
despesas financeiras, 33, 40
dívida, 24
  onerosa, 25
fluxo de caixa livre para a firma, 73
função, 11
inflação, 71
juros compostos, 77
livros contábeis, 11
lucro, 32
  bruto, 35
patrimônio, 11
política de redução de custos e despesas, 12
prejuízo, 32
receitas, 33
  financeiras, 40
contas, 20
CPV. *Ver* custo dos produtos vendidos
custo
  de capital, 8, 72, 251
    afetado por variáveis, 80
    de terceiros, 84, 123
    próprio, 84–85, 122
  de oportunidade, 71, 74
  dos produtos vendidos (CPV), 35

médio ponderado de capital (WACC), 73, 122–124
  vantagens de, 174–175

D

dados consolidados, 46
dados contábeis, 12
  balanço patrimonial, 13
  demonstração de resultados do exercício (DRE), 13, 32–51
Damodaran, 97–98
  tabela de, 120
debêntures, 39, 114
  juros do último lançamento, 114
demonstração de resultados do exercício (DRE), 13, 32–51
  depreciação, 37
    acumulada, 151
  despesas, 33
    operacionais, 36
  lucro
    bruto, 35
    líquido, 41–51
      margem líquida, 41
    operacional, 38–40
  receitas, 33
  salários, 35
depreciação, 37, 147–148
  acumulada, 149, 151
  anual, 152
  projetar a, 228
despesas, 33–34
  CPV (custo dos produtos vendidos), 35
  financeiras, 40
  operacionais, 36

salários, 36
dívida, 24
  causa de falência, 130
  onerosa, 25, 84
dividendos, 6–7
downside, 262, 319
DRE. *Ver* demonstração de resultados do exercício
driver de crescimento, 182

E

EBIT, *Ver* lucro operacional
economia
  lei da oferta e demanda, 4
efeito caixa, 129
EMBI+, 91, 93
empresas
  acionistas majoritários, 61
  ações
    ordinárias, 61
    preferenciais, 61
    Tag Along, 61–62
  boas pagadoras de dividendos, 289–291
  cíclicas
    boom econômico e expansão, 280
  como ser eficiente, 199–200
  crescimento estável, 70
  custo de capital de, 72
  custo de oportunidade, 74
  de crescimento lento ou estável, 188
  de crescimento normal, 192–193
  de crescimento rápido, 193–197
  diferem entre si, categorias de, 305
  direitos autorais, 156
  driver de crescimento, 182
  e concorrência, 207–208
  em situação financeira comprometida, 302–305
  fatores de risco do negócio, 56–58
  financiadores da, 83
  franquias, 229
  Goodwill, 156
  individualizar o risco das, 100
  intangíveis, 282–290
  licença, 156
  lucrativa, 5
  maneiras de crescer, 170–171
  menos valiosa, 97
  modelo de negócios, 55–56
  mundo ideal para, 142
  nível de estabilidade, 6–7
  opções reais, modelo, 303
  perpetuidade, 188–191
  políticas de governança corporativa, 59
  reinvestir em seus negócios, 6
  segmentos de listagem, 60
  tendência secular, 280
  tipos de, 271
    cíclicas, 273
    normais em fase de crescimento estável, 272
    normais em fase de crescimento rápido, 271
    vacas magras, 275
  valor patrimonial da, 157
  vantagem geográfica, 179
  vantagens competitivas das, 174–176
  vantagens de pessoal, 178–179
empréstimo

alavanca do capital, 126
endividamento, 100
escassez do produto, 4
estabilidade, 6
estoque, 18, 22
    ativo circulante, 20

F
FCD. *Ver* fluxo de caixa descontado
FCFF. *Ver* fluxo de caixa livre para a firma
financiadores da empresa, 83
fluxo de caixa, 295
    descontado, 69
    livre para a firma, 73
        fórmula, 162, 291
formulário de referência (FRE), 53–67, 114
fornecedores, 15, 18, 24. *Ver* passivo
franquias, 229
FRE. *Ver* formulário de referência

G
GAF. *Ver* grau de alavancagem financeira (GAF)
ganho de capital, 7
GAO. *Ver* grau de alavancagem operacional
Goodwill, 156
governança corporativa, 58
    free float, 65
grau de alavancagem financeira (GAF), 206
grau de alavancagem operacional (GAO), 204

I
Ibovespa, 96–97
    preço da ação, 97
    retorno do, 106
imobilizados, 30
imposto de renda, 40
inflação, 71
intangíveis, 31
investimento, 34–51
    absorção do risco, 85
    ativo livre de risco, 86
    buy and hold, 265
    calote, 88
    CAPEX, 147
    capital social, 16
    custo
        de capital, 8
        de oportunidade, 71
    efeito "bola de neve", 6
    formas de, 133
    ganho de capital, 7
    lucros distribuídos, 7
    mais seguro do mundo, 87, 117
    margem de segurança, 263
    prêmio de risco de mercado, 104–106
    rentabilidade média, 307
    Risco-Brasil, 90
    volatilidade, 94
investimentos, 31
    a regra nos, 87
    bancos de, 277
    globais, 89
    líquidos, 151

J
JPMorgan Chase, 91
juros compostos, 77

K
Kd. *Ver* capital de terceiros
Ke. *Ver* capital próprio

L
LAIR. *Ver* lucro antes do imposto de renda
leasing financeiro, 113
lei da oferta e demanda, 4, 274
liquidez de até 1 ano, 136
livros contábeis, 11
lucro, 6, 70, 119
  antes do imposto de renda, 40
  antes do imposto de renda (LAIR), 40
  bruto, 35
    margem bruta, 35
  demonstração de resultados do exercício, 33
  distribuição indireta dos, 299
  efeito "bola de neve", 6
  empresa lucrativa, 5–6
  líquido, 41–51
  margem bruta, 35
  "normalização" do, 303
  operacional, 38–40, 119
  operacional depois dos impostos (NOPAT), 41–51, 164
    margem NOPAT, 45
  previsibilidade do, 7

M
marcas
  consolidadas, 177–178
  o poder das, 177
margem
  bruta, 35
  líquida, 41
market share, 167
matriz de sensibilidade, 318
mercado
  financeiro
    preço de mercado, 8
  múltiplos de, 320
  retorno do, 106
modelo de Gordon, 291–295
  fórmula, 291
  principal crítica do, 296
múltiplos de mercado, 320

N
narrativa, 7
NCG. *Ver* necessidade de capital de giro
necessidade de capital de giro (NCG), 135
  fórmula, 136, 137
NOPAT. *Ver* lucro operacional depois dos impostos

O
obrigação, 18

P
passivo, 14
  circulante

obrigações, 23
operacional, 139
tipos de contas, 24
fornecedores, 15
obrigação, 18
não circulante, 25
patrimônio, 11
patrimônio líquido, 15
capital social, 16
como forma de reinvestir, 17
valor do, 157
payout, 292
fórmula do, 292
perpetuidade, 188
fórmula do teste de consistência na, 316
pessoas qualificadas, 208
política de redução de custos e despesas, 12
preço
x valor, 3
de mercado, 8
e a escassez do produto, 4
utilidade dos bens, 3
prêmio de risco, 94–96, 104
produto
escassez do, 4
substituto, 208

R

rating
sintético, 119
spread, 116
realizável a longo prazo, 30
receitas financeiras, 33, 40
reinvestimento, 133

retorno sobre o capital investido (ROIC), 211–212
x ROE, 218
fórmula, 213
retorno sobre o patrimônio (ROE), 217, 292
x ROIC, 219
fórmula do, 217
Risco-Brasil, 89
EMBI+, 91
formas de calcular, 91
risco-país, 87–89
ROE. *Ver* retorno sobre o patrimônio
ROIC. *Ver* retorno sobre o capital investido

S

sazonalidade, fator de risco, 57
screening process, 266
segmento
de listagem, 60
fragmentado, 168
Selic, taxa, 115
stakeholders, 59

T

Tag Along, 61
taxa de desconto, 76
taxa interna de retorno (TIR), 307–313
taxa mínima de atratividade (TMA), 309
tendência secular, 280
teste de consistência na perpetuidade, 316
fórmula, 316

testes de sensibilidade, 318–325
TIR. *Ver* taxa interna de retorno
títulos públicos dos Estados Unidos, 87
   taxa mais segura, 88
TMA. *Ver* taxa mínima de atratividade

V

valor
   da perpetuidade, fórmula, 248
   de firma, fórmula, 253
   justo, ações, 5, 8
   justo do acionista, 219, 254–256
      fórmula do, 254
   patrimonial, 157
   real das coisas, 3
   subjetivo, 3

   terminal, 249
      fórmula do, 245
Valuation, 9
   arte do, 8
   definição, ix
   e o Beta, 97
   maior taxa de desconto, 90
volatilidade, 94

W

WACC. *Ver* custo médio ponderado de capital
   fórmula do, 123
Warren Buffett, 97

Projetos corporativos e edições personalizadas dentro da sua estratégia de negócio. Já pensou nisso?

Coordenação de Eventos
Viviane Paiva
viviane@altabooks.com.br

Contato Comercial
vendas.corporativas@altabooks.com.br

A Alta Books tem criado experiências incríveis no meio corporativo. Com a crescente implementação da educação corporativa nas empresas, o livro entra como uma importante fonte de conhecimento. Com atendimento personalizado, conseguimos identificar as principais necessidades, e criar uma seleção de livros que podem ser utilizados de diversas maneiras, como por exemplo, para fortalecer relacionamento com suas equipes/ seus clientes. Você já utilizou o livro para alguma ação estratégica na sua empresa?

Entre em contato com nosso time para entender melhor as possibilidades de personalização e incentivo ao desenvolvimento pessoal e profissional.

PUBLIQUE **SEU LIVRO**

Publique seu livro com a Alta Books. Para mais informações envie um e-mail para: autoria@altabooks.com.br

/altabooks   /alta-books   /altabooks   /altabooks

CONHEÇA OUTROS LIVROS DA **ALTA BOOKS**

Todas as imagens são meramente ilustrativas.

ALTA BOOKS EDITORA · ALTA LIFE EDITORA · ALTA NOVEL · ALTA CULT EDITORA · FARIA E SILVA EDITORA · Editora ALAÚDE · TORDESILHAS · ALTA GEEK